读书序录

严绍璗 著

严绍璗文集 卷五

　　严绍璗1940年生于上海市。北京大学教授,北京外国语大学荣誉教授。北京大学比较文学与比较文化研究所所长(1998—2014)、北京大学中文系学术委员会主任(1998—2014)、国际比较文学协会东亚研究委员会主席(2000—2004)、北京大学东方文学研究中心研究员、学术委员会主任(2010—2018)、中国比较文学学会副会长兼学术委员会主任,全国古籍整理与出版规划领导小组成员、国际中国文化研究学会名誉会长。日本京都大学、佛教大学、文部省国际日本文化研究中心客座教授。先后获得北京大学人文社科研究成果奖(多次)、亚洲太平洋出版协会(APPA)学术类图书金奖、北京市第十届哲学社会科学优秀成果一等奖、教育部第五届人文社会科学研究优秀成果一等奖、2010年获日本第二十三届"山片蟠桃奖",2015年获首届"中国比较文学终身成就奖",2016年获首届"国际中国文化研究终身成就奖"等。

1985 年于京都大学任客座教授

1985 年与伊藤漱平、丸山昇教授

目 录

他序文

序孙立川、王顺洪编《日本研究中国现当代文学论著索引 1919—1989》 …… 3

序王勇著《中日关系史考》……………………………………………… 7

序尚会鹏著《中国人与日本人：社会集团、行为方式和文化心理的比较研究》… 10

跋六角恒广著，王顺洪译《日本中国语教学书志》…………………… 13

序周阅著《川端康成是怎样读书写作的》……………………………… 15

《多边文化研究》第一卷"卷头语"……………………………………… 20

序《中日文化交流史论集——户川芳郎先生古稀纪念》……………… 24

序张哲俊著《中日古典悲剧的形式——三个母题与嬗变的研究》…… 29

序李岩著《中韩文学关系史论》………………………………………… 33

序刘元满著《汉字在日本的文化意义研究》…………………………… 36

序张玉安、陈岗龙主编《东方民间文学比较研究》…………………… 40

《多边文化研究》第二卷"卷头语" …… 45

序钱婉约著《内藤湖南研究》 …… 49

序刘萍著《津田左右吉研究》 …… 54

序王琢著《想象力论：大江健三郎的小说方法》 …… 62

序张哲俊著《东亚比较文学导论》 …… 67

序张哲俊著《吉川幸次郎研究》 …… 71

序张哲俊著《中国古代文学中的日本形象研究》 …… 79

序《东方研究2004——中日文学比较研究专辑》 …… 83

序王青著《日本近世儒学家荻生徂徕研究》 …… 87

序王益鸣著《空海学术体系的范畴研究》 …… 92

序王青著《日本近世思想概论》 …… 95

《多边文化研究》第三卷"卷头语" …… 100

序李强著《厨川白村文艺思想研究》 …… 104

序王顺洪著《日本人汉语学习研究》 …… 107

序周阅著《川端康成文学的文化学研究》 …… 111

序隽雪艳著《文化的重写：日本古典中的白居易形象》 …… 114

序牟学苑著《拉夫卡迪奥·赫恩文学的发生学研究》 …… 120

序郭勇著《中岛敦文学的比较研究》 …… 127

序潘钧著《日本汉字的确立及其历史演变》 …… 131

序涂晓华著《上海沦陷时期〈女声〉杂志研究》 …… 138

序张冰著《俄罗斯汉学家李福清研究》 …… 142

序聂友军著《日本学研究的"异域之眼"》 …… 146

序王广生著《宫崎市定史学方法论》 …… 151

序张西艳著《〈山海经〉在日本的传播和研究》 …… 156

自序文

《中日古代文学交流史稿》前言 161
《中国文学在日本》前言 166
《日本中国学史》代序 170
《中日文化交流史大系·文学卷》序论 178
"21世纪比较文学系列教材"出版总序 189
"北京大学20世纪国际中国学研究文库"总序 192
"北京大学比较文学学术文库"出版总序 202
《比较文学视野中的日本文化——严绍璗海外讲演录》自序 206
《日本藏汉籍珍本追踪纪实——严绍璗海外访书志》自序 209
《日藏汉籍善本书录》自序 215
《日本中国学史稿》前言 226
《魏建功文选》前言 234

人物纪、访谈录

好人阴法鲁先生 257
北京大学比较文学研究所创始所长乐黛云先生纪事 264
贾植芳先生的比较文学观 279
中西进教授的学问 283
我的老师们 286
我的生命的驿站 298
为人民读好书、写好书——严绍璗先生访谈 317

"严绍璗文集"总目录 323

他序文

序孙立川、王顺洪编《日本研究中国现当代文学论著索引 1919—1989》[①]

日本学术界对悠久而丰富的中国文化，进行近代意义上的研究——即不再像江户时代及其以前那样，把中国文化作为自我的或社会的意识形态加以接受，而是把它作为世界性区域文化（当然是与日本具有特殊关联的区域文化）的一部分，用近代社会科学和人文科学的观念和方法（这里指的主要是以欧美近代文化学观念为主的资产阶级的学术观点和方法，同时也包含了若干辩证唯物主义和历史唯物主义的观念和方法）进行研究，至今大约有一个世纪左右的时间了。实际上，对中国文化的研究本身就始终伴随着日本摆脱封建主义社会制度，建立资本主义社会制度的历史进程，成为日本近代文化重要的一翼。

由于根深蒂固的社会原因，19世纪末和20世纪初所形成的日本对中国文化的近代性研究，主要是集中在古典的范围内。但是，20世纪中国社会的急速变革和与之相应的文化运动的发展，对原先囿于古典研究的日本学者，产生了重大影响。其中有三个时期，特别引人注目。

---

① 本书1991年由北京大学出版社出版。

第一个时期是20世纪初。当时中国的先进人士，发动了辛亥革命，乃至五四运动。他们以追求民族独立的呐喊和对"自由""民主"旗帜的高举，使中国文化为之一新。这种蓬勃兴起的中国新文化运动，无论是在正方向上，抑或是在逆方向上，都使许多研究中国古典文化的日本学者，心灵为之震动。他们的一部分注意力，开始转向于当时中国的文化，像白鸟库吉、宇野哲人、内藤湖南，乃至服部宇之吉——这些开创了对中国文化近代性研究的元老们，开始了对中国现代文化现象的评论。在这一新形成的研究潮流中，最重要的是在这一时期刚露头角的日本年轻一代研究家。1920年9—11月，当时属于日本中国学实证主义学派的年轻学者青木正儿，发表了《以胡适为中心汹涌澎湃的文学革命》的著名论文，介绍了胡适《文学改良刍议》的八点主张，评价了《新青年》主持人陈独秀的《文学革命论》，评价了在新文化旗帜下的一大批新作家，其中提到"刘半农的诗较粗笨，沈尹默的诗较优雅，唐俟（即鲁迅）的诗较平俗"，而"在小说方面，鲁迅是未来的一个作家。如他的《狂人日记》，描写了一个迫害狂的惊怖的幻觉，达到了至今中国小说家未曾达到的境地"。这是日本学术界第一篇详尽论述中国五四文学运动的论文，也是迄今所知的全世界最早的鲁迅评论。以此为起点，日本近代中国学领域中，逐步开始了对中国现代文化的研究。1934年，以竹内好为中心的一批日本文学主义青年，以对亚洲和日本的"新使命感"（即不同于当时占统治地位的使命感）为观念，组织起了日本第一个中国现代文学研究社团——中国文学研究会。这一研究会不用"支那"①而称名"中国"，已经多少表达了他们在当时历史条件下的中国观念。它的存在和活动，在日本中国学界为在未来把这种研究变成一门独立的学科，奠定了基础。上述的所有成果，在本编目中，都有了充分的反映。

第二个时期是中国共产党领导的新中国的建立与社会主义建设时期，这一时期中国人民所取得的成就，使刚刚摆脱了半个世纪军国主义羁绊的许多日本人士，在寻求民族独立和未来道路的苦斗中，受到很大鼓舞。自"五四"以来中国

---

① 近代有些日本人以"支那"称呼中国，很多中国人，包括作者，对此感到不适和厌恶。直到日本战败，应中国代表团的要求，盟军最高司令部经调查，确认"支那"称谓含有蔑意，故于1946年责令日本外务省不再使用"支那"称呼中国，特别是在中华人民共和国成立后，日本才渐次放弃使用"支那"，改称"中国"。为了呈现历史事实和文献原貌，本书中涉及的经典文献史料中出现的"支那"、部分专有机构名称中的"支那"未作更改。书中再次出现"支那"一词时不再另行加注。

进步的新文学作品，特别是来自解放区的文艺，作为日本人认识中国道路的借鉴，一时蜂拥般地进入了日本。

这一时期发生的日本对中国现代文学的研究，具有两个明显的特点。一是作为研究的对象，集中于中国大城市的作家和作品；二是作为研究的观念，集中于文学主义的探讨和解释。但是，在这一时期中国现当代文学作为人民文艺进入日本，它的首要任务，是通过对文学的研究，来理解半个世纪进程中中国人的思想情绪、民族苦难，他们所追求的理想，和为之进行的艰苦卓绝的斗争。毋庸讳言，这一研究，包含有促进日本在战后反省的意义。这是40年代末至60年代初期，日本的中国现当代文学研究家们，在日本中国学领域中建立起来的不可磨灭的贡献。不管这些研究家后来各自走了什么道路，本书记录了当时他们研究的业绩，在日本中国学史上，总是一个杰出的存在。事实上，不少日本人，因为接受了这一时期中国人民文艺的影响，走上了争取民族独立的道路。特别令人注目的是，当今日本中国学界卓具声望的一些学者，其中包括不少研究古典文学的学者，在他们的青年时代，不仅曾与中国现当代文学有所接触，而且其中不乏热烈的研究者。中国现当代文学的研究，逐步地登上了日本一些著名的国立、公立和私立大学的讲坛，获得了独立的学科地位，并且逐步造就了如竹内实教授、丸山升教授等一批著名的学者。本书以充实的内容，记录了这一历史时期的历史存绩。

第三个时期是中国人民在粉碎了"四人帮"之后，在中国共产党领导下开始的新的社会主义现代化建设时期。日本许多中国学家，为中国在经历了几度曲折之后，开始了社会主义现代化建设的新长征，以实现自己的伟大理想而感到欣慰。中国当代文坛在新的历史时期，涌现了一批新的作家和作品。这些作品，在题材的广泛性与艺术性的多样性方面，都使日本研究家感兴趣，从而使日本对中国现当代文学的研究有了新的发展。若以1988年10月1日日本现代中国学会公布的会员数为例，共有研究家354位，其中当然有不少非文学研究家，但文学研究家也不会少于三分之一。这可能是除中国本土之外，世界上最庞大的中国现当代文学研究家的队伍了。一些具备了条件的大学，正在陆续开设中文系。新建立的中文系，几乎都有中国现当代文学的课程。日本学者正以自己辛勤的努力，培养下一代的研究者。

本书是一部目录学著作，它以编目的特殊方式，记录了近代日本中国学领域中现代与当代文学研究70年的成果，细而不漏。无论是在日本还是在我们国内，编纂这样的目录还是第一次。它为我国学术界提供了这一专题的翔实可靠的目录查询，而且也可以作为历史资料来研读，实在是一部实用性与学术性兼备的著作。

本书编译者孙立川先生和王顺洪先生，是两位在日本多年的中国现当代文学研究者。孙立川先生是厦门大学中文系的青年教师，1984年攻读于大阪外国语大学，师事日本著名的中国现当代文学研究家相浦杲教授，1985年考入国立京都大学博士课程，目前正在专修后期课程。王顺洪先生是北京大学中文系的青年教师，1984—1988年，在我国驻日本大阪总领事馆担任教育领事，公务繁忙之余，始终留意于学术研究与资料整理。1989年担任了日本关西大学文学部研究员，继续自己的专题研究。他们两位在日本复杂的社会条件下，辛勤耕耘，前后用两年左右的时间，搜集整理资料，在相浦杲教授指导下，编译成册。蒙北京大学出版社好意，付梓出版，以飨读者。

我比两位编译者虚长数岁，他们客气地请我为本书作序，实在是不敢当的。唯我是他们两位辛勤劳苦编译本书的目睹者——1985年，我在日本国立京都大学人文科学研究所担任日本学客座教授，与他们两位接触颇多。我和孙先生在同在京都大学，王先生又常常在星期日的休息中，驾车从大阪赶来，商讨编书诸事，草拟大纲等。他们虽居繁华社会，却专心于学术。回忆及此，我内心为之感动，故不揣鄙陋，以这篇小文表示我对本书编译者些微的敬意。如果读者使用本书，达到了自己所需要的查询或研读的目的，那么，我和编译者一样，感到欣慰。

严绍璗
1989年秋冬时任日本佛教大文学部客座教授
撰写于京都紫野工作室

序王勇著《中日关系史考》[①]

中日两大民族之间具有渊远流长的文化关系，曾经把两国置于一个共同的文化圈内，从而对两国的文化及超越文化的方方面面给予了深刻的影响。这是亚洲及世界文明史上一个独特而又伟大的存在，它的影响波及于今天。因此，中日双边关系这个研究题目，便具有了自上古以来一直流动着的丰富内容，成为学术研究者耕耘不已的领域。

王勇教授任职杭州大学日本文化研究所所长，是近十年来在我国学术界崛起的一位青年学者。他的一系列论著，出题新颖、发想力丰富、视野开阔，又特别注重材料的发掘与验证，以创造性的思维，活跃于国内外的学术舞台。现在，王勇教授的新著《中日关系史考》，以四篇十六章的篇幅，又呈献于读者，令人欣喜。

综观当代中日双边研究，队伍壮大，层面宽阔，不少论著表现出研究者的睿智。但我以为有两个问题，也是亟须辩明的。

第一个问题是关于研究的立论与研究的视角问题。双边文化研究，有时会涉及民族情绪。八年前我在拙著《中日古代关系史稿》的"前言"中曾经说过："执着于民族主义的研究家，常常把揭示不同民族、

[①] 本书1995年由中央编译出版社出版。

不同国家之间的文学的联系、排斥、包容与反馈的诸种研究，斥之为意在否定作家与作品的个性、试图抹煞文学的民族性等等。从事这一研究，有时不得不承担如此重大的责任，岂不让人如履薄冰，胆战心惊。"实际上，中日双边研究中的民族主义，是一个非常深刻的历史传统。如果反省历史上中日诸位先辈的学术，那么，像"大中华主义"与"大日本主义"常常是他们观察与判断双边关系的基点，从而模糊了许多事实。近代学术的基本特点，便是要求人文研究者把双边文化关系作为一个客观实体加以对待，并以文物文献的二重证据来揭示这种关系的真实内容。惟有内容的真实，才有可能依据科学的思维接近史实的本质。这或许正是辩证法与唯物论对研究者的基本要求。王勇教授在一系列的论述中，摒除历史上迂腐的成见，强调从客观事实出发，构筑研究的基点。他的日文版大著《超越时空的圣德太子》，在基本立论的科学性与客观性方面，给我十分深刻的印象。这次呈献于读者的新著《中日关系史考》，当我读第一章"平安迁都的原因与意义"时，便深为著者所显示的公正学术立场所感动。一个研究者在自己的研究活动中，能够确立属于自身的而又具有科学性的立论基点，并由此构架起的观察视角，形成自身的学术观点，并逐步形成体系，这是十分不容易的。王勇教授的论著，已经开始显现这一特点，这是极其难能可贵的。

第二个问题是关于研究材料的发掘与验证问题。人文科学的研究，任何假设和立论的基础便是材料。20世纪初，敦煌文献的发现和甲骨文的出土，大大地推动了人文研究中的史料观念的发展。先辈学者王国维等由此而倡导"二重证据法"，并依此验证各种假设立论。这在本质上符合近代科学史观。一个称为学者的文化人，如果一生中都未曾做过关于史料的发掘、认识和验证的工作，那么，他的所谓学术，其实都是值得怀疑的。但是，材料的发掘和验证，是一项十分艰苦的工作，并非急功近利之徒所能操作。当前国内学术界，靡夸之风盛于一时。研究者有时竟把相距2000年的材料拿来互证，有的又把前人与今人已认定的作伪材料拿来翻弄谱新。其实，没有老实诚恳的态度，是做不得长远学问的。王勇教授在这一方面具有特别的自觉。十多年前当他步入这一研究领域时，便在文献学的各个方面自行补阙，其勤奋好学的精神令人感动。细读他的每一篇论著，都能感知其中较为坚实的材料基础，并且越来越多的是属于他本人发掘的新材料，例如《胜鬘经疏义私钞》及其来龙去脉，都是由他考定验证而近日才为学术界所知晓。把自己的研究建立在尽可能可靠的史料的基础上，反复验证，去伪存真，持之有故，言之成理，不自己欺骗自己，更不欺骗读者，这样的学术，才能对人类文化与文明的进步，尽到自己的责任。这是一个学术观念与方法论的问题，同时，无疑也是一个学术道德论的问题。王勇教授的研究与论著，在这方面可以显见他成熟的步伐。

我和王勇教授相识有十多年。两人因为同行同道，所以常在国内国外相见。我或许是目睹王勇教授从硕士成长为大学教授的许多朋友中的一人。我深知他在这条路上，洒尽了心血，也表现了勤奋与睿智。我和他相比，自愧不如，仅是我比他虚长了十数岁，所以此次新著公刊，我作为最早的读者之一，愿意把对他学术的理解介绍给诸位，并以此为"序"。

严绍璗

一九九四年十二月七日于日本京都

序尚会鹏著《中国人与日本人：社会集团、行为方式和文化心理的比较研究》①

中国学术界在谈到关于对日本人的社会学的、文化学的和人类学的研究的时候，常常喜欢举证美国学者本尼迪克特（Ruth Benedict）的《菊花与刀》（Chrysanthemum and the Sword-Patterns of Japanese Culture），以及赖肖尔（Edwin O. Reischauer）的《日本人》（The Japanese）等著作；日本学者在谈到中国学术界在这一领域中的研究的时候，常常喜欢举证1928年出版的戴季陶的《日本论》，以及1945年出版的蒋百里的《日本人——一个外国人的研究》等著作。仅此而已，罔论其他。这对于生活在20世纪90年代的真正从事日本文化与中日文化关系研究的学者来说，内心的莫名惆怅，当然是不待言的。

20世纪中国的人文学术，走着十分艰难和曲折的道路。本来，从20世纪初我国人文领域的近代学术形成以来，"日本"作为国际区域性研究的对象，从一开始起，它已经被纳入了中国学者的学术视野之内。但是，由于近代中日两国特殊的政治、经济、军事和文化关系，特别是由

---

① 本书1998年由北京大学出版社出版。

于日本军国主义对亚洲（和中国）及太平洋地区的侵略，中国学者对日本的研究，便主要是在政治层面上持续不断揭露其帝国主义本质，而未能有更多的精力来从事作为人文学科的日本学研究。例如，我们在哲学领域中，虽然在清光绪二十八年（1902）有人已经把加藤弘之的各种言论，翻译集为《加藤弘之讲演集》出版，却直到1962年，才有商务印书馆出版的由北京大学哲学系撰著的《日本哲学（古代之部）》。①经过了整整六十年，中国学者才第一次在日本哲学领域内公刊了自己的研究著作，发表了自己的见解。在社会学和社会文化学的日本研究领域内，情况或许稍好一些，这是因为这一领域的研究，与当时的时世还是具有相当密切的联系，例如，1924年，谢晋青著《日本民族性研究》，1928年，戴季陶著《日本论》，同年还有陈德征著《日本民族性》，1930年，潘光旦著《日本德意志民族性之比较的研究》，1933年，王文萱著《日本国民性》，1934年陈丹崖著《日本国民的信仰生活》，1935年，郑独步著《日本国民性之检讨》，1936年，郁达夫著《日本的文化生活》，1938年，张居俊著《日本之病态心理》，1941年，叶树芳著《论日本人》，1945年，有蒋百里著《日本人——一个外国人的研究》。所有这些研究专著，构成了20世纪上半叶中国学术界的日本社会文化学观念。

自此之后，时间过去了整整半个世纪五十年，中国学术界在这一领域的研究，突然停歇了它的一切操作，显得异常静寂。近二十年来，虽有单篇论文问世，却未见有属于这一领域的真正的研究著作公刊于世。

不久之前，我有机会读到了北京大学亚非研究所尚会鹏先生撰著的《中国人与日本人：社会集团、行为方式和文化心理的比较研究》一书的手稿，为他在学术研究中表现的科学性的观念和独到的方法论所吸引，更为他在书中表现出的对学术的"刻意的精心"所感动。读了尚会鹏先生的这一著作，终于弥补了多少年来我作为一个中国的日本学研究者，常常悬挂于心的遗憾。

本书以社会人类学的基本理念为学术核心，采用文化比较的研究方法，旨在阐明中日两大民族的深层文化特征。尚会鹏先生的专著，从一般的社会学的泛泛之说中脱出，以社会人类学的理念作为观察中日文化的视角，在广泛的文化现象

---

① 在此之前，1958年三联书店曾刊出朱谦之先生的《日本的朱子学》一书，但从严肃的学术意义上说，此书仅是日本井上哲次郎著《日本朱子学派之哲学》（1905）的编译本。

中，从家、族、家元组织、宗教信仰和性意识等文化层面上，寻找其表现文化特征的根本之点，例如，从关于两国亲属集团（家）的形态特点，论述到二次集团的重大差异（宗族和家元）；又从两国二次集团的差异性论述到作为沉淀于民族底层的亲属集团的凝聚力与等级式集团主义的不同内涵等。著者由此组织命题，深入展开，最后，又归位为民族性的讨论，阐明了两国与此相关联的广泛的社会文化心理，指明了两国文化民族性的一些倾向性特征，如集团意识与家庭意识、等级意识与平等意识、岛国意识与中华意识、名的意识与耻的意识等。书中就各命题的结论，多有前人未言之处而发人深省。

本领域的研究，要求研究者必须具有中国文化和日本文化两方面的深厚学术修养，又要有第三种文化作为参照，同时还要求具有统摄这两大文化的理论功力。20世纪前期学术界的先辈虽然也曾致力于本课题的研究，但终因起步之初，学术的积累极为有限，观念与方法皆未有探讨，故大多数的研究，以记录式的叙述为大宗，而少有在充分的原典上的理论阐发。这当然更多的是历史与时代所造成的局限，不能苛求于前辈诸先生的。近年来，我们也有不少的关于中日文化比较研究的论文，兼有少量的著作，但终因原典文化修养不足和理论薄弱，学术上的成功之作确实不多。

本书著者的学术理念十分清晰，具有很好的一般文化学与社会人类学的理论教养；著者掌握丰富的中日两国的文献，具有扩展自身理念的相当丰厚的文化原典基础；著者还具有很好的英语基础和英语国家留学的经验。特别要提出的是，本书特别注意研究的方法论和理论流派的变迁，特辟最后一章，探讨了关于为日本文化定性的本尼迪克特的"耻文化"理论、土居健郎的"娇宠"理论、中根千枝的"纵式社会"理论，并介绍了许烺光的理论。前三种理论，乃是20世纪在日本文化研究中具有全球影响的三大学说，这显示本书作者受过良好的学术研究的训练，十分注意学术研究的规范性。这正是目前我们许多中青年研究者所欠缺之处。

尚会鹏先生以数年努力之功，在日本文化领域和中日文化比较研究领域中，成此一部具有学术价值的著作，我作为先行的读者，得到不少的教益，才有了上面的一些感想，承蒙尚会鹏先生与北京大学出版社的好意，嘱我写下而为"序"。

严绍璗
1998年秋末撰于京郊燕北园跬步斋

跋六角恒广著，王顺洪译《日本中国语教学书志》[1]

王顺洪先生汉译日本六角恒广著《日本中国语教学书志》，集中对明治维新以来日本人实行汉语教育的156种汉语教科书、工具书进行了具有学术意义的解题，并在书末附录至1945年止的汉语教学相关书目1437种。这是目前世界范围内对日本近百年来汉语教育研究所能提供的最广泛、最详尽的资料集，其中大部分为中国国内汉语学界所从未知晓。这一译著的出版，为我国对外汉语教学研究开拓新领域奠定了相当充实的资料基础，并且为中国文化史（包括中国语学史）、日本文化史和中日文化关系史的研究，给予了有力的支持。

人文科学与社会科学研究，必须以确实的材料为基础。一个真正的人文学者，如果一生都未曾作过相关的资料搜集、整理和研究，那么，所谓的学问也就大可怀疑了。从这样的意义上说，本书的编纂译刊，无疑是从事相关学科研究的基础性工程。

---

[1] 本书2000年由北京语言文化大学出版社出版。

本书编纂者六角恒广先生，是日本当代著名的中国学家，尤以对日本中国语教育史的研究见称于学术界。尤其可贵的是，六角恒广在编纂本书时，还特别有意地希望通过对日本战前中国语教育实况的研究，促进当代与后世的学人，能够对日本帝国主义的侵略及其附庸于这一侵略政策的学术，进行反省。中国学术界对于这样的学者，无疑应该给予大力支持并深表敬意。

本书译者王顺洪先生，长期从事中日文化关系史研究，已有多种译著出版，尤以研究中日语关系见长，并且具有相当丰厚的日本文化生活的实际经验。本书译笔畅通，译文准确，从字里行间可以看出译者的态度诚恳不苟。

我以为，汉译《日本中国语教学书志》是一部很有学术价值的资料书，出版这一著作，无疑是出版社崇尚学术的明睿之举，在当今奢靡浮夸之风极盛于学术之际，出版这样的著作，表现了出版社的胆识和魄力，我作为一个先行读者，是要向出版社表示深深的敬意的。

严绍璗
一九九八年八月十二日

序周阅著《川端康成是怎样读书写作的》[1]

  川端康成是20世纪国际文学界的名人。中国读者大都是通过阅读诸如《伊豆的舞女》《雪国》《古都》等作品，才得以认识了这位诺贝尔文学奖的得主。作家在这些作品中，曾经以对生活经验的极为深邃的体察，从自己心灵跃动的深处描绘出了日本人的故事和日本人的心态，从而向世界展示了偏居亚洲东隅列岛上的日本民族独特的精神形态。

  但是，一般说来，除了专门的研究家之外，中国读者群中能够真正接受川端康成文学的美意识的人，我想为数是不会很多的。大多数的读者对川端康成的文学多少还有些迷蒙的感觉。例如，他们在感受作家的表现力的精到和细微的同时，在他对人物特别是对女性的纤柔冲淡的抒情性的描述中，似乎也些微地感受到作家的表现力中隐藏着某种精神的扭曲，或者说，他在作品中对情节的独到体验和对人物情感的过分执着，表现出作家的精神形态似乎有些神经质。使人们不理解的是，作家个性中这些独特因素是经历了什么样的路径才得以生成的？它与作家的创作又究竟具有什么样的关联呢？

---

[1] 本书2000年由长江文艺出版社出版。

就是对于中国的日本近代文学研究的专家来说，在他们的研究论著中，或者在他们向中国读者阐述川端康成文学的成就的时候，其实，也留下了让人困惑的谜。例如，从川端康成文学来说，川端康成文学的美意识的最具有表现力的作品，究竟是什么？也就是说，人们对把像《伊豆的舞女》《雪国》《古都》这些作品作为川端康成文学的美意识的最高代表而膺获诺贝尔文学奖是否可以提出质疑？

川端康成的死，更加使研究家和读者都陷入迷茫之中。1968年川端康成获得诺贝尔文学奖，在瑞典斯德哥尔摩的获奖仪式上曾经发表了轰动一时的讲词。这篇以《我生活在美丽的日本》为名的演讲词，情感真挚，文辞优美，读上去真感到作家对自己的祖国充满情爱。这是一篇具有唯美主义格调的散文。并且就在这篇讲辞中，川端康成明确地表示："我既不同情，也不赞成芥川，还有战后太宰治等人的自杀行为"，然而事隔仅仅四年，作家又怎么会自食其言，口饮煤气而匆匆地自我结束生命了呢？究竟是什么促使这位为日本赢得了如此重大的荣誉，而本人又是名利盖天地的作家，就这样匆匆地离开了曾经给予了他肉体生命与精神生命的故土故人，而迫不及待地魂归道山呢？

是的，川端康成文学为日本文化史和世界文化史留下了珍贵的遗产，当人们在接受这一遗产时，也常常会有些无可奈何的惆怅心态。

要揭开川端康成文学的许多迷蒙，按照中国传统的治学经验，就必须"知史论事"。为了理解作家的文学，就必须首先了解作家实体生命的历程和精神心路的历程。这恐怕是一个真正的文学研究者和文学欣赏者所必须具备的基本素养。

真是在这样的意义上，周阅女士撰著的这本书就显现出了它的学术价值。

本书把对作家的实体生命历程的考察与对作家的创作意识的考察结合在一起，整理出作家精神美学形成与发展的具有个性化的轨迹，以此作为著者作本书的主纲，又以作家的作品作为本书的纬线，相互穿梭组合，以八章的篇幅构成传主川端康成生命的乐章。细心的读者如果顺着著者的引导，阅读了由此八章组成的川端康成的生命史和创作史，那么，我们在前面曾经提到的对川端康成文学的多种疑惑，或者多少可以得到释疑。不惟如此，阅读完这部著作，我们还可以从这位杰出的作家的成就中，引出许多关于对"人"的深刻而有意义的思考。

我曾经多次读过《伊豆的舞女》，是把它作为川端康成文学的里程碑来阅读的，从中体会出作家的艺术个性。作品中作家对女性心态的变异总是为作品在总体上表现出的成就所掩埋。有的朋友甚至还把这种"变异"心态下的女性，看成是日本女性所具有的独特的抒情性风格。周阅在本书中，对川端康成从小就因为失去双亲而养成的"孤儿根性"作了非常具有人情的解析。著者指出，这或许是渗透于川端康成创作一生的潜意识。所以，当作家在伊豆半岛旅行时，在与舞女们邂逅时，此种情结诚如本书所解析的那样，它便衍生为"在没有女性的家庭中滋生的对女性的敏感以及在缺少母爱的环境中培养的对女性的泛爱"，"使川端深锁的心灵的孤舍，被舞女一句甜甜的赞美打开了，他经年累月积累的忧伤，在舞女天真烂漫的笑声中飘散殆尽……他感到'头脑恍如变成了一池清水，一滴滴溢了出来，后来什么都没有留下，顿时觉得舒畅了'。因这份感激和满足，川端对舞女产生了自己也说不清道不明的朦胧的爱意，舞女也对这个素昧平生的学生哥萌发了淡淡的依恋。"著者极为清晰地揭示了《伊豆的舞女》的潜意识特征。这当然并不是说，《伊豆的舞女》就是作家的自传，作品中所表现出的日本美意识的抒情风格，心理独白的创作手法和古典传统的艺术个性，其价值已经远远地超越了作家自身的经历体验，但是，如果阅读者不清楚地理解在这个作品的深处所郁积着的这样具有个性特征的潜意识，我们对这个作品的理解，将仍然是肤浅的。

《川端康成是怎样读书写作的》对于我们从多角度地理解川端康成文学，具有相当的提示性。在中国文学传统中养成的读者，常常习惯于从直线形态理解作家和作品，所以，难于理解作家在多重性格下的多重表现。本书披露的事实和所作的分析，揭示了作家性格和情感中的许多为人们所忽视的领域，例如，在他的根性中，深藏着的是他对故乡的奇异的淡漠，它的曲折的延伸，便有了这样一个故事：1957年，当年近花甲的川端为国际笔会的有关事宜第一次远赴欧洲时，在各国穿梭访问的两个月间，感到的是从未有过的自由和快活，而不是对日本的思念。旅行归来，他在《夕照的原野》中对自己这种情感移动，有过很直露的表述，可惜读者都不予注意。再者著者指出，川端的文字能够轻松地超越生与死的时空阻隔，因而具有一种纯净安详而又神秘特异的抒情性，川端康成文学具有生死合一的观念，它既是对生命的礼赞，又是对死亡的歌咏。著者借用日本著名作家长谷川泉的话，称此为"川端康成文学的双极性"。著作再借用评论家山本健吉的分析，提醒读者，川端康成的生活经历，使他在对死亡以及死亡应带来的悲伤毫无感知和理解能力的状态中活生生地接触到了死亡，因此，他面对死者的世界，便产生了生的感情。对死亡的触摸使川端体验了什么是生存，这种生与死的交融不可避免地渗透于川端的创作和人生观中。或许，正是这种多重性格特征，造就了川端康成文学的成就，也同时注定了川端康成最后的自我归宿。本书在这些方面给予我们很多有益的启示。

本书在川端康成成为著名作家的成材之路上，也给今日的读者以宽阔的想象空间。川端康成在东京大学读书期间，无论是英国文学还是国文学（即日本文学），成绩都很是不好，常常向先生"借"学分，勉强毕业。他在大学期间，在应付上课的同时，私下却阅读了大量的文学作品，为他日后文学创作的起步与发展，打下了坚实的基础。当我读到这一段的事实时，便自然地想起了我国伟大的文豪鲁迅先生，他的成绩单上，门门只有 60 来分。其实，关于素质教育的概念，早已经为我们这些伟大的人物所躬身实践，树立了堪称杰出的榜样。但是世间的俗人，却永远也理不清楚这个逻辑，一定要自己的后辈，门门满分，甚至国内第一流的大学，对硕士博士的考核，学分在年年看涨，据说今年已经从32分又涨到了40分，理性的导师们对此也目瞪口呆。这样的"学分机器"只能成批量地出产无能之徒。本书为读者描述的传主川端康成形象，给我们以极好的成材警示，这或许已经变成为题外之话了。

周阅女士毕业于北京大学中国语言文学系，又在北京大学比较文学与比较文化研究所专攻东亚文化与文学，获文学硕士学位。近年来任职于北京语言文化大学，一直潜心于川端康成文学的研究。她以非常辛苦的努力，收集与汇总有关川端康成的各种材料，爬梳整理。长期的专业的学术素养，养成了她对文学所特有的丰厚的感悟力和对作家作品的深刻的解析能力。本领域的研究，要求研究者不仅是对作为传主的川端康成及其文学具有足够的把握能力，同时要求对日本文学的总体，也具有一定的统摄能力，正如我们在本书中所读到的那样，周阅在这两方面都表现出了自己的学术修养。全书不仅材料较为齐全，而且文笔细腻，情感幽淡，每一篇都可以作为表述日本文学的独特的散文来阅读和欣赏。

周阅以数年努力之功，完成了这样一部有价值的专著，为中国读者解读川端康成和他的文学，提供了一个可靠的引导。特别要提到的是，著者在撰写大稿的过程中，曾经遭遇过人生历程中很困难的时刻，其中有好几章，是在医院的病榻旁写就的，这种对学术的执着和为学术的毅力，实在是令我们深深感动。

中日两国文学的互相理解，将在中日两大民族的友好交往中架起心灵上的桥梁。本书的作成，便是在这座通向新世纪的大桥上，增添了新的砖瓦。

周阅在北大研究所时期，是我的学生。现在她嘱我为本书作一篇"序文"，我反倒感到真是难当其任。我是作为一个读者，有幸先期读到了她的大著，萌生了不少的感想，于是，便把其中的一些自认为或许还有些价值的想法，整理出来，送给周阅女士，庆贺她辛苦耕耘的著作的完成，名之曰"序"。

1999年初夏
北京西郊燕北园跬步斋

《多边文化研究》第一卷"卷头语"[①]

《多边文化研究》作为北京大学比较文学与比较文化研究所的学术纪要,它的第一卷恰与21世纪的第一个年头同时来临。这多少为我们的学术纪要增添了时代的色彩。或许,这一契合更预示着在这一新世纪中,比较文学与比较文化的研究在人文社会学术研究中的价值与意义。

假如我们把20世纪的70年代后期作为中国比较文学研究事业复兴的起始,那么,北京大学比较文学与比较文化研究所作为这一复兴的见证人与参与者,在艰难困苦同时也在充满朝气的学术道路上已经走过了20年了。

从学术层面上考察,中国比较文学研究事业自20世纪70年代后期以来的近四分之一的世纪中,可以说出现了三代主峰,以杨周翰、钱钟书、季羡林、贾植芳诸位先生为代表,他们是经历了"文化大革命"之后推动中国比较文学复兴的第一代学者;以乐黛云、钱中文、饶芃子诸位先生为代表,他们是推进中国比较文学学术发展和繁荣的第二代学者;目前,在跨入新世纪之时,中国比较文学的学术研究,已经形成了第三代学者,他们中间已经出现了一批杰出的具有代表性的学人。在几

[①] 本书2001年由新世纪出版社出版。

代主峰之间，也都存在着许多过渡性的桥梁。前一代主峰学者的学术与精神，正是通过这些学术桥梁，转达到了后一代的主峰层面上，承前开后，把学术逐步推向新巅峰。

北京大学比较文学与比较文化研究所的建立与发展，与中国比较文学研究事业发展的轨道相一致。它的前身比较文学研究中心创建于1981年，正是第一代学者们致力于复兴中国比较文学学术的产物。它被定着于北京大学，这正体现了20世纪中国新文化与新学术发展的基本脉络。1985年，依据我国教育部的指示，北京大学把比较文学研究中心改建为具有独立建制的实体性的研究所，任命刚刚从美国哈佛大学归国的乐黛云教授出任所长。不久，乐黛云教授当选为中国比较文学学会的会长和国际比较文学学会的副会长。这一系列的文化事态，便成为在20世纪80年代中期中国比较文学研究的主峰层面由第一代学者向第二代学者转移的标志。

自此以来的15年间，北京大学比较文学的研究不仅在国内学术界而且在国际学术舞台上，取得了具有决定性意义的发展。第一，北京大学比较文学与比较文化已经建立起了关于培养比较文学硕士—博士—博士后的完整的学术学位体系，由我所培养的比较文学硕士、博士和博士后专家，既在国内学术界，而且也在欧洲、北美、东亚和澳洲广袤的学术领域内发挥着积极的学术作用；第二，北大比较文学研究所的学者们撰写的学术著作，其研讨的内容涵盖了比较文学多层面的学科，并已经突破了法国学派、美国学派等的藩篱，显示了以中国文化为教养的文化精神、文化观念和方法论特征。这一研究所的学者已经开始具备捕捉国际学术新趋势，回应学术文化新挑战的能力，其研究著作，不仅进入了中国大学的殿堂，而且已经在国际上被一些大学指定为比较文学和比较文化课程的必读参考书，并且在国际性出版物的有价值评比中夺得如学术类金奖等高层次奖项；第三，北大比较文学研究所的学者积极参与了国际比较文学界的几乎所有的重大学术活动，并且成为其中重要的组织者。在世界各处的关于比较文学研究和比较文化研究的主要论坛上，几乎每年都有北京大学比较文学与比较文化研究者的声音。今天，我们可以毫无愧色地说，北京大学比较文学研究所的学者们不仅已经进入了与国际学术对话的行列，而且已经成为构成国际比较文学与比较文化研究事业的重要的组织力量和学术力量了。

目前，一批更加充满学术生命力的、更加具有学术智慧的年轻学者，在世纪之交的时候，正在逐渐构成为比较文学研究的第三代主峰层面。他们在比较诗学、文化史学、主题学、类型学、形象学、发生学、叙事学、符号学、艺术学、国际汉学、女性主义、文化批评等的领域中，开拓进取，自成一家之言。这是北大比较文学研究向21世纪新时代所展现的学术光彩。

对我们来说，要保持并推进目前的学术势头，使第三代学术锋面能够创造比第二代时期更为辉煌的业绩，最根本的应该在于提升研究的理念。一个研究项目的完成，固然是对学术的一个贡献，但是，理念与思维的升华，将是对学术发展具有普遍性的意义。中国比较文学界目前最重要的是，应该以相当的努力，确立以中国文化为学术基本点的话语背景，构筑既能为国内外学术界大多数学者理解的文化语境，推进理论研究与文本实证相互照应的多层面原创性思维。

一般来说，我们的研究者都具备两个国家以上的双重或多重文化经验，都具有双语言或多语言的能力。这是开放的时代造就的学术优势，当然这也是比较文学家所必须具备的基本素养。无论在世界的什么地方，无论以何种语言文字从事学术，中国比较文学家都是从中国文化的母体中发育长大的，这一母体文化无疑应当成为比较文学家学术话语的基本背景，成为构成他的文化语境的基本材料。对于一个中国的比较文学家来说，中国文化是他的学术生命的基础，也是他之所以能够立足于学术领域，特别是立足于国际学术界的最深刻的根源。对于正在形成学术锋面的第三代年轻学者来说，当然应该更加充分地以必须的中国文化的养分自觉地来养育自己，然后才可能生发出更加宽大的比较文学研究。新世纪的中国比较文学家，他首先应该是一个中国文学（文化）研究家，其次，他也应该是一个相对称的外国文学（文化）研究家，立足于这样的学术教养之上的中国比较文学家，才可能真正创造出他的学术天地来。

第三代学者面对学术文化的各种新课题，在确立自身学术理念的过程中，不应该忽视推进理论研究与文本实证相互照应的多层面的原创性思维。目前，我们在观念与方法论等方面，已经在欧美比较文学界的一些经典性规范的基础上向前有了发展，一部分学者在实践中十分重视理论研究与文本实证的相互观照，从而获得丰富的原创性思维，他们在国内外所获得的学术声誉，正是来源于此种研究成果。我们要特别警惕用一些不得其解的学术术语铺陈自己的论说，目前学术界流行的有些理论论著看起来十分的艰涩或时髦，但是，一旦被真正解读，其内容却又显得十分的苍白和肤浅。其实，理论研究是智者的事业，只有那些真正深刻地把握了文学特征和文化运动的全貌，并有能力把它们提升到理性思维的范畴内加以阐述的人，才有可能真正从事比较文学的理论研究。一般说来，一个从未做过文本解读和诠释的学者，一个从未从事过本研究领域中基本材料整理的学者，他的原创性才思一定有限的，况且，人们也可以从根本上怀疑他的理论的有效性和准确性。文化史学上一些理论家由于远离文化实际而造成理论的枯寂，留给我们的深思将是永久的。

这本学术纪要作为我们研究所的学术结集，将依据我们对比较文学与比较文化研究这一神圣学术的理解，展示本研究所的学术成果，包括对有关问题的讨论与反省。我们希望以自己的努力，在理性的反省和科学的探索中，与所有的国内和国际同行一起，把这本学术纪要办成中国文化通向世界，世界文化通向中国的学术桥梁，在新世纪中获得世界性的声誉。

序《中日文化交流史论集——户川芳郎先生古稀纪念》①

户川芳郎（Togawa Yoshio）教授是20世纪下半叶日本中国学界极为著名的学者，他在中国古典思想文化和文献学等领域中留下了一系列的业绩。在近40年的教学生涯中，又为日本中国学界造就了许多人才。今年恰逢户川芳郎教授70岁大寿，他的中国学生们为了纪念这位杰出学者的学术功绩和向自己的导师表示敬意，在王勇教授、王宝平教授、徐一平教授和隽雪艳教授的倡导下，各自贡献出自己的研究业绩，汇合成集，这是一件极为有意义的事情。

日本中国学是从19世纪末期以来，日本学界从对万国史（世界历史与文化）的研究中独立出来，并在反省江户时代传统汉学的基础上逐步形成的一门近代人文学科。这一学科以东京大学（战前的东京帝国大学）和京都大学（战前的京都帝国大学）为学术中心，东西呼应，在20世纪达于极盛。其中除由于历史原因从中变异出了一部分含有军国主义形态的学者外，大部分研究者以认真执着的态度，对中国文化的几乎所

---

① 本书2002年由中华书局出版。

有的领域进行了以近代人文观念为基础的探索。依据我目前正在编著的《20世纪日本中国学（经典人文学术）总书目》（中华书局预刊），在一百年中，在文学、历史、哲学、宗教、考古、艺术等人文学术的经典学科内，他们公刊的著作（不含论文）大约有4万余种（精确的数字当然以出版时为准）。这就是说在20世纪的一百年中，日本学者以每两天出版一部中国经典文史哲等研究专著的速度、规模，向世界传达他们对中国古典文化的观念和判断。这在海外恐怕没有第二个国家的学术界能企及。

当我们回顾这一段研究历史的时候，自然也看到了户川芳郎教授留下的业绩。他在中国古文献的整理例如《荀子》和《淮南子》的日语翻译与注释，在中国古代思想史的理论研究例如《儒学史》的研究和在日本江户时代的学术研究例如对荻生徂徕、三岛中洲的文献整理和理论研究中，刊行了14部专著和数百篇论文，令人十分敬仰。

从日本中国学的谱系上说，如果以井上哲次郎（Inoue Tetsujirou）为东京大学中国古典研究的始祖，那么，沿着这一学术系统，继服部宇之吉（Hatori Unokichi）、宇野哲人（Uno Tetsuto）、宇野精一（Uno Seiichi）之后，户川芳郎与沟口雄三（Mizokuchi Yuzo）同为这一谱系上的第五代掌门人。这些名字不仅在日本学术界，而且在国际中国学界也掷地有声。他们以各自具有的学术造诣构筑了20世纪日本中国学的基本态势。

我和户川芳郎教授相识已经有四分之一世纪了。1974年秋天，由周恩来总理批示，北京大学社会科学团7人访问了日本学术界。我作为这个访问团的成员在东京大学做了学术报告。户川芳郎教授作为东京大学接待委员会的成员，热忱地接待了我们。他与前野直彬（Maeno Naoaki）教授一起，为我的讲演做了非常细致的安排，由此开始了我们的学术友谊。

27年来我一直把户川芳郎教授作为导师，而他却又一直把我作为朋友。他经常来中国，我经常去日本，谋面之间嘘寒问暖切磋学问，我从户川先生处得到了许多做学问的道理，理解了一个日本中国学者的成长之路。

户川教授说，他年轻的时候在长泽规矩也（Nagasawa Kikuya）教授的指导下从事"和刊本"《仪礼经传通解》的整理。长泽先生是20世纪日本最有名望的汉籍文献学家，他对"和刊本"的系统研究和整理具有卓越的成果。至于像整理

《仪礼经传通解》这样的项目，即使对于中国学术界来说，许多人也多把它视为畏途，而户川先生接受了这一项目，目的则是为了接受阅读与理解中华文献典籍的基本训练。先生出色地完成了任务，其成果则由日本著名的汲古书院刊出。这样严格和认真的基础型作业，使我想起了日本中国学界另一位杰出的权威学者吉川幸次郎（Yoshigawa Koujirou）教授的成长史。1974年我访问京都大学时吉川教授对我说，他从29岁开始在导师狩野直喜（Kano Naoki）教授指导下从事《尚书正义》的日语翻译。这是一件何等困难的作业！但是经过四年的努力，终于完成了这个项目。这两位日本中国学界的学术巨人，他们学术起步的踪迹给了我极为宝贵的人生经验启示——一个人文学者，如果真的想要研究学术，无论将来向什么方向发展，都应该从最具基础意义，又是最具经典意义的文本阅读与整理着手，接受学术炼狱的洗礼。否则，夸夸其谈一辈子，机运使他一时间出了名，然而，最终所谓的成果都会枯萎而成为文化垃圾。这几年我一直把这样的经验告诉我的年轻硕士生和博士生们，他们有的相信，有的则十分鄙视。今年，我有学生进了美国的哈佛大学，继续做她的博士论文。她来信说，到了哈佛才知道，所谓世界第一流的哈佛学风就是先生反复说的"以文本解读为基础的学术"。这本来是人文学术研究养成最基本的法则，但是，现在因为学界的腐败风气已经相因成习，在某些高发区和带菌者那里，部分人已经病入膏肓，年轻学者受到腐蚀，已构成顽疾。在此之时，我希望以我们尊敬的户川芳郎教授的学术经历作为范本，犹如从国外进口的良药，或许可以给我们以启示，或许能对学界病入膏肓者起点醒示作用。

在户川芳郎的学术进程中，以切实的文本阅读与研究为基础，至少有三方面的经验给我的印象至深，常常与自己相互比照。

户川教授是一位中国学家，对日本来说这是一种外国文化研究。但我们从户川教授的业绩中看到，日本江户时代杰出的学者《荻生徂徕全集》的第二卷是由他和神田信夫（Kanda Nobuo）教授二人合作整理编纂的。1999年他又与石川忠久（Ishikawa Tadahisa）教授一起完成了《三岛中洲的学艺与他的生涯》这部大著。一个从事外国文化研究的学者，却仍然十分执着于自己民族文化的研究，我以为这应该是很有提示性价值的。通观中日两国20世纪中真正有成就的学者，无论他从事何种研究，他们在自己的民族文化的"根"上从来都是十分认真、十分执着的。户川芳郎教授的学术正是体现了东亚学者最有价值的学术道路。

　　作为一位研究中国古代哲学思想的学者，户川教授还对中国现当代文化具有浓烈的兴趣。1986年他到中国来，专门为访问鲁迅先生的遗迹。我当时真有点奇怪，按照我们的学科分类，古代与现代泾渭分明。但户川教授却专门飞渡重洋，寻访一位中国现代作家，他有备而来，有自己的信念。我陪他从西城转到南城，他拿着一叠文书，边走边谈边记录边打勾画圈做记号，仿佛是个中国现代文学专家似的，准备的书面材料连当时在场的北京鲁迅博物馆陈列处的一位副处长也深深吃惊。户川先生说，对我们这一代日本的中国研究者来说，无论是研究古代的，还是研究现代的，在大学期间几乎都阅读过鲁迅的作品，这是一位深刻表现中国现代命运的作家，我研究的对象是古代，但我生活在现代。假如我对活着的中国命运和文化没有知识的话，我想我是做不好对中国古代的研究的。户川教授在这里表现了他深邃的思想和眼光。

　　1990年中国"中日关系史学会"与日本"日中交流史学会"联合在北京举行东方文化研讨会。会上为一个问题中国学者之间发生了争论。争论是由我挑起的。在关于如何估价儒学在日本当时所谓的经济腾飞中的作用时，我在30分钟的发言中强调要从日本社会发展的事实出发，并且应该十分注意战前儒学在日本军国主义意识形态中的作用。会议的中方出席者，除我一个人外，同声认为日本经济腾飞的基础在于儒学。户川芳郎教授作为日本方面参加会议的真正的学界代表（日方参加者以政治界与经济界为主），较为系统地阐述了自己的见解。他认为在一个连汉文也愈来愈读不懂的国家里，怎么可能以儒学为原动力来推动自己国家的经济发展呢！户川先生当时正担任着东京大学文学部部长，这样一个显赫的职务足以使在他之后的其他日本发言者谁也不会对这个尖锐的议题再说三道四了。现在，当日本经济已历时十余年衰败而仍然无法真正从低谷中提升的时候，当时狂热的中方学者现在都噤若寒蝉，我则常常想起这一场会议以及由此发生的争论，想到户川芳郎教授在理论上的深刻性和坚定性，以及在此背后丰富的学识和实事求是的学风。

　　今年是户川芳郎教授的70大寿，我写了上面这些话。从回忆中钩沉起先生的道德文章，可以成为后世的风范楷模。半个月前，我在早稻田大学古代文学研究所举办的国际学术研讨会上，就日本古典《万叶集》的《水江浦岛子》这一首和歌的解读发表见解。户川先生以70高龄专程赶来参加研讨会，令我十分感动。在这本纪念集中，论资排辈实数我年纪最大，因为虚长了岁数，纪念集的组织者非常客气地把我的这些话做了本集的"序言"，使我非常不安。假如读者能够从本集中对户川芳郎先生的学术有所理解，从而能从他的学术道路和人品风范中体验所需要的价值，并且对经由他所培养的这么多弟子门生所展现的学术实力有所领悟，那么我想，这就是对一位把中国古典研究作为自己终身事业，并且业绩斐然的日本老学者的寿庆的最好祝贺了。

严绍璗
2001年10月16日撰写于日本东京品川丰町寓所

序张哲俊著《中日古典悲剧的形式——三个母题与嬗变的研究》①

　　这是一部论述中国古代戏剧中的悲剧母题与日本古代戏曲"能"（谣曲）之间关系的著作。本书的论题在我国人文学术研究中具有重要的学术价值。②

　　"能"是日本古代戏曲发展中趋向成熟的第一个标志性艺术表演样式，它的文字文本称之为"谣曲"，在日本文化史、文学史和艺术史上都占有重要地位。我国学术界至今还没有从事这一研究的专门性著作。本书以悲剧母题的范畴为主纲，阐述了中国古代戏曲中几个经典性主题与日本的"能"（谣曲）中若干作品在观念、情节表演诸方面的关联，以此为契机，进而对"能"（谣曲）的艺术观念与艺术功能进行了相当深入的阐述，并在此基础上对古代中日戏曲的悲剧体味和悲剧意义作了具有创见性的理论阐述。

---

　① 本书2002年由上海古籍出版社出版。
　② 这里说的"日本古代"，是以中国历史分期来认定的。在日本史上，习惯于把"能"（谣曲）的形成认定在日本历史的中世后期与近世初期。

本书的最主要特征在于它不是应景之作。这是建立在作者近十年来对文艺学的悲剧理论潜心思考基础上的心血之作。作者对西方自希腊悲剧以来的论说比较熟悉，且有心得和疑问，已经有十余篇论文发表。作者以此作为全书的理论背景，这就使本书的理论价值与一般的中日文化研究的论说有所不同。它从泛泛的宏观描述中脱出，也不标榜"把西方理论中国化"，而是从东亚戏剧创作和戏剧表演的实际出发，在悲剧性的体味中，重新认识悲剧的价值和意义，具有相当的理论思考和阐发。

作者认为，中日悲剧中所具有的与西方不尽同一的悲剧情节、悲剧意识和悲剧体味，构成东亚悲剧的剧本特征。这些特征，又构成中日古代戏曲文学内在的联系。因此，作者在阐述中国古代戏剧中的经典性悲剧题材时，对传统的西方悲剧论提出了质疑；在阐述日本"能"（谣曲）对中国戏曲母题进行的变异中，又对宗教与悲剧的关系提出了非常有价值的论说。

本论著中所有的命题，都有相应的与命题最贴近的材料作为阐述的基础。翻阅全书，没有一章一节空口说白话的，体现了作者具有自觉的人文研究的实证观念。这种诚实的观念和作风，贯穿于整个研究之中。

在史料的运用上，作者注意了本文流传中各种不同版本的差异，因为版本的不同会造成相同主题的文本在内容上的不同。这本来是人文学术研究中的一个基本的规范，属于研究者必须具备的基本常识。但是，近二十余年间，我国人文学术界虚浮之风嚣张，信口胡说盛行。在这样的虚糜状态之中，研究者是否注重文本，是否注重文本的版本，并在研究中进行版本的甄别和运用，是考察研究者学术信念、学术能力和学术素质的一个指标。

双边文化关系的研究，要求研究者不仅具备熟悉本国史料的能力，而且也要求研究者熟悉对象国（例如应该熟悉日本的文化以及与之相应的史料）。本书作者懂得日语、朝鲜语，又通英语。这就使他在研究中有能力接触较为广泛的文化内容和研究成果。在本论著的写作过程中，作者曾于1998年由日本国际交流基金资助，在日本进行了关于"能"（谣曲）的学习，观看了"能"的演出，考察了"能"的舞台，访问了"能剧"人士，并在日本著名的"能"研究家、东京大学松冈教授指导下解读谣曲。1999年11月他又作为北京大学日本戏剧研究专家小组3人成员，参加了中日以"能"为主题的共同研究，在中日两地往往复复，得以接触一些重要的关于"能"的材料。2000年作者为日本早稻田大学古代文学和比较文学研究聘任为客座研究员。2001年又应日本文部科学省大学共同利用机关National Institute of Japanese Literature的邀请在东京参加了第二十五届"国际日本文学研究集会"。就目前而言，在国内关于"能"的资料掌握方面，我相信本书具备相当的可靠性和充裕性。

本书作者张哲俊博士，大学本科毕业于北京大学中国语言文学系，硕士研究生受业于东方语言文学系，曾经在专门从事国际文化研究的研究所任职，其后又在北京大学比较文学与比较文化研究所获得文学博士学位。这一系列的学术训练，使本论著在史料的运用方面，具有学术性和规范性。在本著作之前，他已经发表过30余篇论文，其中在核心刊物也有10多篇，且已经出版过《欧洲中世纪文学》等著作，翻译出版了日本当代小说选集，并以"中日戏剧研究"荣获2000年中国宋庆龄基金会孙平化日本学学术奖励基金"文学研究奖"。同年，以"中日文学中的悲剧主题研究"荣获中国社会科学院《外国文学评论》"学术奖"。

20余年来，我国比较文学的理论研究层面和一般文艺学的研究中，存在着愈来愈严重和奢靡的具有导向性的误区。这便是把欧美的学术研究中的某些学术论断，当作具有世界性一般意义的理论在国内推销，并以此为导标强行解释中国和东亚的文艺学实际，从而造成我国比较文学理论层面和一般文艺学研究的空洞化。欧美学术研究的结论和论断，当然是以欧美文艺学的实在作为基础、以欧美的文学文本作为材料的。试想在一种对东亚文化几乎毫无知识的状态中提出的结论，一种根本不涉及任何东亚文学文本实际的论断，怎么可能具有全球性的价值和意义？本届国际比较文学学会（ICLA）会长Kawamoto Koji教授2000年11月在北京大学举行的全国比较文学研究所所长、主任"新世纪学术发展座谈会"上的讲话中曾经说道："一切不包含东方文学文本实际的理论，实际怎么可能具有世界性的所谓普遍意义呢？"这与我们的观念是相通的。

在人文学术研究目前的学术状态中，应该特别提倡文本解读和文本解析，特别提倡建立在充分的文本基础上的理论研究，从而与欧美的各种主义和论断共济互补，从而创造出具有世界性的理论学说。基于这一最基本的认识，我觉得一切对学术和社会承担责任的稍许年长一些的学者，应该积极地鼓励年轻的学者，致力于文学文本研究，并从文本解读中引导出具有一般意义的理论来。

因为有了这样的想法，所以当我读到张哲俊博士的这部专著时，感到著作者对全书论述的主题深思熟虑，理论与资料的配合相互呼应，递进有序，材料的阐述以理论为支柱，而理论的阐发不仅以材料为基础，且多有探索性创见，欣喜之情便由衷而起。作为第一个读者，便写下了这些感想，愿与读者各位共同商讨。

我在这里还要特别感谢"中日文化出版基金"对本书给予的出版资助，感谢浙江大学日本文化研究所在组织书稿、运行基金方面的睿智和吕顺长先生的辛苦操劳，并且感谢上海古籍出版社正式刊出本论著。

2001年11月写于日本东京都品川丰町寓所

时任日本文部科学省大学共同利用National Institute of Japanese Literature客座教授

序李岩著《中韩文学关系史论》①

人类文化的历史，悠久而又辉煌。作为这一悠久辉煌的象征，古代东亚汉字文化圈在人类的文明史上创造了杰出的成就。中国和朝鲜作为这一文化圈的主要成员，在广泛多彩的文化接触和交融的过程中，各自创造了属于自己民族的灿烂文化。

中国和朝鲜在地理上山水相依，民族间的文化关系可以溯源到东亚远古历史的起始。自古以来，中国的正史、野史、笔记等中，多有关于朝鲜和朝鲜文化的记录。近代以来，中国学者在对世界文化的研究中，也十分关切中朝文化关系。近十余年来，更由于中国学者致力于推进东亚文化和文学关系的研究，从而使中朝文化、中日文化和朝日文化的研究，有了不小的发展和提升。但是，毋庸讳言，从总体上考量，无论是从世界文化的研究方面说，还是从东亚文化研究的方面说，中国学术界对朝鲜文化和中朝文化的研究，都还处在相对弱势之中。

近日读到我国著名的朝鲜文化和文学研究家李岩教授的专著《中韩文学关系史论》的文稿，十分欣喜。大著以八章三十三节的宏大篇幅，在丰富而又具有确证性的文献基础上，展现了中国、朝鲜自古以来文学

---

① 本书2003年由社会科学文献出版社出版。

交流的宏大篇章。著者以此为背景，透过生动的文学交流场面，对在朝鲜文学和文化研究中一些具有重大理论意义的课题，例如关于朝鲜神话、关于乐浪文化、关于使节文学、关于佛教与文学、关于儒学与文学等阐述了自己独到的学术见解。

本书不是应景之作。它是凝聚了作者近年对朝鲜文化和文学潜心思考的心血成果。本书的论题在我国人文学术研究中具有重要的学术价值。著者对东亚文化，特别是朝鲜文化非常熟悉，且有心得和体会。本著作对论说的对象不做泛泛的宏观描述，而是从中朝文化关系的实际出发，在自己的研究独特体味中，阐述中朝文化交流的价值和意义，具有相当的理论思考和阐发。

在双边文化关系研究中，有些学者倡导文化流动的单向性特征，认为在所谓强势文化和弱势文化相接触的过程中，文化的流向呈现单向性，即文化呈现从强势一端流向弱势一端的趋势。这一理论的蔓延，引发了双边文化和文学研究中超理性的民族主义感情。以强势文化为母体的一些学者，常常标榜自己的母体文化创造了世界；以弱势文化为母体的一些学者，则常常强调自己民族文化的所谓纯粹性，从而造成民族心理上的对抗和学术理解上的困惑。这一论说发源于英国历史学家汤因比的"大文明理论"。汤因比在《历史研究》等论著中，将世界分成26个文明区域。他认为世界上大文明区域的文化，它们的形成和发展，是依源于这些文明本身内在的原动力。它们不受外界文化的影响而自行发展成为强势；而当大文明区域一旦形成，则他们必定会以强大的力量影响周边以及各地区的弱小文明区域的发展。我们无意评价这一理论所具有的欧洲文化中心论者的文明优劣论的意识形态特征。从人类文明和文化发展的历史事实来说，这样的论说显然是无视人类文明发展的真实。至少可以说，汤因比作为一个具有名望的历史学家，由于没有能够把握人类文明和文化发展的实在过程，其中极为明显的是他与许多欧美历史学家一样，根本不明白东亚文明和文化历史事实，便在那里制造具有世界性普遍意义的文化理论，以致使不少依据这一理论对双边文化或多边文化关系进行的所谓研究，失却了学术价值。

李岩教授在本论著中，从掌握的丰富文化事实出发，从尊重文化史发展的实际出发，构筑学术命题。作为一名学者，他没有让空浮无稽的意念扰乱自己的学术理性。李岩在本论著中设立的"最初传入中国的朝鲜歌""朝鲜古乐舞在中国""崔致远及其在唐时期的文学创作"等章节，都用生动的事实，阐述了古代中朝文化交流中文化流动的双向性特征，这便从东亚文化和文学的实际出发，从一个方面阐述了人类文化运动中一个最基本的特征，此即在双边文化或者多边文化关系中，文化传递基本上呈现出双向流动的状态，各民族之间的文化影响和交流，也正是在这样多方向传递的状态中实现的。

本论著中所有的命题，都有相应的与命题最贴近的材料作为阐述的基础。翻阅全书，没有一章一节是空口说白话的。这本来是人文学术研究者应该遵循的法则，但是，近20余年期间，我国人文学术界虚浮之风嚣张，信口胡说盛行。在这样的虚糜状态之中，李岩教授恪守学术原则，体现了作者具有自觉的人文研究的实证观念。这种诚实的观念和作风，贯穿于整个研究之中，从而成为考量著者的学术信念、学术能力和学术素养的一个指标。

李岩教授是我国第一位以对朝鲜文学研究荣获学位的文学博士，是国内外学术界具有名望的为数很少的朝鲜文学博士生导师之一。1998年李岩教授出任日本东京大学客座教授，讲授东亚文学和朝鲜文化。1999年以来，他一直任北京大学比较文学与比较文化研究所东亚研究方向博士学位论文审定委员。以此为契机，我们便有了切磋学问的机会。我从李岩教授的学问和人品中，得到许多有价值的启示。

因为有了这一层关系，所以当他的大稿甫告完成，我便作为最初的读者读了这部专著，感到著作者对全书论述的主题深思熟虑，理论与资料的配合相互呼应，递进有序。材料的阐述是以理论为支柱，而理论的阐发不仅以材料为基础，且多有探索性创见。欣喜之情由衷而起。我虽然从事东亚文化的研究，但是在朝鲜文化研究方面，知识远在李岩教授之下。只是我比他虚长了数岁，又是本论著的第一个读者，于是便写下了这些感想，愿与读者各位共同商讨。

严绍璗
2002年2月写于日本东京都品川丰町寓所
时任日本文部科学省大学共同利用National Institute of Japanese Literature客座教授

序刘元满著《汉字在日本的文化意义研究》[1]

文化人类学家普遍认为，以人类从石器工具时代进入金属工具时代作为标志，世界上出现了四大文明区域，这就是尼罗河流域的埃及文明、幼发拉底河流域与底格里斯河流域的美索不达米亚文明、恒河流域的印度文明和黄河—长江流域的中华文明。随着人类文明的演进，埃及文明、美索不达米亚文明和印度文明，在各自独特的历史时期中，相继中断本身的发展而变异为另一种文明的形态。以黄河和长江为依托的中华文明，不仅没有出现进程的断裂，相反，这一文明超越了生成的本土，在亚洲东部地域形成了一个以汉字文化为中心纽带的文明区域。这一文明区域包括了中国本土、朝鲜半岛、日本列岛和中南半岛的东部。在这一广袤的地区中，尽管各民族形成并发展起了自己丰富多彩的本土文化，但是，几乎所有这些民族文化，都曾经广泛地使用汉字作为表达自己内容的载体，作为记录自己语言的书面工具，从而，形成了一个地域广阔、历史久长而文明进程未曾断裂的汉字文化圈，组成世界文明史的重要内容。

---

[1] 本书2003年由北京大学出版社出版。

长期以来，学术界对东亚文化史的研究，着重于在国别范围内阐述民族文化发展的历史过程；在涉及东亚各民族文化关系的研究中，也主要是执着于诸如思想、哲学、文学、伦理、艺术等雅文化层面，多少忽略了作为构成东亚文明的历史性载体的汉字所具有的最基本文化意义。由于缺乏了对于汉字文化意义层面的把握，我们对于东亚文明区的文化内涵的理解，有时候难免就会出现一些偏颇，例如，有一部分学者把儒学作为东亚文明区各民族各国家基本的和普遍的文化共质，从而常常把这一区域的文明共质称为儒学文明，就是因为缺少了关于对东亚文明区内以汉字为各民族各国家文化基本连接键的知识，从而导致了非事实性的描述。

汉字的文化学研究的落伍，是由很多原因造成的。中国传统文化中历来把文字列入小学（文字学）的范畴，从而，即使学术界对于汉字的研究已经获得了近代的观念和方法，但是其研究的范围，也主要还是更多地在"文字学"的范畴内展开。20世纪90年代以来，中国学者们创导汉字文化学，开创了对汉字文化的研究[①]。从而为进一步阐发东亚文明区的文化内涵提供了具有积极意义的启示。

关于日本汉字文化意义的研究，中日学者也曾零星涉及这一领域，但未见有系统的表述。北京大学刘元满博士以这一主题为中心，撰写成专著《汉字在日本的文化意义研究》，在前辈学者研究的基础上，在汉字文化学领域中，以中国和日本的原典文献为基础，辅之以扎实的学术调查（此即现在文化学研究中所称的文化田野作业），精心思考，提升认识，从而事实有据地阐述了汉字东传日本列岛透入其本土文化的历史过程，比较系统地研究了日本汉字的文化学意义。具有相当的学术意义。

刘元满博士在北京大学曾师从我国著名的汉语言学家潘兆明教授。1996年到2001年又在北京大学比较文学与比较文化研究所攻读博士课程，于2001年6月获北京大学文学博士学位。她对于汉语和汉字具有浓厚的兴趣，常有许多深入的思考。在博士课程期间，她曾经在日本山梨女子大学从事教学和两年，有机会就日本汉字这一主题进行较为深入的学术调查，对于汉字东传日本并逐步地渗透入日

---

① 参见何九盈、胡双宝、张猛主编：《中国汉字文化大观》，北京大学出版社，1995年。何九盈：《汉字文化学》，辽宁人民出版社，2000年等。

本本土文化的历史图谱有了比较确切的把握，在此基础上，她考察了日本汉字在日本文明的进程中所体现的文化学价值，从而构成为博士学位论文的核心内容。本书是在博士论文的基础上，又作了再思考和再提升，现在贡献于读者面前。

我作为刘元满博士论文的指导教授和本书的第一个读者，从她的思考和表述中获益良多，这倒不是客气的言辞。我虽然从事东亚文化和文学关系的研究，特别是中日文化和文学关系的研究已近三十年了。但是，关于汉字文化学和日本汉字文化学的知识，却只是零星和片段的。本书以五章十五节三十余万字的宏大篇幅，追踪学术界先辈研究汉字文化的踪迹，阐述汉字传入日本列岛的历史过程，分析汉字在日本文化中的交融与变异，探讨日本汉字的文化意义，并借鉴历史的经验，研讨了中日汉字在近代社会中的关联和影响。

作者对于如此纷繁复杂又丰厚多彩的文化现象，进行了具有学术意义的梳理，对于多种原典材料，清理整合，排比清楚，层次分明，其论说叙述有致。从而，在汉字文化学领域中，中国学者第一次比较全面地阐述了自己的见解。

我在阅读本书时，觉得特别有意义的是，作者对于中国学者在理解上比较混乱的日本文化中汉字与假名的混用、以及日制汉字的形成与它的文化意义及其变迁等，都作了具有学术意义的阐述。本书的重点在于阐述汉字作为日本文化系统的重要支柱的价值和作用。过去关于这一主题的研究，主要是以日本汉文学为中心的文人文化为对象加以展开论述的，而本书则着力于开发日本汉字在通俗文化以及皇权文化中的意义。这些领域的研究，常常为一般人所忽视，其实，正是在这些领域中，蕴藏着汉字文化的丰厚价值。在这个意义上说，本书为我们认识日本汉字的文化意义打开了一个有趣味的新天地。我还要特别提出来的是，关于中日汉字文化在近代的关联和影响，这是一个长期被学术界所忽视的领域，作者对此作了许多的实地调查，考证了许多实地的材料，并且在日本与相关的研究者进行了相应的讨论，本书中所阐述的一些观点，其作用将是积极的。

本书是作者数年来的心血之作。尽管关于日本汉字在日本文化中的意义还可以作更多层面的分析和阐述，但是，本书所展现的基本学术路数，体现的原典实证的观念和方法，对于文献和文物资料的把握，对于学术史的追踪，在此基础上所进行的学术观念的构建和提升，使本书不作空口白话之说，从而书中所提出的一系列结论，分析得当，令人信服。有兴趣的读者，一定能够从本书中获得许多有益的知识，并且还可以修正以前从各种断章取义的论说中造成的知识偏见和学术偏见，形成关于东亚文明史的更接近于事实的理解。

2003年6月撰于北京西郊蓝旗营跬步斋

序张玉安、陈岗龙主编《东方民间文学比较研究》①

由张玉安、陈岗龙二位教授主编的《东方民间文学比较研究》,作为教育部国家人文科学研究基地北京大学东方学研究中心的重点课题的学术论集,数年中由课题组全体同仁共同努力,集合自己的智慧,甫告完成,即将公之于世。这一课题的启动与完成,不仅在东方文学的研究层面上,而且在这一领域的研究中引入比较思维和比较方法的层面上,显示了我国在比较文学与世界文学研究领域中取得了具有相当学术意义的业绩。

我作为一个对东方文化具有浓厚兴趣的学习者,作为一个试图从比较思维立场上来理解和解析文学和文化的学习者,感到特别的高兴。因为书稿集中展示了我国一批中青年研究者在文学和文化领域中对作为"弱势群体"的东方文化所倾注的热情和心血,展示了他们以自己辛勤的劳动、睿智的思索而获得的极有价值的成果。从更加广阔的意义上说,这一智慧的结集以及此后还要继续进行的相关研究,将会有助于提

---

① 本书2003年由北京大学出版社出版。

升我国学术界在东方文化研究中的学术水平，将有可能在人文学术界把东方文化提升为与其他区域性文化，例如欧洲文化、北美文化、加勒比文化等诸类文化等量齐观的学科，从而成为在国际学术界构思具有普世性理论学说的基础性材料。

从世界范围的区域政治和区域文化的视角说，自从欧洲人提出了关于"近东""中东""远东"并把它们统而称之为"东方"的概念以来，尽管这一概念表现了以西方为中心立场的世界观，它具有殖民主义为扩张而内具的贪欲、惊羡和神秘等特质，但是，令欧洲人没有意识到的是，这一从人类生存的球体而言在认识论上也是非常形而上的世界观念，却使人类文明的起源地全部地被纳入了非西方的东方世界的范围，从而也就形成了关于东方文明和东方文化这样的区域文化概念，表明它们在世界文明的进程中具有与西方文明和西方文化不同意义和不同价值的独特存在。

尽管如此，东方概念的确立和诸如东方文明和东方文化这样一些人文范畴的划定，就欧洲人的本意而言，毕竟只是作为殖民主义的对象，只是作为欧洲文明和欧洲文化的参照物而得以存在，只是作为人类以往历史残痕的博物馆加以欣赏和品评。他们依照自己的意识形态和思维逻辑来阐述东方的各种存在。近代以来的所谓"东方学"则是相当集中地体现了欧美主流意识形态和文化潮流对于东方如此这般的认识。

从文化研究的总体现状来说，不要以为这只是老殖民主义的世界观和文化观。通观20世纪后半叶以来，在思想文化领域内出现过许许多多的文化理论和文化主张，诸如名声很大的结构主义、解构主义、现代主义、后现代主义等等的学说，它们无一不是欧美文化人以欧美文化作为思考材料而提出的主张，其中几乎没有任何一丝一毫的东方文化材料。站在西方文化的区域性立场说，这些学说确实具有智慧的光芒，给人以启示。但是，这些文化主张无论是从构筑的基础来说，还是从表述的内在逻辑来说，因为没有把作为人类智慧闪烁的圣地之一的东方文化作为思考基础，所以若要充作具有全球性普世意义的理论覆盖全世界，就显得有些不自量力了。但是，现实的文化态势却正是如此地显示了一幅极不对称的画面——那些仅仅是以欧美文化作为思考材料抽象出来的论说，却铺天盖地地试图笼罩住世界的人文学术界。一切非欧美地域的文化，似乎都要听命于这些论说的重新阐述，才能显现出他们真正的意义来。曾经哺育了人类文明的成长，并且与人类文明共进的东方文化,被放置于以这样的论说为中心点的天平上衡量,从而来判定东方文化的现代性成分到底有几何。学术界有识之士把这种行径称之为欧美文化中心论,抑或称为文化霸权话语,然而有的先生就很不高兴了,因为他们觉得如果这样定性的话,他们不就是欧美文化中心论或文化霸权话语的"共谋者"了吗?其实,定一个什么名称,倒也不是特别重要的,重要的是事实。最使中国学术界感到悲哀的是,为数不少的中国人文学者,在对养育自己的文化以及自己周边的文化所知甚少,或者简直是在无知的状态中,却跃跃欲试于自己本人都无法真正解码的那些理论学说来阐述中国的和东方的悠久又丰厚的文化,以期实行所谓近代的转化或与现代的连接。或许他们的意图是很善良的,但是,愈来愈多的学者现在意识到,这种学术观念的错位和学术情绪的痴迷,事实上已经在相当宽阔的层面上使我国的人文学术研究患上了似乎与SARS类似的病症,长期的夸夸其谈造成了高烧不退,学术的梦呓持续不断,并迅速地传染给了不少的青年研究者,也使他们整日里在现代与后现代混乱不堪的思维中胡话连篇,眼神失明,歧路迷茫。这已经是一个谁也无法掩盖的中国人文学术界的事实了。

　　我不是国粹主义分子,无意呼吁人文学术界大家返回到东方本位文化的立场。但是,作为深受中国文化教养的学者,作为一个经常关心和思索世界文化的学者,我意识到在所谓以世界的眼光进行世界性文化的研究中,如果没有了作为人类文明摇篮的东方文化的参与,那么,任何所谓具有世界性普世意义的学说,不仅只是会有缺损的,而肯定是不可能的。这是尊重人类文化发生与发展,尊重人类文化现实的最老实的态度。

　　正是在这样的意义上,基于自己如此浅薄而笃实的认识,我对教育部国家人文科学研究基地北京大学东方学研究中心一直怀抱深深的敬意,期望这一中心的多项研究进展能够有助于提升东方文化研究的学术水平,并进而提升"东方文化"在总体文化格局中的学术地位。现在,由张玉安、陈岗龙二位教授主编的《东方民间文学比较研究》作为其中的一个项目已经完成。承蒙二位教授的好意,我在公刊之前读到了书稿,在由32位研究者通过对神话、史诗、民间故事等研究而组合成的色彩缤纷的东方文化的艺术世界中,纯洁了心灵,提升了对于文化的认识和理解。

　　书稿在选题布局上体现了主编和作者对于东方文化的全局性,亦即整体性的观念。我们在文化研究中，常常会拿东方文学或西方文学的概念说事，但东方文学究竟何指，包容量到底有多大，实在还是相当模糊的。本书稿中在两个层面上展示了研究的对象。一个层面体现了容纳的广泛性，选题的范围从亚洲最东部的日本、朝鲜，与最北部的俄罗斯滨海地区到乌拉尔山脉西侧和蒙古开始，经由菲律宾、马来西亚、印度尼西亚，进入印度、巴基斯坦，到达波斯、两河流域，再进入阿拉伯，到达北非。这一选题范围，囊括了所谓远东、中东和近东主要地区的国家和相关民族，体现了经典的"东方"概念。另一个层面是在广泛性中体现了细化的特点。例如，在中国的范畴内，又以汉族、藏族、蒙古族、白族等的民间文学的个案展示它的多元性特征，其他地域也有类似的安排，从而展现东方民间文学既具有地域的广泛性，又具有在不同的区域中多层面的丰富性和厚重性。单从选题的这一特征来说，本书稿就已经可以称为"重大项目"了。

在阅读书稿的过程中，读者能够感受到研究者扎实的学问和老实的学风。在由神话、史诗和民间故事组成的三大东方民间文学样式中，结集的32篇论稿，皆以研究个案为立论的出发点，以小见大，作者把研究的个案作为基础文本，在解析文本的基础上引出对相关的模式和类型等的思考。全书各篇几乎没有脱离基础文本的夸夸其谈，更没有玩弄外来论说的辞藻。作者以自己切实的研究，探讨东方民间文学内在的运行机制和表述的逻辑，揭示它们的智慧特征和含义的丰富性。通过诸位作者的阐述，向世人展示了东方民间文学的永恒的魅力。

本书稿的许多论说是在比较文学研究的层面上进行的。这是我国民间文学研究中的新尝试。本来，民间文学作为一门独立的学科，具有自我的理论体系和研究的方法论。本书稿定名为《东方民间文学比较研究》，有意识地在民间文学的研究中引入比较的思维和比较的方法。当东方民间文学在这样的层面上展开，得到重新审视，便获得了更为宽阔的学术视野。这种比较是在两个层面上展开的，此即一是在东方文化内部，一是在与西方文化的关系中，对于作为研究对象的个案的类型与模式的异同，材料的来源等展开了较为广泛的跨文化与跨文明的研讨，从而获得了新的认识——即作为最具有东方民族性的东方民间文学，它本身也是一个开放性体系，也是在民族文化的基础上，不断吸收异民族（包括西方民族）文化有价值的成分，而逐步完善和发展的。这一研究所获得的结论，对于今后东方民间文学的研究，我以为具有深远的意义。

《东方民间文学比较研究》这一论稿，是我国东方文学研究领域，也是我国民间文学研究领域近期内所获得的极有价值的成果。张玉安、陈岗龙二位教授让我先期读到了论稿，先期享受到了东方文明展示的永恒的精彩。两位又嘱我为本书稿作一篇序文，却又使我为难了。我自己对这两个领域都很有兴趣，却无所贡献。我就把读书的感想以及引发的一些相关的想法写了出来。因为我比他们两位稍稍地年长了几岁，就斗胆地放在了书稿的前面，称之为"序"。

2003年9月初秋

撰于北京西郊蓝旗营跬步斋

《多边文化研究》第二卷"卷头语"①

《多边文化研究》第二卷的刊出,恰逢我国第一个比较文学博士培养点建立十周年纪念。1993年秋季,国家学位委员会审核批准北京大学比较文学研究所(即现在的比较文学与比较文化研究所)建立比较文学博士培养点,以乐黛云先生为第一位博士学位指导教授。我国学术界历经将近一个世纪的努力,终于确立了在我国大学中培养比较文学高级研究人员的基地。1994年和1996年,严绍璗和孟华二先生,相继被确认为本博士点的博士学位指导教授。后来,又有车槿山、戴锦华和刘东三位先生加盟成为博士学位指导教授,并且有刘建辉、陈跃红和张辉三位副教授作为博士学位指导组成员参与期间。与此同时,本研究所与当时的英语系、西语系、东语系和俄语系一起,建立了"四系一所博士后流动站"。至此,我国比较文学在人才培养和队伍的建设方面,最早建立了以北京大学比较文学研究所为支撑点的从硕士到博士到博士后的完整的体系。

学术发展异常的迅猛,在全国同仁的努力下,现在全国大学中作为中国文学一级学科之中的比较文学博士点与作为二级学科的独立的比

---

① 本书2003年由新世纪出版社出版。

较文学博士点，已经将近十个。而北京大学比较文学与比较文化研究所也在新世纪的第一年（2001）由教育部审核确定为"国家重点学科"。百花吐艳，万紫千红，我们感到无比的欣喜，更令我们感到面对学术同行的奋进与智慧，自己不敢懈怠于万一。

十年间，有38位学者在北京大学比较文学与比较文化研究所获得了文学博士学位，博士后流动站也先后接待了3位博士从事相关课题的研究。他们正活跃在国内外学术研究的相关领域中，成为充满虎虎生气的新进力量。目前，有21位学者正在本研究所攻读博士学位（包括12位国外学者）。在我们学术视野和能力所及的范围内，博士点的培养方向也在当年的比较诗学专业和国际文学关系专业基础上，增加了国际汉学（中国学）专业和文化研究专业，当然这也尚未能概括比较文学研究的各个层面，但也尽量以我们的绵薄之力，展现它多元层面的丰富多彩，使比较文学研究保持并增添其学术的生命力。

作为中国大学中最早建立的比较文学研究高级人才培养的具有体系性的基地，我们获得了国内外学术界的普遍认同。目前，本研究所承担着国际比较文学学会（ICLA）中国联络站的责任，乐黛云教授曾经两次出任该会的副会长，目前孟华教授作为中国代表，担任着该学会的理事。2001年ICLA设立东南欧、北欧、东亚和拉丁美洲等地区研究委员会，以协调各地区的相关研究事务，严绍璗出任东亚研究委员会（Committee for East Asian Studies）主席。在与国内学术界的联系方面，乐黛云教授担任着中国比较文学学会会长，孟华教授担任着副会长，严绍璗担任着学术委员会主任，陈跃红副教授担任着学会秘书长，张辉博士担任着副秘书长。自中国比较文学学会成立至今，本研究所一直是该学会秘书处的所在地。

北大比较文学与比较文化研究所走过了自它建立以来的20余年的历程，特别是比较文学博士点建立以来的十年历程，承接着国家、学校和学术同仁的支持和关心，沐浴着学术界的风风雨雨，面对着前行之中接踵而来的挑战，仰天唏嘘，心绪万千。

中国人文学术界包括比较文学的研究在内，在取得重大跃进和提升的同时，目前也正经历着由内外腐败的毒菌而造成的多层面溃疡的痛苦煎熬。虽然我们目前还不知道这些毒菌到底是"衣原体"还是"冠状病毒"，但是，它使学术中毒的症状却已经表现得极为明显——在人文学术这个巨大的躯体中，种种没有任何历史感的自我张狂引起的持续高烧，种种不以任何实证为基础的论说嚣张造成的脱水浮肿，已经有些年头了。急功近利的朋友们正在以心血来潮的拙劣剪接拼图般的游戏作为学术殿堂的供品，通过幕后充塞着的种种以欲望为核心的交易，以不学无术的报道、诡秘莫测的评审和大张旗鼓的奖项表演，把为数不少的"文化垃圾"作为"一流创新"展现于世人面前。到现在这个时候，谁也不必再用虚言掩饰，我国人文学术眼下确实已经患上了程度不太轻的"学术道德溃疡症"。国内外学术界的健康人士为之感到震栗，我们内心为之感到无可言状的痛楚。

　　我们不敢自言自己是完全健康的人士，也不敢自言自己没有受到过这些病毒的侵蚀。但有一点我们还是相当的理性，即我们知道，学术已经得了"溃疡症"，它的细菌或病毒则来源于学术人格的缺损和溃败，急需要全体同仁共同来排毒、防护和强身。是不是意识到中国的人文学术正面临着这样的痛苦的煎熬；是不是体验到人文学者的急迫的任务是要使"人格健康，学术排毒"——这就是我们要把中国比较文学研究向前推进时面临的最严重的一种挑战。

　　我们与学术界许多同仁一起，致力于学术自救。我们的努力未必一定成功，也缺少完全的防护和隔离措施，但我们至少在本研究所的领地中，有意识地努力营造出一个相对健康清新的环境，创造出一种在铸造人格健康基础上的勤奋学习，忠诚学术的气氛。中国俗语说"文如其人"，《多边文化研究》作为本研究所的"学术纪要"，就是希望把我们这种努力所获得的结果，记录在案并贡献于学界各位，得到学界同仁和更广泛的社会纳税人的严厉与公正的判定。本学术纪要并不是我们研究所学术报告的唯一记录，各位同仁多有独立的论著发表，但是，本学术纪要为我们研究所集中展现各人（包括教师和研究生）的学术智慧、学术趣味和学术品格提供了一种可能。在这样的意义上说，它或许比个人的论著更能够表现出本研究所的整体状态。

　　《多边文化研究》第一卷刊出后，曾经得到国内外学术界许多朋友的关心，本届国际比较文学学会主席Kawamoto Koji教授也给予了相当高的评价，令我们在略感慰藉的同时，更加惴惴不安。比较文学研究的性质决定了它的研究者，应该具有更加丰厚的人文科学和社会科学的知识，应该具有更加宽阔的学术视野和学术想象力，应该具有对于文学和文化更加深刻的本质的理解，也应该具有在母语通达阐述学术的基础上同时运用研究对象的语文进行表述得更加优秀的能力。本研究所真诚地希望与学界同仁一起,在建设中国比较文学学术这个大题目之下,汇聚共同的力量,提升人格,不务虚名,倡导踏实的学风,坚持刻苦的学习,推进实在的研究。

在本卷刊出之时,写下上面的一点心思,是为"卷头语"。

序钱婉约著《内藤湖南研究》①

钱婉约博士大著《内藤湖南研究》,是我国学者首次对20世纪日本东洋史具有权威意义的学者内藤湖南(Naito Konan)进行较为系统的学术梳理和学术解析的学术史专门性著作。

我国20世纪史学界中的老辈学者大多都知道内藤湖南这个名字,而当前治史学而留意于国外学术成果者也愈来愈留意于这位日本研究中国史的学人。但是,由于内藤湖南的史学体系庞大而复杂,我国人文学界至今真正知其事而论其学术者,或知其学术而论其人者,则仅有寥寥数位,其所言者也大都是断片心得②。钱婉约博士大著《内藤湖南研究》,作为我国学术界第一部研究内藤湖南的专门性著作,多少体现了我国人文学者对于日本中国学所积累的学术资源,已经有了新的认识,开始了较为体系化的深入采掘,以补益于我国人文学术建设。

从日本近代中国学的谱系考察,内藤湖南是属于20世纪初期日本"中国学"创始者行列的学者。日本的东洋史是以中国史为主要研究对

---

① 本书2004年由中华书局出版。
② 自20世纪30年代以来,论述内藤湖南而稍具系统者,可以30年代周一良、80年代夏应元和90年代初严绍璗为代表。

象的泛亚洲史。内藤在中国历史、中国文献学、甲骨金石学诸领域中，都极为活跃，并有相当的业绩与后果，由此而构成的"内藤史学"成为日本学术界对中国文化的研究从传统的汉学走向近代中国学的桥梁。当然，在内藤时代，在所谓万国文化（即世界文化）研究的理念刺激下，引领学术界把对中国文化的研究从日本近世以及近世之前的汉学的窠臼中挣脱出来，而重新组合成为近代中国学学术的，并不只是内藤湖南一人。这一学术转变过程大约历经了30年左右，它是先后由至少两代新进学者掀起的一场学术狂飙运动而共同推进实现的[①]。内藤湖南作为这一新学术中以东洋史研究为中心的学者，成为京都学派的奠基者之一，是其中不可或缺的成员。本书作者正是立足于对近代日本中国学发生的总体学术势态的深刻认识和对于这一学术谱系的全面把握，展现了"内藤史学"丰厚多彩的内容，从史实到理论作了缜密的梳理和解析，从中所引导出内藤的史学观念和方法论，便可为当今研究者的思考提供相应的有价值的材料和积极的因素。

本书特别注意到内藤湖南不是一个学院派学者。这位蜚声日本东洋史学界的学术巨擘，这位在世界著名的京都帝国大学主持"中国史讲座"整整20年的教授，却只有中等师范的学历。他于1885年在日本海沿岸的秋田师范毕业之后，就步入社会。他所有的学业知识，没有确认的导师背景，完全是他个人的求知激情与坚韧的学术自学相糅合奋斗的成果。他在成就自己成为学者教授之前，先是在大学围墙外的操觚界（即新闻界）继而在政治界舞文弄墨，而此种营生，却也正是日本人文学界学院派学者所不为而特别被京都帝国大学的教授们所不齿的，此种学院心理意识一直延续至今[②]。通观当今的日本的中国学界，一个没有接受过完整大学教育的人，一个不是一开始就在学术圈子中致力于他的从业生命的人，

[①] 关于近代日本中国学的形成，有兴趣的读者可以参见严绍璗的《日本中国学史》（江西人民出版社，1991年）。

[②] 当今日本中国学界的主流学者仍然信奉"作为学者，就尽量少在大众媒体上抛头露面而应该潜心于学术"的宗旨，并以此律己和评价他人。1985年我在国立京都大学人文科学研究所担任客座教授，日本夏普（SHARP）技术本部中央研究所曾经希望我在任职期满后出任该研究所汉日语言学术顾问，闻此讯息的京都大学诸教授劝导说："先生是学者，请千万不要涉足商界。"1994年我在担任日本文部省国际日本文化研究中心客座教授时，吉川幸次郎的关门弟子著名的小南一郎教授特地来看望我说："严先生在这个地方做研究，新闻电视会经常来请你发表各种各样的见解。请先生尽量少一点与他们接触。学者就是学者！过去吉川先生就是这样对我们说的，我们与先生非常熟悉，所以把吉川先生的话告诉严先生啊。"

几乎是不可能成为学界所承认的中国学者的。读者通过对内藤湖南个人生存经历的思考，可以体验到日本中国学形成时期所内含的"各路英雄聚会"的生命力，甚至可以扩展到对一般人文学科内在潜力的想象和判断。

本书对于内藤湖南一生与中国至为密切的关联以及此种关联与学术的连接作了精细的解读。日本传统的汉学家几乎都是闭门读书，自省体悟，偶有心得，辄记成篇。内藤与此很不相同，他经常往返于日本和中国之间，他是世界上第一个亲眼见到甲骨文并向国外报道的外国人，我推测他也是最早见到中国敦煌文献的两三个日本人之一①。他在中国的人文氛围以及与中国诸多的人事交涉中感受中国和中国文化，并以此而形成了成就他的学术文化语境。其中，他与罗振玉、王国维诸人的至交，成为他在学术上激发自身创新意识的重要因素。内藤湖南的此种思绪心路，多少体现了当时日本中国学的奠基者们正致力于把传统的做学问的文献实证的观念与方法论推向了文化语境实证的观念和方法论，这是日本中国学作为一种学术而具备近代性价值的体现。或许对于内藤自己来说，这是一种在总体社会意识和学术大趋势中所表现的无意识的行为，但就其对学术史的考察来说，正是这些无意识和或许有意识的学术痕迹，成为他们造就一门新学术的轨迹，成为留给后世学人的遗产。②

内藤湖南在思想观念上是一个复杂的人物。他的学术观念无疑是以当时日本社会主流意识形态作为根基的，具有愈来愈发展的民族主义色彩和倾向。本书作者对于民族主义的价值和功能，没有在一般的评价意义上发表一些常见的空疏言论，而是在日本民族的文明历史发展的总趋势中对内藤湖南的思想观念加以评定。从19世纪的60年代到20世纪的40年代的80年间，日本社会在生存形态的急遽

---

① 这两三个日本人，指的是内藤湖南以及当时在中国办《燕尘》杂志和贩卖古书的田中庆太郎及其随从。详见严绍璗：《日本中国学史》第六章"二十世纪初期中国文化遗物的重大发现——近代日本中国学形成的条件（下）"。

② 关于对日本中国学学术的认知与定位，我国学术界尚有不同的见解。1991年严绍璗公刊《日本中国学史》，把日本对中国文化的研究以明治维新为标志区分为"汉学"与"中国学"两个学术层面，后者以辩证法的否定形式与前者接续。1998年孙歌在《世界汉学》第一卷上撰文认为由明治时代发端的对中国文化的研究称之为"支那学"，自20世纪30年代由竹内好及其中国文学会开始对中国当代文学的研究便造成了中国学。2003年以来我国在日学人李庆先生出版《日本汉学史》（已经出版二卷）。此书以20世纪日本中国学为对象而命之为"汉学"，从而把日本自古以来对于中国文化的研究，全部以汉学这一学术命名。

的转型中,在工业文明的萌芽与传统的农业社会的冲突中,在本土文化传统与欧美多元思想观念的冲突中,日本社会的主流思想历经内含近代性的民族意识觉醒,脱亚入欧和亚细亚主义的洗礼,国粹主义的兴盛与张扬,军事国家主义的狂热,达于法西斯主义的巅峰。其间虽曾有民主主义思想,乃至社会主义思想和共产主义思想的流布,却始终未成气候,并在与主流意识的较量中成为支流末节。内藤湖南的思想观念便是在这样的文化语境中形成,又作为东洋史学者而通过学术阐述而展现于社会。

本书作者钱婉约博士,在中国学术史和日本中国学史领域中,都有相当卓越的造诣。20多年前她在北京大学中文系古典文献专业本科学习期间,就曾编著《中国文化的历史命运》一书,显示了很好的学识基础和对学术的注意点,且有相当的影响。其间,她对日本中国学的关注和兴趣日渐提升。记得20世纪80年代初,她到香港与祖父钱穆先生晤面归来,便给我送来她在香港书店里购买的关于国外中国学的论著。1994年钱婉约在日本国立京都大学人文科学研究所师从著名的东洋史学家狭间直树(Hazama Naoki)教授,从事日本中国学研究,特别注重研究以狩野直喜(Kano Naoki)、内藤湖南、桑原隲藏(Kuwabara Jitsuzo)等为代表的京都学派的学术。此时我正在日本文部省国际日本文化研究中心担任客座教授,同处京都,眼见她整日忙于课题、查检文献、采访学者、调查遗存,参加读书会等,我们一起瞻仰过内藤湖南和他夫人的墓园,饶有兴趣地实地核实过罗振玉在京都百万遍的住宅等。她为本课题的研究已经做了十余年的学术积累。回国后她在北京大学比较文学与比较文化研究所东亚文化与文学关系专业国际中国学方向攻读博士课程,并于2000年获北京大学文学博士学位。其间商务印书馆曾经出版了她的《吉川幸次郎中国留学记》与《内藤湖南文稿》(上卷)两部译稿,展现了她的原典实证的研究观念和方法论特征。20余年的学术生涯中,钱婉约在学问上从不作如现在学界有些人用来讨生活的空泛恶心的"惊人"之语,更厌恶用学术来装神弄鬼的作秀,也正因为如此,2001年中国宋庆龄基金会孙平化日本学学术奖励基金曾授予她"学术研究奖"。她一直以原典实证的研究观念和方法贯串于自身的学术之中,读过本书的人将会对她的治学观念和方法论,会有一个深切的体验。

在日本中国学领域中,本书是首次由一个中国学者全面审视一个具有相当权威意义的日本学者的学术,并在几乎相等的学术层面上表述中国研究者对这一份文化遗产的既言之有物又言之公允的学术判断。指出本书的这一基本价值是十分有意义的，因为以我在日本中国学领域中从业三十年来的体验，我们中国学界还没有过这样在学科意义上对日本中国学进行个案研究的专门性著作。从我国人文学界当前研究国际中国学（汉学）的实际状况而言，本书作为"北京大学20世纪国际中国学研究文库"的一种公刊于世，在学科史意义上也具有领先的意义，它多少表示了这一学科的学术，已经在一般情报资料的收集整理和编排报道，以及在原典文本译介的基础上，有可能进入了较为系统的学科的理论阐述的层面，与学科史研究一起，构筑成为一个新的研究群点。

或许会有人不同意这样的评价，他们认为学者们这样切实的微观学理的解析和研讨，对制止帝国主义话语霸权，遏止美国侵略阿富汗和伊拉克，改善人类生态平衡等等，几乎没有什么用处，可以说没有什么意义，毫无价值。此种把学术意识形态化，又把意识形态政治化的老脚本台词，因为根本没有触摸到国际中国学的学术内涵，因而也就不可能与我们在同一个学术层面上对话。我在这里之所以要把它记录在案，是为了说明像钱婉约博士等在从事这一学术研究的过程中，他们确实有时候会受到此种污染学术精神的干扰，但他们始终坚持在这一领域中建立起可以与国际沟通的属于中国学者自己的话语权力，而这也正是在这一领域中从事实际研究的前辈学者，例如周一良、邓广铭、孙越生诸先生嘱托于我们，并希望在新的学术时代中能够逐步实践的夙愿。现在，"北京大学20世纪国际中国学研究文库"以本书起始，在《内藤湖南研究》之后，《津田左右吉研究》《吉川幸次郎研究》等专门著作也即将公刊，并将继续有对欧美中国学家的研究著作问世，从而，能够在国际中国学（汉学）领域中表述中国学者更加深入和系统的学术评判。正是在这样的意义上，中国学者在这样一个具有世界文化意义的学术领域中获得了真实的话语力量。

我亲眼见到钱婉约20余年间治学的历程，作为钱婉约博士学位的指导教授，又先期读到了她的大著，诸多思绪发而为之"序"。

2004年5月初夏
撰于北京西郊蓝旗营跬步斋

序刘萍著《津田左右吉研究》①

世界文化史的进程表明，在人类社会的生存形态发生重大转折的时期，作为承担这一转型的民族文化，一定会至少在两个层面上发生重大的动荡。一个层面是民族文化的内部由新旧观念造成的文化冲突将是不可避免的；另一个层面是民族文化与外来文化之间的抗衡将是不可避免的。在这样激烈的文化冲突中，每个民族都会以不同的形态出现一批对传统文化进行反思和抨击的新文化人。例如以18世纪法国大革命为中心的欧洲，在迎接资本主义新时代到来的时候，其思想文化界就有如笛卡尔、莱布尼茨、沃尔夫、孟德斯鸠、魁奈、伏尔泰、卢梭、狄德罗等。19世纪末和20世纪初期的中国，在迎接新时代到来的黎明时刻，也有像从梁启超开始的，后来为五四新文化运动所继承的一大批如李大钊、陈独秀、鲁迅等文化骁将，在学理上也有如顾颉刚等的古史辨派。日本亦然，在19世纪中期开始向近代社会转型中，思想文化领域存在着尖锐的冲突，并且出现了一批对旧文化、旧观念具有破坏性的学者，如西周、津田真道、中江兆民、福泽谕吉等。他们在学理上，致力于近代国民意识的创建，而在处理与中国文化的关系中，则把传统的对中国文化的研

---

① 本书2004年由中华书局出版。

究从汉学转换成中国学,并且从中形成了唯理主义的批判学派。他们把一切传统的文化都放到自己所构筑的所谓近代意识的天平上加以衡量,并重新判定其价值,轰毁了前人所构筑的各种文化形象,又构筑起基于重新认识的关于文化的新形象。

津田左右吉就是在这一学术文化系统中生长起来的一位极为重要的学者,其中就他对中国文化的研究而言,在日本中国学谱系中当属于批判主义学派。在20世纪20—50年代的东亚思想文化史上,这是一位对传统的文化观念极具破坏力的思想家。由他在20世纪20年代所提出的对日本传统的"记纪文化(神话)"的批判,以及在此后他又介入对中国文化的研究而进行的文化批评,开创了日本近代文化思想史上的津田史学,其实际影响一直及于当代。从学术史的意义上可以说,如果不理解津田左右吉的思想学术,那么对20世纪日本思想史、东亚文化史和日本中国学史的理解就不可能是全面和深刻的。

对于中国学术界来说,这一课题的研究必须具备中日两方面比较深厚的文化基础,另一方面津田左右吉的论著目前编为35卷,为掌握他的学术在文本的解读方面就需要有相当的勇气和耐力,又由于津田氏是一个唯理派学者,体味他的文本既需要有相当好的日语知识,又必须具有相当好的文化学理论,也需要有足够的中国文化和日本文化的知识底蕴。所有这些都使中国的日本学研究者未能真正地进入这一领域。依据目前的学科史材料,我国论述过津田左右吉学术的学者大约只有三四人吧,而且包括我自己在内的我们的研究也仅仅是作了粗略的提示。

在这个意义上可以说现在展现在各位面前的刘萍博士的大著《津田左右吉研究》,以津田左右吉对日本"记纪文化(神话)"的批判和以对中国的道家和儒家文化的批评为中心展开的论述,就其涉及的学术内容而言,已经深入到了津田左右吉思想的核心部位,即关于日本近代文化中所谓国民国家的精神本质,以及与此相关的重新评定中国文化的价值和处置相互关系的问题。本课题的展开与研究结果,无疑是填补了我国人文学术研究中的空白,具有重要的学术价值。诚如日本早稻田大学文学部教授田中隆昭博士在协助刘萍于早稻田津田左右吉纪念室阅读资料时所说:"刘萍女士选择津田左右吉这样一位对日本20世纪国民精神,特别是在日本人文学术界产生过如此重大影响的学者进行研究,表明中国学者在日本学研究领域中大大扩展了学术眼光。以此为契机,两国学者关于日本思想史和日本中国学研究可能会向更加深刻的层面发展。"

本书作者刘萍博士是我国培养的从事国际中国学研究方向的最早期的文学硕士和文学博士。她对所论述的命题,曾经做过广泛和深入的文献调查。作者在本课题的研究阶段,曾经在日本做过数年的原典文献的追踪和考察,并与中日双方的学者就文献的解读做过切实的商讨,这使本著作具备了相当丰厚的原典材料基础。本著作所论述的对象,大都是十分抽象的理论命题,但由于作者本着本文细读的学术原则十分着力于文本的解析,以她对津田左右吉思想的确切的把握和精细的分析,阐述就不显空洞肤泛,全书几乎没有某些理论著作中常见的那些佶屈聱牙之词,更没有某些自命不凡的理论家装腔作势的卖弄和使人难于承受的夸张。作者对所有命题的论断,无疑都具有基础性文本的支持,具有相当充分的原典性实证的观念和方法。她以自己的研究实践表明,所谓理论思考和理论阐述,只有以相应的确实的文本为基础,才能言之有物,确凿可信。作者在著作中表现了其丰富的文本知识,和相当的理论思维能力。可以说,作为中国学者对津田左右吉的研究,以本著作为契机,多少已经形成了关于这一命题的具有独特见解的理论框架。

初读刘萍的大著,以我自身对日本文化的理解和把握,我以为本书至少在下述三个领域的阐述上,具有符合津田左右吉思想逻辑的学术性新观念和新判断,应该而且必然会引起学术界的重视。

第一,日本学术界在津田左右吉的论述中,总是把他的学术思想分为战前和战后两个阶段加以评述,认为津田左右吉在战前表现了对传统皇权观念的批评,而在战后,却又有不少的拥护天皇制度的论述,因而,普遍认为"津田左右吉是一个在日本思想史上十分困惑的人士,是一个前后充满着矛盾而令人难以理解的思想家"。

刘萍对津田左右吉的"记纪文化"批判的形成、对构成这一批判的基本内容及其发展路径都作了相当深刻的思考,她认为津田左右吉的思想实质上是前后一贯的,其发展脉络的基本核心完全在于企求建立日本近代国民国家中的国民意识和国民精神。生活在由明治、大正、昭和三代文化构成的文化语境中的津田左右吉,他并不是一个天皇制度的反叛论者,而是一个皇权意识神秘论的批判者。他与江户时代的国学家具有极为深刻的精神渊源同构的特征,是日本天皇制度的信仰者。所不同的是，津田左右吉从近代文化的语境中意识到，作为近代的日本国民，必须具有国民的近代意识，其中的核心，则是在于确立近代性的国家观。而所谓近代性的国家观的核心则便是具有近代性的天皇观。故而津田左右吉对"记纪文化"进行批评的基本立场，便是致力于把对天皇的信仰从传统的所谓"天孙降临""皇权神授"的神秘主义中解放出来，依据他自己的世界观重新制造一种符合于所谓科学阐述的皇权观念。刘萍认为，从本质上说，津田左右吉仍然是天皇制的拥护者，但是，当时日本的意识形态中的绝对主义已经发展到了登峰造极的地步，不允许他对皇权的神秘主义提出疑问，更不允许由于他的疑问而使国民对皇权的神秘性有所动摇，因而便发生了著名的"对皇室不敬事件"。这一事件模糊了学术界对津田左右吉思想学术本质的认识。但是，津田左右吉正是基于这一基本立场，尽管他在战前对"记纪文化"进行过相当激烈的批判，战后日本的意识形态从绝对主义转换成多元形态，当民主主义高扬、皇权观念有所动摇的时候，津田左右吉便公开表述自己的天皇信仰，从中可以显示出他的思想脉络的一致性。刘萍认为学术界应该遵循这样的内在逻辑评价津田左右吉的学术的本质意义。

我以为这一阐述在日本思想史研究和东亚文化史研究中具有重大创新价值，它为对津田左右吉的研究提供了一个具有科学意义的新的视角平台，从而在更加深刻的意义上不仅揭示了津田左右吉思想学术的本质意义，而且也揭示了日本近代文化中所谓国民国家意识，以及与此相关的文化批判主义学派的基本思想倾向与价值特征。

第二，本论著用了相当的篇幅研讨了津田左右吉对中国道家和儒家文化的研究。日本思想史学界对津田氏思想的研究，几乎没有多少研究者涉及这一课题。这当然是因为解析这一课题需要相当基础的中日古代文化与当代理性思维的教养。

本论著的价值并不仅仅在于涉及了这一课题，更在于解析了津田左右吉原本作为一位日本文化学者，作为一位日本思想家，他为什么会以如此大量的著作进入中国文化研究领域的缘由。论著指出，津田左右吉作为唯理主义的批判主义学者，精神文化的敏感使他在提纯日本国民精神的时候，清醒地意识到日本古代文化与中国文化的关联，以及这种关联对日本文化的深刻的影响。刘萍在对津田左右吉一生的精神经历，从他的出生地、小学校、师承谱系一直到成为教授后的研究室，以及堆积在研究室中被阅读过的书籍文献等进行较为全面的考古调查和实证解析后认为，津田左右吉对中国古代文化怀有极为深刻的不信任感，这种由不信任感堆积起来的怀疑心又是在以脱亚入欧的广泛社会文化背景中成长起来的。因此，他对中国文化所做的研究，实际上是对日本传统文化中内具的滞后性进行的一种独特的所谓寻根研究，同时也是进行一种把日本文化从汉字文化圈内剥离出来的脱轨性工作，从而试图建立一种所谓纯粹的具有近代意义的日本国民意识。

刘萍在论著中阐述的这一见解具有相当的深刻性和尖锐性，因为几乎所有关于津田左右吉思想的研究者都未能意识到这一极端的思想倾向。由刘萍所揭示的津田左右吉的中国文化观这一深刻的内核，决定了津田左右吉的中国文化批判主义的基本学术立场和学术结论，并使脱亚入欧观念在日本中国学领域中第一次获得了极端的表现形式。论著由此而提示，这是不可忽视的20世纪日本对中国文化研究中的批判主义学派的近代性的基本特征之一。

刘萍对以津田左右吉为典型的日本中国学中的批判主义学派的近代性的阐述，将更加有助于人们理解国际中国学作为一门具有双边和多边意义的人文学术，在它们的原生国家和民族中参与主流意识的作用和价值。我国学术界至今仍然有一部分先生，始终固执地认为，国际中国学作为一门边缘性学科，由于脱离各个国家的主流意识，既不能制止帝国主义话语霸权，遏止美国侵略阿富汗和伊拉克，又不能改善人类生态平衡，这样的学术几乎没有什么用处，可以说没有什么意义，毫无价值。这是在不明白国际中国学，例如日本中国学内奥多层面的丰富性和立体性的本质特征状态中，甚至在对国际中国学到底是一门什么性质的学术几乎没有真切感知状态中，信口开河，狂妄评价。这种脱离事物本相的毫无学术价值的言辞，如果由稍具权威的先生一时不能自重而随口脱出，其对学术的破坏力是不能小觑的。为修补由这些言辞对国际中国学学术造成的破坏，就需要像本"文库"的诸位作者如刘萍博士、张哲俊博士、钱婉约博士、战小梅博士等真诚的学者以自己辛勤的努力、精细的阐述，还原事物的真相。刘萍的《津田左右吉研究》在这一层面上所建树的成果与揭示的津田左右吉的中国文化观与日本国家意识形态构造的本相，同时还具有阐明本学科学术价值和捍卫学术尊严的重要意义。

　　事实上，目前日本社会文化思潮中提出的所谓为建设文化大国必须提纯日本文化的一些基本主张，其源头虽然是可以追溯到江户时代的国学，但在20世纪中能够得以蔓延和发展，是在总体生存的环境中与从福泽谕吉到津田左右吉的这些理说密不可分的。论著的这一阐述无疑显示了这一研究的现实学术生命力意义。

　　第三，津田左右吉对中国古代文化的经典《周易》《论语》《老子》《左传》等展开了系列性的论述，皆有皇皇巨著刊出，而其研究后所表述的价值评价却又非常的苛严。他在综合对儒道法墨诸家的评述中，称诸家之说虽然各有不同，但是，它们在本质上都是属于人事本位文化、权力阶级文化、利己主义文化和尚古主义文化。在本著作刊出之前涉及这一领域研究的有些学者认为津田左右吉对中国文化的这一系列观念具有与中国五四新文化相呼应的意义。本论著对此进行了新的审视，提出了至少应该从三个层面上估量此种文化批判主义的价值：

　　1. 论著认为这种文化批判主义，是理性与冷酷交织在一起的主义。所谓理性，指的是这种文化批判主义中所具有的科学思维的成分；所谓冷酷，指的是这种文化批判主义常常表现为对被审视文化的无端蔑视。事实上这正是脱亚入欧观念的一种表现形态。

　　2. 论著以津田氏的道家思想批判为实证，认为"由于津田左右吉对道家思想的研究，其着眼点在于获得最终的关于社会实践价值的判断，因此，他在事实上把中国丰富的思想史简单化了。"

　　3. 论著作者以自身对中国文化较为深厚的修养为基础，指出了津田左右吉在知识结构上的缺陷，因而对他的结论"事实上是可以提出许多的质疑的"。在此基础上，论著作者同时也提醒本课题的研究者，"津田左右吉正是以他自己对中国文化的这种'不正确理解'而建立了一个属于津田左右吉自己的《老子》（推广而为中国）的形象。"

　　从这样的三层面视角出发，本论著对津田氏对中国文化研究的结论的价值进行了具有提示意义的新评估。

　　我初读本著作获得了上述诸方面的很鲜明的感受。在我读过的关于津田左右吉研究的中外研究论著中，我体味到这是一部文本把握确切而阐述又是如此深切明快的研究专著。

20世纪80年代中期，为应对我国对外开放的基本国策，构建我国人文学术与国际学术界的对话空间，北京大学获准在硕士培养目录中增加国际中国学研究方向。刘萍便在这一培养目录设立的当年，即1986年踏入了国际中国学研究领域。她本科毕业于北京大学中国语言文学系古典文献专业，受到过良好的中国文化教养，具有与此相应的学术实证观念以及学术表述规范。她是我国培养的最早的2位从事国际中国学研究方向的文学硕士之一。2001年她又在北大比较文学与比较文化研究所获国际中国学（汉学）研究方向的文学博士学位。15年来，刘萍一直在北京大学致力于日本中国学研究，并开设"日本中国学史"课程。直到现今，刘萍仍然是我国大学中唯一能够主讲这一课程的独一无二的学者。

基于国际中国学研究对研究者本人应该具有双边文化经验实证的要求，15年中刘萍曾先后在日本庆应大学文学部和日本国立金泽大学文学部研究和工作了三年多的时间，并曾经作为与日本共立女子大学学术合作的北大专家组成员，在日本对津田左右吉学术生涯进行过内容广泛而深入的田野考古，又作为中、日、韩三国合作的《东亚比较文学史》的成员，出席了在日本文部科学省国际日本文化研究中心举行的学者会议，并参与了由我国周一良教授和日本中西进教授任总主编，由中日专家合作撰写的《中日文化交流史大系》（10卷本）中的"思想史"卷的中日文写作（《中日文化交流史大系》荣获1995年亚洲—太平洋出版协会学术类图书金奖），也曾担任过由刘德有先生等主编的《中日文化交流大事典》的编辑委员会委员。这一系列的专业学术经历，养成了她相当规范的人文学术的心态和学风，宽阔的学术视野和睿智的学术感悟，使她对于日本中国学这一学术具有了切实的体验和深邃的思考。我们从本著作中可以体会到作者从基础文本的细读到文化语境的阐述，从综合解析材料到提炼学术命题并论证命题，从多种语言原文本的汉译到论证中的综合协调，几乎都具有在本学术领域内一个训练有素的学者的风貌。

经过近20年的坚持不懈的努力，我国人文学术界在国际中国学研究领域中终于成长起了根植于中国文化本土，又具有丰富的跨文化体验和学识的，学术表述规范和学风端庄的研究者，实在是令人感到欣慰的。

当然，本论著毕竟是中国学者第一次对津田左右吉思想展开研究的论著，由于津田氏学术本身的丰厚和复杂，作者还未来得及对他的思想进行更加全面的考察，这将是留给以后继续研究的课题。

　　作为刘萍博士学生时代的教师和现在共同工作的同事，读到她这样的精心的论著，有了许多的感想，发而为文，是为序。

2004年9月初秋

撰定于香港城市大学张永珍学人楼

序王琢著《想象力论：大江健三郎的小说方法》[①]

对于诺贝尔文学奖得主大江健三郎的研究，就目前所见，国内学者几乎都集中在他的文学创作层面上，即集中于阐述和演绎大江作品的人文价值和艺术意义。这当然是完全必要的。我读过相关的评论，大都是从文学欣赏的角度表达作者个人对大江作品的感悟。对于诺贝尔文学奖得主们的研究，我常常有点困惑，因为在我看来，像大江健三郎这样的一些作家，既然他们的若干作品已经得到诺贝尔评奖委员会的认定，不管人们对"诺贝尔文学奖"持什么样的态度，但它总是一种具有世界意义的认可。既然如此，那么我们的评论家还只是在文本解读的层面上再次认定他的作品的价值和阐述他的作品的意义，视野就显得有点狭小，而力度也显得有点单薄了。我个人这样的想法，或许比较绝对，对文学研究界也显得不恭。但这确实是我对于我国的外国文学研究，特别是对于日本文学的研究，时时冒出来的疑虑。对于大江这样的作家的研究，也包括对其他的同等级的作家的研究，我们似乎还缺少了些什么。

读到王琢博士的大著《想象力论：大江健三郎的小说方法》，很是振奋，冲击了我的思虑。我想这一著作的出现，多少体现了我们对于大

[①] 本书2004年由上海文艺出版社出版。

江健三郎这样一位具有睿智的作家研究，有了开拓性的进展。

本书不是从作家作品的层面上，而是从作家的理论意识的层面上研究和讨论问题，是从作家艺术思维领域开掘到了理性思考的领域，是把作为作家的大江健三郎与作为文学理论家的大江健三郎合为一身而加以透析，从而使我们对于这位诺贝尔文学奖的得主有了与一般作家不尽相同的认识。

本书是在两个层面上显示了独到的理论性智慧，一个层面是大江健三郎作为一位作家所显示的超越艺术创作的文学理论的意识；一个层面是王琢博士作为一位文学研究者对大江理论的敏感体验和阐述的意识。

一个在人类文化史上留下踪迹的作家，一般说来，都是具有了三个层面的基本素养的。一是具有对于生活的感悟能力和对于生活本质的把握能力，二是具有把对于生活的理解运用形象表达的能力；三是具有在最适量的维度中把握与展现上述二者的理性思维能力。三者不分序次，综合而表现为成功作家的运作逻辑。直至目前，有人在大学的文学理论或文艺理论教科书中，还常常把作家的创作活动称为艺术思维，把编写这种教科书的运作称为理论思维，实在是庸辈之论。大江健三郎作为20世纪一个成功作家，一个在人类文化史上留下踪迹的作家，当广大的读者面对他的作品的时候，或许很少有人意识到，在他这些被世人称誉的作品的背后，都有他自己深思熟虑的创作论作为其支撑的基点的。

王琢博士潜心研究大江健三郎多年，他以自己的独到眼光，从理论与方法入手，感悟到了作家大江健三郎最根本性的睿智，首先不在于他的作品，而是在于他在创作过程中极为活跃的关于创作论的思维。他捕捉到了这一内具的理性思维的核心即是关于文学的想象力的理论，从而把握并阐述了大江健三郎作为一个文学者的真实的文化构成和创作运作的逻辑。

关于创作激情与理性思索的关系，有人曾经嘲讽说，一个不识字的人，只要有激情，他或许可以成为一个作家，但是，他不可能成为一个文艺理论家。这话也不完全是瞎说，因为无论古代或是现代，文学史上都曾有过这样的实例，近二十余年来，中国文坛上出现的多种特技写作，也可以归属于此类。但是，若以此来区分创作与理论的层次，那么，这样的说法也只能算是肤皮之论。大江健三郎出身日本东京大学文学部法国文学专业。按照眼下的术语，这东京大学至今也是全球公认的世界一流大学。他在这样的名门中得到良好的教育，他确是在这里，接受了萨特、巴什拉、布莱克等人的理论，成为后来构建想象力论的基础。顺便说一句，日本诺贝尔文学奖的第一位得主川端康成，也是毕业于东京大学的文学部。尽管人们对于作家应该具有何等的文化程度，众说纷纭，但是，无可置辩的是，作家的文化底蕴与他的文学激情表达的逻辑行径，存在着千丝万缕的内在关联。

本著作透露出王琢博士对于大江健三郎的认知，是在作为作家的艺术激情与构成这一艺术张力的理性底蕴的综合体验中加以把握的。王琢博士揭示了大江的创作活动及其最后的成果，都是以大江自己构筑的极为丰厚的创作论为基点的，大江具有以自己的理性展现自己艺术激情的高度的自觉。而构成大江创作论的核心，这便是大江的想象力论。

大江健三郎提出文学创作中的想象力就是改变形象的能力这一著名的论断，并由此构成他自己对于想象理论的思考。本书对于这一想象力概念的形成的理性思索的脉络，以及对于它的内涵意义作了相当深刻的阐述。本书结合大江作品的实际，以存在主义、结构主义、符号学等为文化语境，特别阐述了想象力与语言、想象力与形象、想象力与经验、想象力与体验、政治想象力的全体化、政治想象力的边缘化等问题，从而在我国文学研究界第一次较为完整和较为深刻地揭示了作家大江健三郎的理性精神和作为理论家的面貌。王琢博士的这一研究，使我们对于大江健三郎获得了一种不同于寻常评说的崭新感受和认知。

当然，这一研究的价值并不仅仅在于使我们提升了对于大江健三郎的认识，更在于这一"想象力论"对于丰富东亚地区的文学理论，对于在文学创作和研究中徘徊于诸如现代主义与后现代中不能自拔的各位，我以为具有提醒的价值。大江的想象力论多少也是给文学创作者提供了启示，当作家或诗人或艺术家们，在激情迸发的时刻，似乎也应该意识到怎样才能使激情的表述确实具有想象力逻辑和想象力的价值。

日本近代文学形成以来，以私小说为代表，一直强调文学创作中的虚构理论。大江在想象理论中提出了他自己深思熟虑并运用成熟的诸如言语的文体化、形象的分节化等理论见解和运作逻辑，大江健三郎的这一以想象理论为核心的创作论，在日本文学界具有某种颠覆性价值。这种贯穿在大江创作中的理性探索精神，是与大江健三郎的人格相一致的。这是一位具有民主主义气质的文学家。他对于生存的日本现代社会有诸多的批评，我们虽然不必要称他为反体制人士，但有一件事情是意味深长的，那就是在1994年当他获得诺贝尔文学奖之后，日本政府也随即授予他文化勋章。大江接受了诺贝尔奖而拒绝了日本政府的褒奖，表现了一个作家执着的自我精神。

理论表述和理论研究都是智者的事业。王琢博士以数年之功，成此有价值的成果，中间灌注着他的许多的心血。在本书即将公刊之际，我有幸先期读到了他的大著。他嘱我把感想写下作为序文，我有点惶恐。思虑再三，还是同意了。原因有二。

一是我和王琢博士，年岁相差不少，自己虽然不倚老卖老，也称得上是个忘年之交。在我的印象中，他年轻好学，勤奋有加。博士课程受业于我国比较文学和文艺理论研究的名家饶芃子先生。饶先生多次对我提到他，赞誉他"选了一个很难的课题，但有勇气做好"。眼下大著即将公刊，我感到有责任将它介绍给有兴趣的读者。

二是我与大江健三郎先生有过两次晤面，印象至深。第一次是在1994年他获得诺贝尔文学奖后的第四天。大江在日本文部省国际日本文化研究中心京都本部与梅原猛主任教授及数位教授会面，我作为这一中心的教授也侧位其列。梅原猛的欢迎辞很诙谐。他说"各位一定要明白，我邀请大江健三郎先生来我们这里，不是因为他在几天前得到了诺贝尔文学奖。大江先生可以作证，我是在一年前就已经约请先生了，我们比诺贝尔评奖委员会更早就已经认识到了这位作家的价值了！"大江健三郎的答词说得更为风趣，他说："我完全同意梅原先生的说法，更加彻底地说，其实是因为诺贝尔评奖委员会得知国际日本文化研究中心和梅原猛邀请了我，他们才决定授予我文学奖的！"我对他的随和诙谐有很深刻的印象。第二次是2002年中国国庆节的前三天，大江健三郎先生在访问中国期间，应北京大学的邀请对北大作一小时访问。北大常务副校长迟惠生教授与我一起接待了他。时间虽然短暂一些，但因为人少反而谈了许多。他谈辞并不锋利，但意义明确，态度诚恳，心胸很是坦荡。迟校长提出在2003年合适的时候，北大可以组织一次大江健三郎文学国际研讨会，并且当场指定"由我们北大严绍璗教授负责了"。大江显得很是愉快。然而，由于2003年SARS的突袭和诸事繁冗，这个由我们承诺的研讨会至今未能举行。此时读到王琢博士的大江专论研究，觉得心头略略有些宽慰。所以，当本书公刊之际，借王琢博士的大著，也向大江健三郎表达我们的敬意：我们既关注你写了什么，也关注了你是怎么写的……

是为"序"。

2004年春节撰于
北京西郊蓝旗营跬步斋

序张哲俊著《东亚比较文学导论》[①]

东亚地区各国和各民族的文学与文化及其相互的关联,构成东亚文明的重要内容。从人类文明史的进程来看,如果把埃及文明、美索不达米亚文明、印度文明和东亚文明,作为整个人类文明的摇篮的话,那么,随着历史的变迁,埃及文明、美索不达米亚文明和印度文明相继中断了自身的发展而变异为另一种文明的形态,东亚文明却以汉字文化为纽带,把中国本土、朝鲜半岛、日本列岛,往南到达中南半岛的东侧,往北到达库页岛附近,变成经历千年而文脉一以贯之而内含却又极为丰富的多元形态的文化共同体。

从比较文学的学术立场观察东亚文化共同体内各国各民族的文学,则具有极为丰厚的人文意义。东亚各国各民族的文学在其发生和发展的过程中所显现的各自民族特性,以及与异民族的文学与文化相互碰撞,从抗衡到浸润而产生的变异,以及从中透露出的与人类总体文明意识一致的艺术精神,无疑可以成为比较文学中发生学研究、阐述学研究、形象学研究、叙事学研究、符号学研究以及诗学研究等的经典文本,从而成为阐明人类精神发展史中不可或缺的一翼。

[①] 本书2004年由北京大学出版社出版。

不惟如此，以我数十年来参与比较文学研究的体验来说，作为一个中国的学术研究者，在世界范围内的比较文学研究中，例如，在许多朋友从事的中西方文学研究领域，假如缺少了东亚文学这个学术平台，那么，在学术史的阐述和学术文本的解读方面，就常常会留下空缺，显得不够完整和缺乏足够的学术力量。又如在比较诗学的理论方面，任何一种具有普世价值的学说或理论构想，假如在其提升为理性思维的过程中，缺少了具有经典性意义的东亚文学文本的基础，这样的学说和理论构想，怎么可能会具有所谓的普世价值呢？（当然，从理论构建的基本知识来说，比较诗学中的理论范式的普遍性价值的确立，还需要远远超越欧美文学文本、东亚文学文本之外的更加宽广的具有经典意义的若干民族文学文本的参与。）在我审读的许多出版社的书稿，报社、杂志社的文稿和许多硕士论文、博士论文以及博士后的出站报告中，由于作者们缺乏东亚文学的基本知识，使一些本来可以做得更好的论文，显得文本缺漏，概念偏颇，阐述单薄，特别是缺少了作为中国学术研究者的东亚文学知识背景的学养，令人感到十分遗憾。

学术界包括比较文学界内还有不少的朋友对东亚文学存在各种各样的误区。其中最具有普遍意义的心态，则是认为东亚数国不过是偏居亚洲东部一隅，其文化与文学造诣，怎能与欧洲美国相比；细考学术理解上的种种误区，从根本上说，产生于两个不幸的根源。第一个原因是我们虽然是东亚地区的居民，然而对于东亚地区本身的文化的理解却十分地浅薄。本届（1999—2004）国际比较文学学会主席川本皓嗣（Kawamoto Koji）教授曾经说过这样的话："一般说来，欧洲人对于邻国的文化都相当熟悉，比如，法国人对于德国文化和德国语言，德国人对于法国文化和法国语言，掌握其基本态势的人很多。我们日本人对于邻国的文化和语言，却相当不熟悉，很多人对于中国、朝鲜等很茫然，也不会说汉语和朝鲜语。我们现在热衷于说要'国际化'，可是连邻居的文化和语言都不明白。这是日本应该深刻反省的！"我想，川本皓嗣先生的话也正适合于我们中国学术界的许多朋友！其实，做学问好比是探矿采掘，我们明明生活在一个矿脉富饶的地区，却无甚知觉；身处富饶的资源之中，却麻木而没有感应。第二个原因是在全球性的欧美文化中心论喧嚣之中，有些朋友至今仍然还有意和无意地遵命于霸权话语的威势。在一部分人的学术意识中，除了在欧美话语中构成的论说和它的代表人物之外，旁无它物。其实，在人文学术的范畴中，即使只是在一门学科中，天之高，地之大，海之深，实在是不可能以一斗之容积来加以量定的。这倒不是王婆卖瓜，而是我自己在40余年的学术生涯中醒悟出的一个极为简单的道理。也基于这样的认识，我极力主张，一切从事国际文学与文化关系研究和比较诗学研究的学者，包括攻读各级学位的研究生，必须学习并掌握包括欧美文学文化和东亚文学文化在内的更加广博的知识，并贯通于自己的教学与研究中。

正是基于这样的认识，北京大学比较文学与比较文化研究所，从它建立的时候起，在开设"中西文学关系研究"系列课程的同时，也开设了"东亚比较文学研究"系列课程；并在国际文学关系研究中设立了东亚文学与文化关系研究方向，培养硕士和博士，在博士后流动站中设立了同一研究方向。它的各个层面的毕业生，正活跃在比较文学和更宽阔的人文学术的领域中，其成果业绩也为世人所瞩目。

长久以来，我国大学中，无论是在比较文学的专业中，还是在从事东亚语言文学教学的各个学科中，还没有一部适合于以研究生为主体的，又适合于更加广泛的研究者和教学工作者以及在这个领域中有兴趣的读者阅读和思考的具有整体意义的教材。本所思考良久，决定约请张哲俊博士编著《东亚比较文学导论》，作为本专业的基础性教材。

张哲俊博士是在北京大学比较文学与比较文化研究所东亚文学与文化关系研究方向中第一位获得文学博士学位的学者，在本领域中从事研究十余年，于中国、日本和朝鲜的三方文学、文化和语言都有很好的造诣。他的代表性著作《中日古典悲剧的形式——三个母题与嬗变的研究》（上海古籍出版社）得到学术界很好的评价，曾获得第二届中国宋庆龄基金会孙平化日本学术奖励基金文学奖，中国社会科学院《外国文学评论》第二届学术奖等。他的近著《中国文学中的日本形象》，即将由北京大学出版社出版，而他的日本中国学研究著作《吉川幸次郎研究》，也即将由中华书局出版。他以十余年学习与教学和研究的体会心得，综合学术界相关的研究成果，完成这一教材的编著，作为"21世纪北京大学比较文学教材"的一种公刊出版，以填补我国大学中这一学科教材的空缺，实在是非常有意义的。

本教材与以往已经出版的数种中日文学关系史和中韩文学关系史等方面的著作在思考立场和表述方式上有所不同。它立足于把东亚文学作为东亚文明圈的一种重大的文化存在（此即"绪论"部分阐述的"作为共同体的东亚文学"），由两大部类内容组成综合阐述东亚文学的宏观构成和微观特征。第一部类是以作为东亚文明圈内各民族各国家历史文化的基本连接点的汉字与汉字文化为基础，从汉字与它的传播，中国文化的本体，以及儒、道、佛三大思想体系与构建东亚文学的内在关联几个方面，对东亚文学进行了宏观的考察，着重阐明了东亚各民族文学的美意识特征的内涵特质。第二部类是以文学的样式为基础，对东亚古典韵文文学、叙事文学、戏剧文学等进行了具体些微的阐述，着重于这些文学样式的发生学的研究，从而揭示了东亚文学在艺术样式中的所表现的"共同体"共性与各民族的民族特征。

本教材体现了学术界包括比较文学界20余年来在东亚文学领域和在诗学理论的研究中的新的业绩与新的思考。对于有兴趣的读者，包括比较文学的研究生，东方语言文学专业的研究生，准备报考或从事这些领域研究的人士，以及从事相关领域研究和教学的更广泛层面上的读者，我相信这是一部极具价值的学术入门引导性教材。

2003年12月岁末
撰于京西蓝旗营跬步斋

序张哲俊著《吉川幸次郎研究》①

从从20世纪日本中国学的谱系上讲,吉川幸次郎（Yoshikawa Kojiro 1904—1980）是一位在这个世纪中期以丰硕的研究业绩,承上启下而具有广泛影响力的学者。美国学者费正清称他为"中国学的巨擘",这一评价至今仍为国际中国学的大多数研究者所认同。我国学术界迄今还没有来得及对这位学者已经达到的成就,对他的学术经验和教训进行认真的学术史阐述。张哲俊博士大著《吉川幸次郎研究》,是我国学者首次对这位具有权威意义的学者进行较为系统的学术梳理和学术解析的学术史专门性著作。

从20世纪40年代后期开始,日本中国学进入了"反省整肃和复兴阶段"。当年在初期学术史上曾经辉煌一时的学者,如狩野直喜、内藤湖南、桑原隲藏、井上哲次郎等,或因年老或因去世,相继淡出了学坛;少部分人如鸟山喜一、驹井和爱、以及与中国学相关的人士如德富苏峰等,或被整肃或受抨击,也退出了学坛。一批新兴的学者开始登上学术的圣坛,吉川幸次郎则是从中拔类而出的具有代表性的学人。他以谨严的态度与睿智的思索,历经五十年辛勤劳作,撰著了二千万字的等身著

---

① 本书2004年由中华书局出版。

作，构筑起了吉川中国学的宏大体系。

从谱系的立场上说，吉川幸次郎是20世纪日本中国学京都学派，同时也是整个日本中国学界第三代学者的代表性学者。吉川幸次郎的学术是与京都学派维系在一起的。这一学派在形成的初期，有三个学术特征是很明显的。

第一，他们与幕府时代的汉学家们闭门读书、潜心研究、偶有所得、辄记成篇的理念与路数不同，这些新兴的学者有一种学者文化体验的自觉，即他们意识到研究中国文化，就必须到中国去接受实地的文化经验。像内藤湖南便是第一个在北京刘铁云处看到甲骨文字的外国人。与此同时，他们也非常重视对欧洲文化的学习，除了欧洲中国学（sinology）的研究之外，也相当重视一般哲学文化的吸纳。狩野直喜于英文和法文，都有极好的造诣，而对斯宾塞的伦理学和孔德的实证主义等都有相当的学术兴趣。由此而建立了他们观察中国文化的相当宽阔的文化视野。早期京都学派在学术观念上表现的此种对文化体验的追求，与当代学术界所创造的学术田野考古多少具有内在的脉络承传联系。

第二，京都学派强调实证论的观念和方法。这一实证论固然是与中国清代的考据学有着某些关联，但是，京都学派的实证论，作为它创立与演进的哲学基础，主要来源于法国孔德的实证主义观念。京都学派的创始者们把这一理论阐述为科学不应以抽象推理为依据，它应该以"确实的事实"为基础；科学是对于经验事实或经验现象的描写或记录，只有经验的事实和经验的现象，才是"确实的"，或者说才是"实证的"。20世纪初期，中国本土甲骨文与敦煌文献的相继发现，给他们重大的刺激，以此为契机，他们逐步建立起了对中国文化研究的实证论观念和方法论。京都学派的实证论可以概述为以下主要的内容。1.重视原典批评的必要性；2.强调文本与文物参照的重要性；3.主张研究者自身文化经验的实证性价值；4.尊重独断之学，主张建立哲学范畴，肯定文明的批评和从社会改造的见地出发的独立见解。

第三，京都学派虽然在本体论方面对江户汉学作了否定，即把对江户汉学从事的中国文化研究从具有意识形态内涵的信仰转化为此时作为学术客体的研究对象，但是，此种否定却是以他们自身相当深厚的江户汉学的学识为其学术支点的。正是因为他们具有这种江户汉学的修养，才使他们对江户汉学的批评并实施其学术转化成为可能。与此相关联的则是早期京都学派的学者大都具有对本国历史文化相当好的造诣，他们常常是以对本国文化的修养作为其学术底蕴。

京都学派这样一些基本的学术特征，构成吉川中国学形成与发达最主要的文化语境，也成为在日本中国学史上考察吉川中国学最主要学术平台。

吉川幸次郎与中国文化的因缘，据说渊源于他在旧制三高读书的时候。三高的名师青木正儿是狩野直喜的嫡传，当时他已经与本田成之，小岛祐马等组织了研究中国文化的学社——丽泽社，又与狩野直喜、内藤湖南等编辑《支那学》杂志。吉川在青木的引领下，幼时在心头萌发的对中国的"好奇"便开始进入学术思考。又由青木的推荐，吉川得以与狩野直喜熟识，并成为京都帝国大学文学部的学生，师事狩野直喜20余年，由此而奠定了吉川中国学的基本学术性格和学术面貌。

1926年，吉川由日本文部省派遣前来中国北京大学留学，与孙楷第先生等为同窗，受业于马裕藻、钱玄同、沈兼士、陈垣、朱希祖和马衡诸先生。后来成为北京大学副校长的魏建功先生，当时作为北大助教而受命为吉川做特别的辅导。当时，几乎没有人意识到，30年后日本中国学的一代名家，正是从北京大学的学术阵容与学术氛围中开始破土生长的。

吉川中国学的标志性业绩，我个人以为主要在于三个方面。

第一，20世纪30年代初期开始《尚书正义定本》的编纂，体现了吉川中国学最基本的学识修养。

吉川幸次郎在1929年被他的老师狩野召唤归国，担当由狩野任所长的日本东方文化学院京都研究所经学与文学研究室主任，担纲《尚书正义》定本的编纂。作为这一浩大工程的第一步，吉川把佶屈聱牙的《尚书》以及孔颖达的注释翻译成现代日语。这件在现在看来也是了不起的工作，在当时更加具有对中国学的革新意义。原来，在20世纪初，大多数中国学家于中国文献典籍的处理仍然承袭江户时代汉学的训读法。此种读法，起自14世纪后期，它的出现成为汉学形成的标志之一，自有其学术史的价值。但是，在五百年的传递中，汉籍训读的缺陷和弊端日渐显露，它妨害了准确地理解汉籍的原意。吉川立意要打破这种苟且偷安的状态，决意把《尚书正义》全部翻译成日语。1939年完成这一工作，这是在世界性的中国文化研究中，第一次把《尚书正义》全部移译为外文，它轰动整个中国学界。这一业绩具有两个方面的重大意义。首先，这一尝试是20世纪日本中国学从目读主义转向会话主义的里程碑。它在日本中国学学科创建中的意义，无论怎样估量，都是不算过分的。同时，吉川选择了甚至连中国学者也多少视为"畏途"的《尚书》整理研究作为他最初的学术课题，经受进入学术炼狱的洗礼，表明了作为京都学派的学者的学术通道，是从最具有基础性意义的，又是最具有经典意义的文本阅读和整理开始入手的。

第二，20世纪40年代开始对元曲的开拓性研究，体现了吉川中国学中关于文学史观的核心意识。

吉川对元曲的兴趣与研究，是在狩野直喜的指导和引领下渐入其境的。在20世纪的20年代，我国国内学者对古代戏剧似乎还不太重视（王国维是个别的例子），而日本京都方面，则开始了对元曲的探索。这恐怕有三方面的原因。一是日本从江户时代中期以来，由于社会町人阶层的壮大，市民文化日趋发达；二是京都学派的学者在欧洲访学，受到欧洲文艺的影响，认为戏剧与小说，比诗文占据更加重要的地位；三是一些研究者受中国五四新文化运动倡导白话文的影响，尽力在中国古文学中寻找里井市俗文学，便首先把注意力集中到了戏剧方面。吉川幸次郎先生曾经感慨地对我说："我们是一些不愿意战争（指日本的侵华战争）的人，我们逃避战争，设法不服兵役。消磨战争岁月的办法就是读元曲。"他在这里说的"我们"，是指与他志同道合的也应该列入京都学派第三代学者的田中谦二、入矢义高诸先生。吉川说："最初，我们是把读元曲既作为消磨战争无聊的时间，又作为汉语言文学学习的脚本。但是，一旦深入，我们就感受到在中国文学中，除了诗歌中的士大夫生活之外，元曲中还有另一种中国人的生活。在这样混乱的年代，甚至在空袭中，我们这些不上战场的人，经常聚在一起，不管时局如何，读一段元曲，议论一番，真是获益不浅啊！"作为他们共同研究的成果，他们在社会上充塞着战争叫嚣的嘈杂声中，编纂了《元曲辞典》和《元曲选释》（二册）。从1942年到1944年，他本人完成了《元杂剧研究》三十万言。此书分为"背景"与"文学"两编。吉川认为，"文学是一种社会存在，因而必须首先考虑各个时代的文学特点，与产生这些文学的社会之间的关系。"所以，他在"背景"中尽力考定元杂剧的作者，并详细考证元杂剧的作者30余人。这是中国文学史研究中第一次较有系统地研究元曲的作者。后来，孙楷第先生在《元曲家考略》正续编中，都曾吸收了吉川的研究成果。吉川又认为，"文学史的研究不能仅仅停留在考定上,考定只是达到终极的一个必须的过程。"因此,他的下编"文学"就是为此而设立,集中于元杂剧本身的艺术与文体的分析,并从七个方面阐述了元杂剧在中国文学史上的价值。无疑,《元杂剧研究》成为吉川中国学对中国古代文学研究的第一次较大规模的尝试,从中展现了吉川的文学史观和学识素养,从而开启了吉川幸次郎探索中国文学的大门。

第三,20世纪50—70年代致力于杜甫研究,体现了吉川中国学对中国文学最深沉的理性阐述。

1947年,吉川幸次郎以《元杂剧研究》获京都大学文学博士,开始了他研究的最白热化的时期。在20余年的时间里,他发表的论著有1500万字左右,包括学术性论著与向日本民众普及中国文学的知识性文稿。其间,他对于中国文学的理解愈益深化。此种理性的把握,使他在20世纪50年代以来,以最大的精力从事杜甫研究。

吉川对杜甫的热情,是与他逐渐把握中国伦理学的人本主义相一致的。他说:"杜甫的诗始终是看着大地的,与大地不离开的。从根本上讲,这是完整意义上的人的文学!"晚年的吉川,愈益地从世界文学与文化的视野中观察中国文学,尽力把握杜甫的文学力量。吉川说:"我并不讨厌西洋文学。但西洋文学有的时候是神的文学、英雄的文学,不是凡人的文学。歌德是伟大的,但丁是伟大的,但我觉得,不如杜甫这样人的文学更好。"

杜甫文学在日本的流布,大约先后已有600余年的历史。自明治以来到日本投降结束战争的80年间,研究杜甫的著作大约只有四五种,主要的如笹川临风等著《杜甫》(《支那文学大纲》卷九,1899年)、德富苏峰的《杜甫と弥耳敦》(東京民友社,1917年)和上村忠治《杜甫—抑郁的诗人》(春秋社,1939年)等。吉川觉得这些研究未能表达他对杜甫人格诗品的理念,不如己意,决意从事《杜甫详注》及相应的杜甫研究。他从1950年刊出自己的第一部研究著作《杜甫杂记》(原名《杜甫私记》,筑摩书房),到1968年在京都大学退休时发表的告别讲坛的学术讲演《杜甫の詩論と詩》,先后刊出了《杜甫杂记》《杜甫笔记》《世界古典文学全集·杜甫》(二卷)《杜甫诗注》等数种著作,他的《杜甫长编》在他去世后被编辑为《杜甫详注》(七卷)。吉川在他后期20余年中,倾注其主要的精力,阐述中国这样一位强烈表达人本主义精神的诗人,研究他的作品与他的思想，成为吉川中国学的宝贵遗产。尽管他在杜甫的研究中存在着知识的不足和判断的失误，但它表述的研究精神和学术方向，显示了他作为一个中国学家对中国文学本质的理性认识和把握，显示了他作为一代中国学家的代表所内具的心路历程。

我国人文学界与日本中国学的对话，数十年来显得有点滞后与混乱，像吉川中国学这一学术体系，在张哲俊博士的本著作之前，几乎没有学术意义上涉入。张哲俊博士潜心研究吉川幸次郎数年，他在完成《中日古典悲剧的形式》《东亚比较文学导论》《中国古代文学中的日本形象》后，对吉川中国学的基本构成与它的主要业绩以及它的失误，从学术史的视角，斟酌思考，撰成《吉川幸次郎研究》。

张哲俊博士是近数年来活跃在东亚文化研究者中的一名新进学者，读过他已经出版的著作的读者，大都能体验到他的学识素养和学术风格。他在北京大学世界文学研究中心获文学硕士学位，在北京大学比较文学与比较文化研究所获文学博士学位，曾数次在日本和韩国从事学术调查和学术访问，并与吉川幸次郎晚年的几位受业弟子彼此熟识。他对日语、英语和韩语，都有较好的造诣。《吉川幸次研究》以七章的篇幅从对吉川文学史观与方法论的评述到在中国文学的历史递进对"吉川中国学"的主要业绩所做的各具特色的阐述，展现了"吉川中国学"的学术史面貌。尽管这一研究性的阐述属于张哲俊博士个人，但我觉得以本著作与本文库另外几部著作为标志，我们在日本中国学领域中开始具备了在学术锋面上中日双方进行学术对话的能力。

我读这部书稿的时候，回忆起在吉川幸次郎晚年与先生相识的种种往事。

1974年12月1日，日本京都下着沥沥渐渐的晚秋小雨。吉川幸次郎在国立京都大学文学部举行"物茂卿与其他日本先哲对中国诸子的研究"报告会。当时，75岁的吉川，担任着许多显赫的要职。他是日本外务省的顾问，艺术院院士，东方学会会长，京都大学名誉教授。但是，他却雨中独步，没有扈从。吉川在报告会一开始就说："对我们日本人来说，孔子和鲁迅是中国文化与文明的代表，……一个日本人，他可能不知道中国的历史、文学和哲学，但是，他们却常常饶有趣味地阅读孔夫子和鲁迅先生的著作，通过这些著作，他们摸索到了中国文明与文化的脉搏。"吉川在做这样的开场白的时候，情绪有些激动。他说了这一段话后,便拿出朝日新闻社刚刚出版的《论语讲解》,向听众挥了挥说道:"这是我在1956年为《中国的古典》做的《论语》解释,现在已经是第16次再版了。这本小书的风行,正说明了日本人对孔子的态度,也是对中国文明的态度!"他说到这里,突然招呼我的名字,说:"这本书送给先生了!"这真让我吃了一惊。

吉川这次讲演的主旨,在于强调"中国古代学术界事实上并不存在一个法家系统"。他说"自唐代以来,诸子一直不被社会所重视。明代中期,虽然世德堂曾经刊行过《六子全书》,然而其流布却并不广泛。直到17世纪,在一般士人的书房中,存放的主要还是十三经和十七史之类。18世纪初期,作为康熙朝文明的代表,王士禛和朱彝尊二位,在他们的文集中,似乎也没有事涉诸子的文章。"他一口气历数了清代许多学者的研究,强调他们极少涉及诸子的研讨,便话题一转说:"相反,在对诸子的研究中,倒还是日本学者开启风气之先呢!"说到这里,他又停了下来,在广众大厅之中,直呼我的名字说:"请问严绍璗先生,你知道当时日本学者中诸子研究的状况吗?"我只能站起来,随口讲了江户时代的安藤昌益,讲了他与主流儒学的分裂以及倡导法家及实学的思想倾向。我很得意自己竟然没有被他考倒。

谁都明白,在当时中国国内"评法批儒"高潮的时候,吉川选择这样的题目,做这样的讲演,究竟意味着什么。有些好心人担心他今后与中国的关系,但是我想,任何一个有正义感的中国听众,都会对这位日本学者热爱中国文化的挚情与人格的正直,表示深深的敬意。

一年后我在北京又与吉川先生相会。当时,他正以"日本政府访华使节团"团长的身份,率领日本一流的学术文化艺术人士访问中国。他向中方提出要求会见的名单中,有我的业师魏建功先生和我本人。当这两位耄耋老人在北京饭店重新晤面时,感慨万端,唏嘘不已。当日吉川与我交谈,他希望我能够利用日本外务省设置的国际文化交流基金到日本从事日本中国学研究,此事后来他又通过日本驻华大使馆与我联络。我对吉川的真诚和好意,至为感动,但我在东亚文化研究中有自己切实的想法。会见后,我们共同参加了茅盾先生的宴请。1980年吉川又作为"日本中国文学研究家访华团"团长再次访问北京大学,并作了《我的杜甫研究》的专场学术讲演。不意此次访问,竟成永别。数月后,他就因癌症不治而长逝。

　　这些大概就是20世纪60年代中期之后，吉川幸次郎与中国学者交往的微薄记录。

　　近年来，国内学术界对国际中国学学术意义有不同的评说，甚至尖锐的对立，有些先生认为"这些汉学家，在各个国家里，几乎都处在学术的边缘，对这个国家的文化，简直起不了什么作用"。认为这样的学问，"对制止帝国主义话语霸权，遏止美国侵略阿富汗和伊拉克，改善人类生态平衡等等，几乎没有什么用处，可以说毫无价值"。且不说这是把学术意识形态化，又把意识形态政治化的老脚本台词，单说实际的文化势态，也全然不是这样的。其实，在日本中国学史上，一些强有力的学者，他们的研究一直影响着日本近代国民精神的构成。吉川幸次郎作为一位"中国学者"，他对日本总体文化的构建，具有重大的影响。他出任"日本政府访华使节团"团长访问中国，与中国的最高层就两国文化关系的发展进行会商。这或许又体现了杰出的"中国学家"在他的国家政治的相关层面上，也具有重大的功能和积极的作用。

　　其实，这些不同的评说，在深层面上反映了我国人文学界不同学者间的不同的价值取向和学术品貌。人文学术不是追逐时尚的展品，更不是趋炎附势进贡他人的礼品。一个人文学者，切忌今天忘了昨天说过什么，明天又否定今天说的一切，后天又说以前的都是他人说的。那些既没有事实基础，又丧失历史感的见解，当然就不可能形成有利于人文学术立场和人文品格。"北京大学20世纪国际中国学研究文库"力图摆脱此种偏颇，坚持在尊重原典的基础上，实事求是，阐述事实，提升理性，引领精神，推进人文思想的构建。

　　今年恰逢吉川幸次郎诞辰一百周年，中国学者对吉川幸次郎和吉川中国学，终于开始了具有学术体系性的回应，我感到由衷的欣慰。

　　是为"序"。

2004年立秋之日
写于北京市西郊蓝旗营寓所

序张哲俊著《中国古代文学中的日本形象研究》①

21世纪初中国比较文学的学术前沿，已经从对比较文学的一般性社会功能的描述和对比较文学文化价值的评判，深入到致力于把对本文的细读实证与理论的阐发相互贯通，从而在比较文学的视野中对"文学本体"的内奥展开多元层面的研究阐述。沿着这样一个学术方向，中国比较文学研究开始获得了更加实质性的业绩。

张哲俊博士的新作《中国文学中的日本形象研究》正是在这一学术方向上所取得的一个极有价值的成果。

比较文学中的形象学研究，不同于一般文学史阐述中的"形象研究"。形象学研究的先驱创导者法国比较文学家卡雷（Jean-Marie Carré，1887—1958）在《比较文学》（La littérature comparée）一书的"前言"中把这一研究定义为"各民族间的，各种游记，想象间的相互诠释"。其后，他的学生基亚在1951年出版的《比较文学》（La littérature comparée）一书中，把这一主张更加明确化为在于专门研究

---

① 本书2004年由北京大学出版社出版。

"人们所看到的外国"。依据他们的说法,所谓形象学的研究即在双边(或多边)文学研究中,把对国别文学中所表达的外国形象的研究,放置于诸种事实联系的中心。1989年,法国学者巴柔(Daniel-Henri Pageaux)在其关于《从文化形象到集体想象物》的研究中,进一步阐述了关于形象学研究的内核,则在于对"他者"形象的定义这一观念,从而确立了当代比较文学视野中的形象学研究的基本原则。北京大学孟华教授自20世纪90年代初以来,一直致力于创导在比较文学学术中展开形象学研究。她认为当代形象学的基本理念在于"注重'我'与'他者'的互动性","注重对主体的研究""注重文本的内部研究"和"注重总体分析"。在上述四大基本理念中。孟华教授特别强调了形象学研究要特别具有研究的总体性和综合性观念。从而为中国比较文学的具体实践,提示了极有价值的学术指向。

然而,当研究者遵循上述基本理念在这一领域内展开实际研究时,由于学术本身要求研究必须具备相应的足够的学识修养,这就不是轻而易举一蹴就能成其事的。正是因为研究本身对研究者提出了如此苛求的知识标准,我国比较文学界在形象学研究领域中至今还未能见到既在体系上较为完整,又在学术上具有价值的著作问世。张哲俊博士的新著《中国文学中的日本形象研究》的公刊,是我国人文学术在比较文学视野中在解析实际文学文本的基础上进行形象学研究的一个十分可喜的收获。

中国和日本从史前时代以来,就共存于亚洲东隅。从人种的迁徙到各色人等的往来,从宗教的传播到贸易的展开,在无数的交涉接触之中,在漫长的历时性空间中,各自对对方的生存形式、语文特征与活动具象等等形成了各具时代性和地域性的观察和记录,世代承传,综合构成永不枯竭的历史描述,成为社会的共同记忆。我国丰厚的典籍文献常常以它们所处的特定时代中社会的此种广泛而又无意识的关于日本的记忆作为基础,描述和表述他们的日本形象,即对作为"他者"的日本进行定义。本书顺序历史的进程,以文本细读实证为基础,注重各个时代的文本的内部解析;在把握特定时代的相关文化语境中,关注记录者与被记录者的形象与幻想的互动,从而把原先在中国文献典籍中以隐性状态存在的、片段而不连贯的日本形象,清晰化,明朗化,并进一步阐述其在文化史学上的价值和意义。

这一著作是在形象学领域中进行的一次较大规模的学术探索。它以丰厚的中国文学文本作为"主体"性材料,在近两千年的历史跨度中解析透视对"他者"日本的定义,具有相当的学术性。

本著作是遵循关于形象学的基本学理对东亚文学进行比较文学研究的一个较为成功的范例。它在遵循基本原则的运用中,对形象学学理提供了一些有意义的启示:

第一,从本书所采信和运用的大量中国文献典籍来考量,表明关于形象学研究的材料基础,存在于各民族丰厚的文化承传中,从而它事实上突破了西方学者所强调的"游记"是形象学研究的最好的对象和最好的材料的论断。依中国情况而言,经典文学文本(以正统诗文为核心)、历史地理著作、哲学宗教论著、野史笔记等,都含有可以从事形象学研究的材料,其含量可能超过一般意义上的游记类作品。本书的学理路径便提供了这样的启示,它表明形象学研究在各民族的文学文本中具有非常深厚的原话语材料,亟待研究者的开发。

第二,一个民族(或国家)在一个特定时代中对"他者"的定义,远远超越了历代学者所固守的经典立场,对于"他者"的集体无意识想象具有非常宽阔和丰厚的土壤,它远远超越了一般知识分子的记录,而存在于广泛的民众之中。研究者最终对于作为研究对象的"他者"的定义的揭示是否符合事实本相或接近事实本相,其最重要的基础则在于对集体无意识想象丰厚程度的把握和内涵深刻性的理解是否准确,在于对集体无意识想象成因与发展的通道的观察是否明确,在于对这种集体无意识想象与文本记录者及其记录后果之间的互动认知的辩证运动体察是否得当。

第三,本书的成果又一次表明东方文学无论是作为一般比较文学原理阐述,还是作为如"形象学"这一领域的深入文本研究,都是一个十分丰厚的学术宝库。在此之前,张哲俊博士已经有《中日古典悲剧的形式——三个母题与嬗变的研究》大著问世,这是一部关于在比较文学视野中研讨文学发生学的著作。他的学术实践表明,东亚比较文学在发生学、形象学、阐释学、乃至译介学、符号学诸层面中存在着从事比较文学研究的极为广阔的天地。离开了对这一资源的把握与阐述成果的理解,任何文化论说与文学论说都不可能具备所谓的普世性意义。

从世界范围的比较文学研究而言,直到今天,把东方文学和其他非发达地区文学作为有价值的材料而纳入比较文学研究的视野中仍然是不被看好的。目前广泛流行在这一学术领域中被称之为具有"普世意义"的多种学理论说,其中几乎还没有过任何一位欧美学者提到过或运用过东亚文学的材料。这也不必过多地批评他们，依我在这个领域20余年的学术经验，他们对于东亚文学的无知，常常是超乎我们的想象，比预期的要更加令人惊讶。令人遗憾的是，作为东亚地域的我国比较文学研究者，由于它在复兴之始就把其学术视野大致圈定在中西文学之中，造成这一学术多少有些先天的缺憾，致使直到当今也仍然有不少人仍然认为所谓比较文学就是中西文学研究。中国比较文学学会自成立以来的每一届大会，总是对东亚比较文学研究实行"一锅煮"，由大会"一勺烩"而出炉一个无主题的东亚组，也多少给人以另类的感觉。好像东亚文学是一个不知为何物的混沌体，无所谓有学理，无所谓有研究层面，无所谓有研究主题。好像只有欧美系的研究者，才算是有研究档次，需要penal来表述见解、体现业绩。实事求是地说，中国比较文学者一直致力于批评和反对西方文化中心主义，一直致力于批评和反对霸权话语，但是，确实也不能低估了西方文化中心主义和西方霸权话语对于全球文化人的精神的侵袭和深入、细微的渗透。眼见许多高举批评和反对旗帜的人士，当他们在阐述自己这些凛然正义的立场时，却在比较文学研究的具体操作和实践中，正在无意识地把非西方文化的东亚文学边缘化和区域化。这已经是一个不争的事实了。

　　生活和思维的惰性使比较文学研究非常容易养成"言必称希腊"的学者。由于我国高等学校教学内容的缺陷，许多研究者似乎不明白，东亚文学的起源和它们书面文学的形成，其历史远远早于欧洲和北美，其内容的丰富在人类文明史上既具有独特个性，又具有与人类共同思维相连接的普遍意义。在比较文学视野中，作为其学术资源的积累也远非欧美可以匹敌；同时，在全球化的形势下，东亚文学的历史与现状，它的内部和外部，也存在着与欧美文学所面临的几乎相同的大课题。《中国文学中的日本形象研究》一书的完成，从一个积极的方面对此做了相当有意义的提示。

　　张哲俊博士的新著出版在即，我作为"北京大学比较文学学术文库"的主编，有机会先期读到了这部著作，由此而联想到本学术研究的诸多体验，写下了上面的一些感想，蒙著者好意，是为"序"。

2004年清明后五日
撰于北京西郊蓝旗营跬步斋

序《东方研究2004——中日文学比较研究专辑》[①]

由李强先生主编的《中日文学比较研究专辑》，作为教育部人文社会科学重点研究基地北京大学东方文学研究中心和北京大学东方学研究院主办的《东方研究》的专辑，经过近两年的准备，在24位同仁的共同努力下，甫告完成，即将付梓。这一专辑的启动与完成，显示了我国中日文学比较研究领域在推进比较思维和比较方法的层面上，取得了新的具有学术意义的业绩。

我国中日文学比较研究领域中具有代表性的学者大都积极参与了本专辑的撰写。像叶渭渠教授、严安生教授、王晓平教授等常年活跃在国际学术舞台上的先辈前卫学者；像王向远教授、于荣胜教授、宿久高教授、高文汉教授、于长敏教授等具有实力的国内学术中坚力量；像张哲俊博士、刘立善博士、王志松博士等正在学术界形成蓄势待发的学者，以及像翁家慧博士等更为年轻的正在入道的研究者，在本专辑中都贡献了自己杰出的思考。本专辑以这样多层面的研究者阵营，展示了我国人

---

① 本书2005年由经济日报出版社出版。

文学界在中日文学比较研究领域近年来的学术关注点、学术思路和学术方法。在这个意义上可以说，这是一部具有代表性的中日文学比较研究论稿。

我初读专辑，感到它包容的层面相当宏富，多种论说为读者观察中日文学比较研究在数个层面上提供了较为广阔的视野。

从时间的跨度上说，作为本专辑纳入的研究对象，起自日本最古老的文本《古事记》和《日本书纪》，包容了平安文学、中世文学和近世文学，一直延伸到当代的川端康成文学，并直达村上春树文学，形成相当的历史感；从文学的横向平面上说，相当程度地呼应了作为日本文学的两大部类和文文学和汉文文学的文本对象，以《古事记》领衔和文文学，以《怀风藻》领衔汉文文学，交相辉映，形成丰富多彩的阐述场面。

随着中日文学比较研究的推进，我们经常会遇到一个具有根本性意义的问题——即原本作为国别文学研究对象的日本文学和中国文学，如何把它们放置于比较文学的视野中，沿着比较思维的轨迹，展开对文学本体的研究，然后获得在一般的国别文学研究中不容易或不可能得到的结论。在本专辑的论说中除了有较为传统的影响研究之外，我以为研究者在四个研究切入点上为中日文学比较研究提供了有意义的尝试，表现出了睿智新意。第一种是使发生学研究介入了中日文学阐述中，例如王志松博士关于从夏目漱石和文创作中"幻像"生成的角度，阐述夏目漱石的和文文学创作与汉文学提供意象的关系，别开一种研究思路。第二种是使形象学研究介入了中日文学阐述中，例如张哲俊博士从《后汉书》中关于"倭国"的记载切入，从当时华夏人的"四夷"观念比较中，阐述特定时空中中国人的"日本形象"，为大部分研究者所忽视而别开新意。第三种则是着重在作家的文学意识层面上切入研究的主题。像唐卉用"生命意识"解读北村透谷和鲁迅，荆淑娟用"时空感觉"解读村上春树和张爱玲等，在研究中透出了清新之气。第四种研究的新切入点是由李均洋博士所表述的，他从"和汉对位语用观念"的表现来研究《日本书纪》。我个人以为，在文学比较研究中，语言学研究，特别是语义研究，具有相当重要的价值而又长期被学界所忽视。一个比较文学家，可能不被称为语言学家，但他在语言学方面应该具有的知识和思考，也应该与一个语言学家相差无几。但目前在比较文学研究中，例如在中日文学比较研究中，文学研究者与语言研究者之间的界限和鸿沟实在是太大了一些，李均洋博士的表述为此所做的提示，我以为是极有意义的。

上述四个研究层面所表述的新思维意识，其结论尽管未必能全然同意，但在中日文学比较研究中试图突破原有的影响研究陈套模式，努力于表述新的学术思维，运用比较的观念把对文本的细读真正推进到文本内部，在不同层面上揭示蕴藏在文本内奥的多元文化关照的网络，提纯文本的真实，并在此基础上从一个或若干层面上阐述文本的内在构造，有助于深化中日文学比较研究的学术性质和提升其学术质量，也有助于建立与国际学术同行进行对话的学术平台。

我应该感谢李强先生在主编本专辑中所具有的学术敏感性，他为我国中日文学比较研究提供了一个具有集体学术智慧的论稿。而且这部论稿是以教育部人文社会科学重点研究基地北京大学东方文学研究中心和北京大学东方学研究院主办的《东方研究》的专辑形式完成的。我对北京大学东方文学研究中心一直怀抱深深的敬意。这一中心多项研究的进展提升了东方文化研究的学术水平，并进而提升了东方文化在总体文化格局中的学术地位。

通观20世纪后半叶以来，在思想文化领域内出现过许许多多的文化理论和文化主张，诸如名声很大的结构主义、解构主义、现代主义、后现代主义等学说，它们无一不是欧美的文化人以欧美文化作为思考材料而提出的主张，其中几乎没有一丝一毫包括中日文学在内的东方文化材料。站在西方文化的区域性立场说，这些学说确实具有智慧的光芒，给人以启示。但是，这些文化主张无论是从构筑的基础来说，还是从表述的内在逻辑来说，因为没有把作为人类智慧闪烁的圣地之一的东亚文明作为思考基础，所以若要充作具有全球性"普世意义"的理论覆盖全世界，就显得有些不自量力了。但是，现实的文化态势却正是如此地显示了一幅极不对称的画面——那些仅仅是以欧美文化作为思考材料抽象出来的论说，却铺天盖地地试图笼罩住世界人文学术界。一切非欧美地域的文化，似乎都要听命于这些论说的重新阐述，才能显现出他们真正的意义来。曾经哺育了人类文明的成长、并且与人类文明共进的东亚文化，被放置于以这样的论说为中心点的天平上衡量，从而来判定东亚文化的现代性成分到底有几份。学术界有识之士把这种行径称之为"欧美文化中心论"，抑或称为"文化霸权话语"。最使中国学术界感到悲哀的是，为数不少的中国人文学者，在对养育自己的东亚文化所知甚少，或者简直是无知的状态中，却跃跃欲试于用自己本人都无法真正解码的那些理论学说来阐述中国的和东方的悠久而又丰厚的文化,以期实行所谓"近代的转化"或"与现代的连接"。或许他们的意图是很善良的,但是,愈来愈多的学者现在意识到,这种学术观念的错位和学术情绪的痴迷,事实上已经在相当宽阔的层面上使我国的人文学术研究长期地夸夸其谈而高烧不退,学术的梦呓持续不断,并迅速地传染给不少的青年研究者,也使他们整日里在现代与后现代混乱不堪的思维中胡话连篇,歧路迷茫。这已经是一个谁也无法掩盖的中国人文学术的事实了。

我不是国粹主义分子,无意呼吁人文学术界的大家返回到东方本位文化的立场。但是,我以为在所谓以世界的眼光进行世界性文化的研究中,如果没有作为人类文明摇篮的东亚文化的参与,那么,任何所谓具有世界性"普世意义"的学说,不仅只是会有缺损的,而肯定是不可能的。这是尊重人类文化发生与发展,尊重人类文化现实最老实的态度。

正是在这样的意义上,李强先生主编的《中日文学比较研究专辑》在为学界扩展关于东亚文学的知识和概念,提升对于东亚文化的认识和理解诸层面,是有裨益的。

我先期读到了这部专辑,先期享受到东亚文学展示的永恒的精彩。李强先生嘱咐我为专辑作一篇序文,于是我就把读后的感想以及引发的相关的一些想法写了下来,称之为"序"。

严绍璗

2004年11月深秋撰于北京西郊蓝旗营跬步斋

序王青著《日本近世儒学家荻生徂徕研究》①

王青博士大著《日本近世儒学家荻生徂徕研究》，是我国学者对17世纪后期到18世纪前期日本学术史上极为重要的学者荻生徂徕（Ogyuu Sorai，1666—1728）首次进行较为系统的学术梳理和学术解析的学术史专门性著作。对我国人文学界甚至是对我国儒学研究界来说，荻生徂徕的学术可能还不为大多数学者所知晓。但无论是从日本思想史的立场上考察，还是从东亚思想史的立场上考察，抑或是从中日文化关系史的立场上考察，荻生徂徕无疑是一个重大的学术存在，缺失了他的学术以及缺失了对他学术的阐述，上述任何领域的学术史将肯定是不完整的。王青博士的这部著作，填补了我国学术研究的这一缺漏，对我国人文学术研究进一步全面和准确地理解人类思想的智慧，把握世界和东亚文化史的线索，做了极具学术意义的贡献。

从学术思想史的角度说，从17世纪初期到19世纪中期的日本江户时代，以本土信仰为核心的神道论，以儒学为中心的汉学，从汉学中叛逆出的国学，从欧洲传入的以人体医学为中心的兰学，以及早已经成为日本民众基本信仰的由复杂得多教派组成的佛学，它们逐渐各成气候，

---

① 本书2005年由上海古籍出版社出版。

互相攻讦，又互相渗透，成为日本古代学术思想表现得最为丰富多彩的时代，从而为19世纪中期开始的日本社会的近代转型作了前近代的思想奠基①。荻生徂徕则是这一大时代中江户儒学的最光辉的也是最后的旗帜。

江户时代的"儒学"是一个容量很大的概念，其核心成分当然是以阐释中国"儒学经典"为基础而构成的一个庞大的学术系统，但其阐释的层面，则是极其多元和复杂生动。一般说来，儒学自5世纪传入日本之后，历经以宫廷为中心的奈良—平安时期的古典儒学，以寺庙为中心的镰仓—室町—桃山时期的五山儒学，终于经历千余年的漫长历程而在这个时期开始了在稍具广泛的层面上表现出了庶民化的倾向，并形成了学派纷争的局面。在17世纪和18世纪的二百年间，江户儒学便先后出现了以藤原惺窝—林罗山为首座的朱子学派，以中江藤树为首座的阳明学派，以伊藤仁斋为首座的古义学派和以荻生徂徕为首座的古文辞学派等，而且派中有派，各呈主张，纷繁复杂，互相错叠。所有这些学派都表现了生存于同一社会中的不同层面和不同形态中的各色人士对于自己生存形态的感悟，对于历史承传的审视和对未来的设计。荻生徂徕正是在这样的思想舞台上集先辈的智慧，又试图摆脱先辈的迂腐，却始终未能跳出传统藩篱的江户儒学的最杰出的存在。"他一方面批判宋明理学的心性崇拜，但另一方面又提倡圣王之道而陷入了更深的古学崇拜之中；一方面他排斥理学思辨的私智佞作，提倡经验的必要，但另一方面又拒绝对古代世界观作历史进步的任何修正；一方面他开始认识到'性理之于修身，人皆与我皆不胜其苛刻焉'，表现了趋向快乐主义的要求，但另一方面他又强调'先王之道，治天下之道'等。坚持把儒学的德治主义作为意识形态。"②

---

① 中国学者习惯上把明治维新之前的日本社会称为"古代时期"，日本学术界则把中国学者认定的古代分列为古代、中世和近世三个时期。江户时代被称之为近世时代。关于日本社会近代转型的起始，学界有很不相同的看法。这里采用以明治维新为近代转型的绝对年代，只是为了理解上的便利，不做进一步的论断了。

② 儒学东传日本的年代，是以《古事记》和《日本书纪》的记载测算的。关于日本江户时代的学术，日本学者论述的著作已经相当繁多了。本文叙述主要是依据拙著：《日本中国学史》，江西人民出版社，1991年，并可参见源了圆、严绍璗主编：《中日（日中）文化交流史大系·思想卷》（中文版），浙江人民出版社，1996年；（日文版）大修馆出版社，1995年。此段引文见拙著：《日本中国学史》第三章第三节之（三）"荻生徂徕与古文辞学派的特征"。

荻生徂徕的学术正是充满着如此复杂与丰富的二律背反的内容，使他的学术成为当时时代的一面镜子。王青博士在对日本思想史的把握中，以荻生徂徕入题，切中了日本江户儒学最具有根本意义的命题。她以江户时代总体学术作为综合文化语境，在江户儒学各学派所构建的理论框架中，对荻生徂徕进行了较为全面的审视，从语言哲学、人性论、政治论等多层面的视野中阐释他的学术，致力于揭示荻生徂徕思想观念的本质特征。王青博士对本课题的研究，无疑是对我国学术界至今还处在相当生疏状态中的江户儒学做了重大的填补，并相应构筑了就本课题内容进行国际对话的学术平台。

我最初读到王青博士这部大著的时候，最先的感悟则是体味到著者在研究中透露出的学术睿智和学术勇气，受益良多。不惟如此，而且从她表现出的智慧和勇气中，感悟到我国人文学术研究中，既具有较为扎实的学科文本基础、又具有睿智的科学思考、并且以相同主题能够健全地进行国际学术对话的新一代学者已经成长，从而感到欣喜。

我自己因为学术专业所系，常常阅读学界先生们关于多国文化的研究论述，受到不少的教益，但就其总体而言，却有些难言的遗憾。我们大量的关于外国文化的被称之为研究的论述，大多数还只是在介绍的层面上着笔；这种介绍当然是完全必要的，但对研究者来说，他总应该对被他介绍的学科内容有一个相对准确的理解，而且也应该有一个基本的和较全面的把握吧，只有具有了这样的基本素养，然后才能着笔运作吧。这样的要求不应该视为苛刻。

但不幸而大谬不然者，应该说事实上确有数量不少的外国文化研究其实连研究者自身也没有弄明白他阐述的对象到底是什么，就在那里现场献技。当然，另有一种比较谨慎的外国文化研究，他们不这样"卖野人头"，而是几乎完全追随国外研究者之后，把外国人的研究结果接过手来，不经过本身的咀嚼，甚至连稍加作料重新回锅都不做，便担纲起研究者甚至大学者的资格来，在这个领域里以国外研究者直接扬声器的姿态，指手画脚地说来说去，摆出吓唬年轻研究者的架势。以我自己的感受，这种状况在关于日本经典文化的研究中，可以说尤为突出。其中不能不提到的就是在关于江户儒学研究这一层面，由于中国研究者对这一学术注意较少，研究不够，其主流表述长期处于解说日本井上哲次郎和丸山真男论述的框架之内。王青博士的大著正是在这一根本性的学术立场和学术研究中，以睿智的思考，以自己多年的反复的研讨，颠覆了这种虚假的主流学术话语，表现了卓越的创新精神和学术勇气!

王青博士在著作中明确地认为，我国学术界自朱谦之先生的《日本哲学史》刊出以来对日本近世儒学的古学派特别是其中的徂徕学的普遍评价，基本沿袭了日本著名政治思想史学家丸山真男的《日本政治思想史研究》的观点，将徂徕学视为日本近代思想的胎动和萌芽。王青说："通过对徂徕学庞杂浩繁的原典著作的解读，发现丸山真男对徂徕学的引用有断章取义、为我所用之处，他的徂徕学研究其实是把徂徕学当作他构建有关日本近代起源学说的一个工具。"著者认为，"丸山（真男）借助徂徕学研究叙述了一个徂徕学＝反朱子学＝近代思想的神话。"

王青博士在事实的文本基础上，致力于辨析阐明中国儒学和日本儒学观念与价值的异同、日本传统儒学与江户时代朱子学的承传与特质、江户朱子学在江户时代意识形态中的真实的地位与价值等复杂的学术思想关系，从而为科学地认识荻生徂徕学术构筑起真实的文化语境，在此基础上阐明了徂徕学与朱子学相互辩驳的学术意义与思想特征，由此揭示了由丸山真男构筑起来的荻生徂徕学术虚影，而在实证的基础上重建了"荻生徂徕学术实像"。不惟如此，她进一步揭示了这种虚影的意识特征的本质，认为丸山真男的观念，是从近代主义＝脱亚论和日本中心主义角度出发得出的儒学观，丸山的徂徕学研究的意义实际上并不在于他对于徂徕学的评价是否准确这一问题本身，而是在于他通过把批判朱子学的徂徕学塑造为人性解放的近代思想的先驱来对抗二战时期日本法西斯政权的专制统治。丸山的出发点无疑是为了维护近代的民主主义，反对日本法西斯主义，从这个意义上讲丸山的学说即使在今天也仍然具有现实意义。但是丸山的研究的前提是把西方的近代化视为唯一的典型和楷模，可以说这是一种西方中心史观的产物。

我读书到此，为著者在著作中所积蓄的厚实的知识、睿智的思考和公允的阐述所感动。我以为这是我国人文学术界为阐释日本经典文化提供的一部具有相当学术价值的著作。

本书著者王青博士在日本思想史特别是儒学史研究领域中，有相当卓越的造诣。1985年北京大学学古典文献专业在全国大学中第一次设立国际中国学（汉学）研究硕士学位培养方向，王青是本学位方向的两位硕士生之一。她以日本五山文化中的禅宗儒僧义堂周信（Gitou Yoshio，1325—1388）为研究课题，获北京大学文学硕士学位。其间，她对日本汉学的关注和兴趣日渐提升。后来，她到日本国立一桥大学攻读博士课程，师从著名的思想史学家和社会史学家安丸良夫（Yasumaru Yoshio）先生，并以《荻生徂徕研究》获日本社会学博士学位。1998年王青博士回国又进入北京大学比较文学与比较文化研究所博士后流动站，继续从事她关于江户时代思想史的研究。结束博士后的研究随即在中国社会科学院哲学研究所东方哲学研究室开始了她更深入的学术研究。

我作为王青博士学术成长的几乎全程的见证人——她在北京大学中文系古典文献专业念本科的后期，我担任着该专业的主任，我又是她硕士学位论文的指导教授，即使在日本的留学期间，我们还互通信息。当她进入北京大学博士后流动站时，我又是她课题的合作教授，她在中国社会科学院哲学所开始研究工作后，我们又经常在各种研讨会上见面。她对于学术孜孜求索的态度，踏实执着的文献实证的学风，深思睿智的学术感悟，给我留下很深的印象。20余年的时间，在我国人文学术获得重大发展的进程中，王青博士也以自己十分辛勤的劳苦，从一名年轻的大学生成长为我国东亚文化学术研究领域中具有实力的活跃在国内外学术舞台上的人文学家，真是感慨良多。当我读到她这部大著的时候，我在她的著作中获得的感悟，并由此而引发对她的学术道路的追想交织在一起，有了自己的感想，发而为文。

2004年11月初冬
撰于北京西郊蓝旗营北京大学跬步斋

序王益鸣著《空海学术体系的范畴研究》①

空海和尚是八九世纪时日本文化史上一个伟大的人物。他在佛学、文学、语言学、文字学和书法艺术诸领域中，都有杰出的贡献。这里所说的贡献，不是指一般的业绩，而是指空海和尚在这些领域中的活动及其成果，其后影响着整个日本民族文明史的进程。我国学术界的前辈学者，已经注意到空海学术的意义和价值，已有若干的论著为此进行了阐述和考辨。但是这些研究几乎都集中在空海和尚的文学理论方面，主要是对他的著作之一《文镜秘府论》进行了多层面综合性考察，至于对空海和尚在其他文化领域的学术成果，至今只见有零星的报告，还未见有系统的表述。

王益鸣博士长期从事空海学术的研究，他对空海和尚的认知，虽然最初也是从《文镜秘府论》出发的，但他能够以更为宽广的视野注视空海学术的整体，在多学科的综合思索与考量中，立足于文化与文学发生学的基本立场，把空海和尚在诸领域的学术活动和学术业绩融会贯通，从中提炼出对空海学术具有整体性统摄意义的学术范畴。以这些学术范畴作为主体，考释其源流和组成，探究其内涵，阐明其学术意义，从而

---

① 本书2005年由广东人民出版社出版。

以空海学术的核心部分作为观察基点，力图从整体上和综合中阐明空海和尚学术的基本框架和学术的基本价值。由这样的构思撰著而成的《空海学术体系的范畴研究》，无论是在日本的空海研究中，还是在中国的日本古代文化研究中，以及在更加广泛的世界范围内的日本学中，都具有独特的学术价值，有着相当积极的意义。

空海和尚的学术本身兼及梵、汉、日、朝四个文化系统，学识涉及佛学、文学、语言、文字、书道等领域，其中如文学，还可细分为创作和理论两大部分，而创作中，又有汉文作品与和文作品。由于空海和尚学术积累是这样的丰厚，从而对研究者展开关于空海学术的研究提出了极为严峻的挑战。王益鸣博士以十数年之功，对空海学术的范畴进行了考释，在阐述这些范畴时，作者注意到了把原典文本作为阐述的基础，又以东亚文化作为广阔的背景，材料宏富，论证精当。其中，像对"曼荼罗""真言与妄语""声字与实相"等的考释与阐述，皆发前人之未发，对理解空海的学术和阐述这一学术的价值，我以为是极有意义的。

我认识王益鸣博士已近十年。当他在北京的日本学研究中心（设在北京外国语大学内）攻读硕士课程时，我开始在这个研究中心教授日本文化课程。他对日本空海和尚学术的兴趣使我对这位学生有了一份特别的关注。因为在我国学术的总体氛围中，急功近利和立竿见影的心态正严重冲击着日本学领域，许多学生缺乏作为学者的那种对于基础性学术应有的认知和兴趣。我觉得王益鸣能够对像空海学术这样一种长久影响着日本国民精神的文化形态予以注目并因此而引发兴趣，真是难能可贵的了。后来他被派遣到日本进行学术研修，在早稻田大学文学部得到田中隆昭（1934—2004）教授的指导。田中教授对于日本平安时代文化和文学的研究，其业绩蜚声当代日本学界，并广为国际日本学界所知晓。1992年和1993年，田中隆昭教授和我共同任职于日本宫城女子大学日本文学专业。他讲授日本平安文学，我讲授日本神话文学，相得益彰，很是欢快。王益鸣在田中的指导下，对空海学术的把握有了重大提升。20世纪90年代后期，王益鸣从中山大学任上到北京大学比较文学与比较文化研究所攻读东亚文化与文学关系研究方向的博士课程，以空海研究为博士论文的核心。数年间他完全沉浸在学术课题之中，几乎到了"只知有空海，不知有他物"的地步。其间有一个很有意思的插曲：当年博士政治课程的作业题目为"试用马克思主义的观点分析当前的社会问题"。

不久，政治课的主讲先生与我通了电话，对我说，贵所的王益鸣写了一篇很长的关于当前学术界在空海研究中的几个问题的分析。他特别问我："请问严先生，这空海是什么？"政治学教授是很宽厚的，在我向他表示歉意后，他说："这个学生真是'只知有空海，不知有他物'了。我得承认他竟是这样地一门心思。我不算他零分，请他重新写一个报告，学者也还要关心国计民生啊！"王益鸣对我说："题目不是要求对当前问题进行分析吗，我就分析了研究课题中的问题了啊！"

这就是我认识的王益鸣。

现在，他的大著《空海学术体系的范畴研究》即将付梓公刊，回想王益鸣学术成长的步履，真是感慨万千。一个有志于学术的青年，在十余年的学术煎熬中，终于成为我国日本学领域中关于空海学术的具有发言权的研究者，而本书将在这一领域中展现王益鸣自身的学术智慧而贡献于有兴趣的读者面前。

我作为王益鸣博士学位论文的指导教授，感谢广东省哲学社会科学基金的睿智，他们把本书确定为社科规划项目而资助出版，感谢广东人民出版社相关的编辑以自己辛勤的劳作，使本书得以获得现在这样清新的面容与读者见面。当本书出版的时候，作者王益鸣博士即将前往空海学术的主要诞生地日本高野山——他应日本高野山大学的邀请，将在群山峰峦叠嶂、树木高耸蔽云、流水淙淙而人影寥然的佛教密宗大本山开始新一轮的空海研究。

我有机会先期读到了王益鸣博士的这部大著，联想到他的学术形成与发展轨迹，有感于斯。写了上面的这些话。感谢王益鸣博士把它作为序文。

2005年6月吉日
写于北京大学蓝旗营跬步斋

序王青著《日本近世思想概论》[①]

王青博士继《日本近世儒学家荻生徂徕研究》（上海古籍出版社，2005年）大著出版之后，近来又推出了新著《日本近世思想概论》，成为我国日本文化研究领域中第一部就日本近世（江户时代）错综复杂的思想史状态进行体系性梳理的著作。

我个人作为一直关注日本文化研究而又先行读到王青博士这一著作的读者，有一种感到获得许多相关知识从而得以提升自己对日本近世（江户时代）思想哲学理解的愉悦，更有一层对我国人文学术界有这样年轻的学者20余年间孜孜不倦不为时尚所裹胁而致力于日本文化深层的研究，从而在日本近世（江户时代）思想哲学领域内以丰厚的文献材料为基础，条缕解析这一特定时期中复杂的思想哲学状况，展现了她自己睿智的思考和智慧而感到由衷的欣喜。

我国人文学界对于日本文化的研究近30年来在研究领域的扩展和阐释表述的深刻性方面，已经有了很大的发展，但是如果从我国对世界文化研究的总体考量，则无论就其学术的注意力还是学术的配置而言，近一个世纪以来则大都侧重于欧美，而对于自己生存的周边邻居国家的

[①] 本书2006年由世界知识出版社出版。

文化知之不多的基本倾向，则未见有根本的改观，这是一个不待言的事实。尽管我们对日本文化的研究已经有了相当的提升，然而学界众人对于日本文化的真实面貌，例如关于学界经常挂在嘴边的 日本儒学层面，国内的儒学家、哲学家很难就中国儒学传入日本的真实轨迹和日本儒学的真谛说出个有模有样的子丑寅卯来。我手边有一部皇皇巨著《儒学大观》，其中关于所谓日本儒学的表述，不幸大都采自街头里巷道路传言。这当然不能过多地责怪作者，因为中国学术界至今也没有一部在真正意义上可以称之为"日本思想史"或"日本哲学史"的著作，更未见有断代史的研究呈现于世。零星散篇的研究当然存在，有些表述在文献方面也相当丰厚，在思考方面也相当深入和深刻，但因为没有有效地组织成相应的体系，所以常常不为有关研究者注目，也难以使人形成较为完整的学术印象。① 在这样的意义上说，我们应该更加关注本书的刊出。

　　王青博士的《日本近世思想概论》研究与阐释的对象具有极为宽阔的文化语境。这一时代作为日本自古代和中世纪与近代时期连接的桥梁，作为一个在形式上统一的国家，它在政治、经济、文化、宗教各个层面上出现了具有既和以往保持继承又具有不同性质内涵的纷繁复杂的表现形式。以封建藩阀为基本构架的政治体制，以城市町人经济迅速发达以及农民反抗激化的经济运行，以日本化的程朱理学为核心的儒学逐步地庶民化以及它内部的分裂与以神道信仰为基础对它的反驳日益强化的理论斗争，以文人阶层得以形成核心伴随着娱乐文艺与艺术的多种形式的兴起和泛滥，以五山禅宗为核心的佛教各个宗派的空前的发达与普及，以及欧洲基督教传教士进入日本与幕府对西洋宗教的剿灭斗争，还有以解剖学为中心的洋学萌芽的产生与深化等。这是日本文化发展中在近代来到之前，知识高度发展、成熟与汇合的时期。这个社会的体制与秩序愈是得到强化和看似繁荣，则颠覆这种体制和秩序的思想从萌芽转化为行动就愈益获得发展。王青博士的这一著作把生成于这样的文化语境中日本近世思想，分列为"近世儒学思想""町人思想""农民思想""兰学与洋学""近世神道与国学思想""近世佛教思想"

---

① 1964年三联书店有朱谦之著《日本哲学史》刊出，1989年山东大学出版社有王守华、卞崇道著《日本哲学史教程》的出版，读者如果阅读过20世纪初期日本井上哲次郎关于日本的朱子学、阳明学和古学的三部著作以及丸山真男的关于日本思想史的研究著作，则前书称为"著作"就不尽合适。王先生与卞先生的著作，作为大学教程，有急补学界缺漏之功。

凡六大部类，每个部类中又以"学派"为宗进行论述，从而全面展示了这一时代中日本思想的总体面貌，既可以使读者获得关于这一特定时代思想史较为完整的知识，又可以匡正读者对日本思想史认识上的一些误区，并提供重大的理论启示。

关于使读者可以获得日本思想史较为完整的知识，我指的是学界一般谈论江户时代的思想，所能道出者无非是儒学、国学和洋学三家，或有入道者则还能说出诸如"町人思想"之类。近40年前我接触日本江户文化的时候，认识了安藤昌益其人，对他的学说也很有兴趣，但后来则几乎未见有研究者再提到过他。王青博士在本著作中，列出"农民思想"一大部类，并有单章论述安藤昌益，则使我极为欣喜。同样的，在我接触的朋友中，对于佛教与日本文化与日本人生存意识的关系，在感觉上是极为淡薄的。在一般人甚至学界的知识概念中，所谓佛教则是与南亚国家相连接的文化范畴，本书特别列出"近世佛教思想"一大部类，旨在强调近世佛教不仅与日本近世文化关系密切，而且它本身就是日本近世文化的一个层面。所以当本书公刊的时候，我首先赞赏的是本书在知识结构层面所表现的相对完整性特征。

我国读者对日本文化存在着若干误区，例如学界内外的许多人群始终认定日本是个儒学国家，认为日本的文化几乎都是从儒学衍生而成的，因而20世纪90年代有过在我看来是不明就里的关于日本儒学资本主义的奇怪美誉。在从前信息不通畅知识不发达的时代，人们以"道路观光"作为认识事物的思考材料，作为研究者一方面是应该以宽容之心一笑而谅解，另一方面则应该致力于拨乱反正以维护以事实为基础的知识的严肃性和真理性。王青博士在本书中论述日本近世思想的六大部类中列"近世儒学思想"为一部类，并且与其他五个部类相互观照。它用思想史的事实证明，日本儒学是日本思想史的一个部类，而不是它的全部内容。这一分类学原则就日本思想史的事实来说，具有重大的价值，在日本古代思想研究、中世思想研究，以及近代思想研究中，我以为具有普遍性意义。由王青博士在本著作中对近世儒学的这一定位，在对日本文化认知上具有的拨乱反正的价值，并将有助于我们准确认识日本各个时代的文化包括认识儒学资本主义的荒谬。这是我在阅读本书时感受到的准确性特征，以及由此而透露出的作者对于思想史事实所具有的严肃性精神。

本书在表述思想史真实的基础上，在思想史层面的阐述中显示出具有理性特征的学术思考。这是我必须要提出的本著作又一个重大特征。例如关于江户时代儒学，作为在阐述这一时代朱子学派的创始学者林罗山时，作者就十分注意并强调了"林罗山进一步发展了（藤原）惺窝的神儒结合主张，用儒学的理论来说明神道。他认为佛道是外道，儒学不是外道，儒学与神道'理一而已矣，其为异耳'。因此他极力主张神儒一致"。作者又认为，"日本朱子学的正式形成始于山崎暗斋。暗斋以'体认和祖述'朱子学为宗旨。"但就是这位山崎暗斋，却"认为中国儒学中绝对普遍的'道'在具体的日本社会中就体现为日本的'神道'。"于是，他便创立了"垂加神道"，又称"崎门神道""山崎神道"。这其实已经清楚地表明，中国本土儒学（当然它本身也是一个不断被阐述的系统）在进入日本社会的特定文化语境中之后，就以被"不正确理解"的阐述链所连接，最终成为被接受文化的一部分。这一文化的原生形态所具有的本源性意义对后一种文化来说已经不具有最重要的价值了，被接受文化的文化语境的价值才是最具有本质意义的。正是在这一系列的被阐述过程中中国儒学被解构而日本儒学得以生成组合。于是，展现在日本文化史上或是世界文化史上的日本儒学已经不再是本源意义上的儒学了。它是一门属于日本文化系统的学问，而不是中国儒学自然的域外延伸了（请注意我这里说的是"不是自然的域外延伸了"）。王青博士在本书中所做的这一逻辑表述，既具有认识日本儒学的特定价值，也具有认识几乎一切中国文化形态转化成对象国某一文化形态之后的价值评价。我以为作者在这一层面的表述具有重大的学术理性价值，它对思想史研究、国际中国学（汉学）史研究，乃至国际文化传递更加广泛的文化研究，具有重大的提示意义。或许，这是本书在理论建树中内蕴的价值所在。

  由于江户时代思想史本身的丰富性和复杂性，高屋建瓴地驾驭一个时代的精神形态的多种特征并加以表述，是一件需要有许多的学识积累和无穷的理性思考。对于某些思想家的思想部类的归属，总是智者见智，仁者见仁。我在读书的过程中，曾经思考过像新井白石、山崎暗斋这样的学者，作者把他们列入近世儒学中，而我一直把新井作为洋学的先驱，而把山崎作为江户神道论的先驱。我的理解不一定准确，只是供作者参考。或者，把他们分列于两个部类，可能都符合他们的理论特征。

  本书作者王青博士，是我认识20余年的一位年轻有为的日本文化研究者，是一位确实可以称为专家的学者。我对她的印象已经在她先前的大著《日本近世儒学家荻生徂徕研究》的"序文"中表述过。在她的学术形成和发展的20余年中，正是我国人文学术有重大发展却又是为时尚所裹胁而急功近利垃圾学术遍地的时代，我看着她以勤奋诚实的态度，从北大本科毕业，又在北大获得硕士学位，再在日本获得博士学位，继而在北大比较文学与比较文化研究所中完成了博士后的项目研究，在中国社会科学院哲学研究所东方哲学研究室从事日本思想哲学研究，并成为该研究室的负责人之一。在这个过程中，似乎没有见过她在学问的追求中有过片刻的停息。从她和她的同志们身上，我在这人文学术通体浑身发烧的病况中体味到了我国学术充满生命力的健康躯体正在默默地却是健康地生长着，思念及此，便写下了上面这些文字。承蒙王青博士的嘱托，姑且称为本大著的"序言"吧。

2006年10月22日秋末之日
写于北京西郊蓝旗营跬步斋

《多边文化研究》第三卷"卷头语"①

《多边文化研究》第三卷的刊出,恰逢北京大学比较文学与比较文化研究所创建20周年。从学术史的总体发展来说,20年的时间不过是万变中的一瞬而已,来不及审视也来不及记忆,便已经匆匆地过去了;但从作为学术史的一门个案建设而言,在确立学术之日从混沌中举步伊始,到五官俱全目清面秀,20年的岁月,也是在冥冥中摸索,在艰难中挣扎,走着一条费尽心血的路。在这条路上前赴后继的同仁们留下了不少应该审视和值得记忆的资源。或许正是这些资源,当它汇入到学术史中的时候,它也多少勾画出了学术发展的一个侧面,从而显示了中国比较文学学术成长的某些脉络和轨迹。

20年来,我们满怀迎接学术新时代到来的激情,开始创建中国比较文学学科和它的第一所从事学术研究和培养人才的实体性机构——北京大学比较文学研究所。最先是乐黛云教授从美国哈佛大学归来,担任本研究所所长,开创了本研究所有别于国内传统研究机构的学术风貌。继后我本人从日本国立京都大学人文科学研究所"日本学部"客座教授的任上归来,加入其中。继后又有孟华教授从法国巴黎第四大学来归。

---

① 本书2005年由北京大学出版社出版。

她是我国在法国获得比较文学博士的第一位学者。诚如大家所知道的，法国是世界意义上的比较文学的发源地。不久，张京媛博士从美国康奈尔大学前来入围。到了20世纪90年代，日本国立神户大学日本文学博士刘建辉教授、法国巴黎第八大学文学系博士后车槿山教授、美国明尼苏达大学英国文学博士丁尔苏教授也加盟本研究所，同时，本研究所自己培养的陈跃红、王宇根、张辉诸先生也在本所进入了研究和教学领域，此时，戴锦华教授和刘东教授也分别从北京电影学院和中国社会科学院进入本研究所，直到最近又有北京大学外国语学院英国文学博士后张沛先生进入本所。北大比较文学研究所呈现一派朝阳初生、头角峥嵘的气象。我们集合起志同道合的队伍，行进在比较文学研究的道路上。

在我们满腔的激情面前，在宽广的学术天地之间，迎接我们的则是严峻的学术挑战。其中最大的难题分布在两个层面上。第一层面是关于在总体人文学术中，比较文学的学术定位问题。用最通俗的话来说，就是学术界已经有了各种各样的文学研究，为什么还要有"比较文学研究"？用稍稍规范一些的话来说，就是作为学术的比较文学，它的内涵究竟是什么，它的学术价值是什么，它的边际又在何处？第二层面是关于在比较文学学术内部的学术规范问题。用最普通的话说，就是在比较文学这一门行当中，它究竟有没有游戏规则？从事这样的学术研究以及培养这样的学术人才，究竟有没有由先辈们开始实践直到现在逐步积累起来的必须遵循的基本学术原则？如果有，那么，这些基本的学术规范究竟是什么？如果没有，那么比较文学研究又以什么为标志来表明它的比较文学的身份？

20年来，北京大学比较文学与比较文化研究所如果说有什么成就的话，那么，我以为就是我们在面对这样迎面扑来的，甚至可以说一时间多少是有点昏天黑地的混沌疑问中，在自身研究和人才培养的不停息的实践中，始终坚持"学术本位"的立场，逐渐地从自为中积累学术的经验和教训，从而获得了学术的自觉。今天，北大比较文学与比较文化研究所可以有把握地对比较文学这一学术作出我们中国学者群体在自己相当丰厚的实践基础上提升的具有理性的论说。展现在读者面前的这三卷《多边文化研究》，以及与它相呼应的"北京大学比较文学学术文库""21世纪比较文学系列教材"和"北京大学20世纪国际中国学研究文库"，正是本研究所20年来面对学术挑战所做的持之以恒的回应，以及逐步从学术自为到学术自觉的逻辑踪迹。读者从中可以体验到在我们周边人文学科的浮华虚热、复古崇洋和夸夸其谈、不着边际的气浪中，本研究所以稳健平常的心态，以文本细读为基础，从跨文化理念的多层面立场对文学的内在机制做了超越国别文学研究的丰富多彩的探讨，并依据学术的实际势态，逐步地把传统的所谓平行研究、传播研究、影响研究等，综合推进提升到文学发生学、文学形象学、文学阐释学、文学叙事学、文学符号学和比较诗学等层面上，从而对比较文学的学科定位和学术规范，做了具有学术事实的解答。

20年辛苦耕耘中，随同我们对比较文学学术理念的深化和学术实践的丰富，有22名中国研究者和9名外国研究者在本研究所获得比较文学博士学位，有134名中国研究者和12名外国研究者在本研究所获得比较文学硕士学位，有3名博士在本研究所的博士后流动站结业出站。我们所培养的博士人数，或许还不及有些先生一年招收的博士数量。现在有些专家学者动辄以庞大的数字来吓唬学术界，我们是既不能也不为也。其实，真正的学术和真正的学者既不需要也不可能依据各种莫名其妙不知所云的数字作为它的奠基。令我们感到欣慰的是，本研究所对于中高级研究人才的培养，始终随着我们学术理念的深化而得到提升，而我们对学科的理解也在人才培养中得到检验和滋养。今天他们在国内和东亚、欧洲、北美洲和大洋洲，正在努力地从事以比较文学为中心的文学和文化研究，把北大比较文学理念贡献于世界文化研究。《多边文化研究》为已经获得学位和正在攻读学位的研究者提供了"青年论坛"，既展现他们的才智学识，也期望获得各方的批评指教。

北大比较文学与比较文化研究所有个始终一贯的信念，这就是作为中国比较文学研究者，只有当我们的学术信念和学术成果，不仅成为国内学术界的财富，而且也能作为国际学术界同行的共同财富时，我们才可以真正地说，我们在民族文化的复兴和发展的伟大事业中尽了我们自己的力，我们在我们自己生存的时代为人类的文化和文明的发达尽了自己的力。所以，北京大学比较文学与比较文化研究所从建立伊始，就致力于以自己的学术理念和学术业绩建筑起与国际学术界同行对话的学术平台。这个学术平台以"走出去"和"引进来"两个层面互相呼应，呈现丰富多彩的内容。本研究所为国际著名的学术同行设立了表达自己学术智慧的永久性的讲坛。自本研究所建立之日起，国际比较文学学会（ICLA）的历届会长和来自28个国家和地区的比较文学118位学者在这个讲坛上做过讲演，从而使本研究所能够时刻接收到国际学术多层面的成果与信息，积累知识和扩展视野。《多边文化研究》从第三卷起设立了"外稿专辑"，发表各国学者在本所的讲演文稿，本卷刊登的ICLA两位名誉会长Douwe Fokkema教授和川本皓嗣（Kawamoto Koji）教授、美国耶鲁大学孙康宜（Kang-I Sun Chang）教授和我国台湾东吴大学张琼惠博士的讲演文稿，深邃而有趣味，以后还会汇编成专集。与此相呼应的，则是20年来本研究所成员积极参与了国际学术活动，并取得相应的学术地位和丰厚的学术业绩。乐黛云教授荣获加拿大麦克玛斯特大学名誉博士称号，孟华教授荣获法国政府棕榈叶学术骑士勋章、严绍璗教授主编的由57位中日学者参加的《中日文化关系史大系》（日本版十卷）荣获亚洲—太平洋出版协会学术类图书金奖等等，表明在当今霸权话语控制学术而造成一些人在迷昏中成为"传声筒"和"中介人"的势态中，本研究所的学者以自己具有民族个性的学术已经有能力参与国际同行学术的主流性对话，并以相应的话语权力，赢得国际学术同行的认定和尊敬。

当本卷《多边文化研究》刊出的时候，中国北京大学和美国耶鲁大学正在举行"北大—耶鲁比较文学学术论坛"（2005年3月6—9日），耶鲁大学的18位教授和北大的20余位教授就比较文学中共同有兴趣的话题阐述各自的心得体会。本研究所以这一论坛作为自己建立20周年的纪念，我以为正是从相对深层次上体现了比较文学的学术定位和它的价值意义。

2005年农历正月十五日
撰写于北京大学静园

序李强著《厨川白村文艺思想研究》[①]

对我们中国人文学术界的绝大多数学人来说，厨川白村是一位熟悉的陌生人，这是一个有趣的悖论。

说我们对他熟悉，指的是厨川白村作为20世纪初期日本的文学理论家与社会文明批评家，由于当年田汉、茅盾、谢六逸、鲁迅等的译介，他的论说成为中国五四新文化运动中重要的外国文艺学说的言说者，特别是他的《苦闷的象征》（丰子恺、鲁迅分别译出）、《出了象牙之塔》（鲁迅、任白涛分别译出）等在国内知识界流传之后，他的言说便积极地参与了中国新文化运动。在这一领域中对他的研究至今不衰。

说我们对他陌生，指的是我国学术界特别是研究现代文化（包括现代文学）的大多数学人在言说厨川白村思想的时候，几乎全部集中在由翻译者们译介他的50余篇论说以及由此而展现的厨川白村的思想观念。对厨川白村这个"人"（包括他的学术与精神的轨迹）作为一个整体性的存在，我们的把握与阐述就显得比较浅层次了。这里至少包括在这样几个层面上我们其实还是很茫然的：其一，由五四文化中被译介为汉文的厨川白村的诸种著述，在他的总体文艺论说与社会文明批判中究竟占

[①] 本书2008年由昆仑出版社出版。

有什么样的地位？其二，厨川白村的文艺论说与社会批评的基本立场和价值观念究竟包孕着些什么样的内容，即"厨川白村理论的本体"究竟应该如何表述？在同时代的日本学术界它又具有什么的地位呢？其三，在厨川白村生活的明治后期与大正时代，究竟是什么样的文化语境促使他产生了如是的观念并形成自己的体系？假如我们的研究者对上述三个层面缺少把握，那么我们又怎么能够准确地阐述他与中国新文化的关联呢？

这个陌生感从根本上讲，我觉得也不能过多地批评我国的研究者。在今天的日本学术界，其实，厨川白村学说是他们几乎忘记了的一种学术存在，厨川白村本人则是被他们的现代学术潮流抛掷在圈外的一位幽灵了。在我们的视野内，竟然未能读到过日本学者对厨川白村具有整体性研究的论著。

本书作者李强博士关注这一陌生的课题已近十年。他以自身丰厚的日本近代文学的研究作为基础，把比较文学的观念作为研究个案作家的本体论意识引入到对厨川白村的研究中。此即他站立于多元文化的语境层面中，从文学（包括文学思想）发生学的视角作为解析厨川白村精神发展轨迹的起始，考察厨川白村的生命历程在日本大正民主主义和文化主义中追求人性理解和人性表述的基本踪迹，由此而阐述他的关于文学的情绪主观的论说逻辑，从而基本上展现了作为文学理论批评家的实像。在此基础上，本书在更加宽阔的文化语境中，特别在对厨川白村两次留学美国的客观状态与主观经验中，也即在当时世界上最高度发达的资本主义文明中，考察厨川白村精神发展的拐点与提升，深入地阐述了他由一位文学理论家转型为社会文明批评家，而最终成为反抗社会的斗士的精神发展特征，从而在第二个层面上再次展现了厨川白村的精神实态。

李强博士是一位训练有素的研究者，他对厨川白村的阐述始终坚持以原典文本细读为基础。据我所知，他在十年中几乎研读和浏览过厨川白村现存的全部著作，数次在日本考察体验厨川白村的生存状态，并与中国和日本的相关研究者共同磋商有兴趣的话题，精研深思，终于成就现在展现于读者面前的这部专著。

我阅读李强博士这一大著，感慨系之，综括大概有三个层面的思考。在第一层面上，我以为由于本书的刊出，它所提供的研究成果，可以使我国从事现代文化（包括现代文学）的研究者在研究厨川白村与中国新文学的关系时，有一个关于这位文学理论家和社会批评家的整体实像，从而可以使研究者的思考在超越以往汉文译本的状态中更加全面地理解与把握厨川白村论说的总体特征。在第二层面上，作为本书研究与阐述的对象厨川白村，正像我在前面所说的是一位被当代日本学界多少已经忘记了的、但却是在他们近代文化的形成过程中曾经出现过的作为时代斗士的学者。本研究试图从整体精神上开掘他的价值，展现他的意义。这一研究本身体现了我国人文学者30余年来在关注世界文明史的研究中正在逐步扩展自己的学术视野，可以说，在东亚范围内，包括本研究专题在内的我国一系列研究报告的出现，表明中国学者东亚研究的大视野已经形成。在第三个层面上，本书所展示的研究成果与作者在研讨中自觉地运用比较文学的意识和原典实证的方法论密切相关。学术界有些朋友一直以为比较文学一词，只不过是文学研究中的一个时尚的名词而已，总是觉得它能搞出什么名堂来呢；也有一些朋友认为，所谓比较文学总是把两国的文学拿来"比较"。这实在是因为研究者未能"登其堂、入其室、识其面"的缘故，没有实践的经验当然就不可能有切实的体验。我们一直申言，比较文学是文学研究的本体性观念，它注重的是在跨文化的多元文化语境中把握与阐述文学，它研讨的是文学运行在多层面上表现的内在逻辑。当我们逐步理解并掌握了这一本体性观念后，我们也就摆脱了把比较文学意识言说为就是把"文学比较比较"的外观性肤浅图解。近十年来，我一直思考如何建构"民族文学（国别文学）研究中的比较文学研究空间"[①]。李强博士的此本大著，在一定的意义上可以说，是这一构思的一种实践。我们正在探讨一种研究的思路，或许本书可以作为有价值的尝试。

  我作为李强博士这一部著作的先行读者，有了这样一些粗浅的体会，写下来愿与诸位共商，是为"序"。

2008年3月2日
于京西北大蓝旗营小区跬步斋

---

 ① 1999年严绍璗在中国社会科学院文学研究所举行的"迎接新世纪的文学研究名师讲坛"上的讲话《树立中国文学研究的国际文化意识》，载于《中国现代文学研究丛刊》2000年第1辑；2005年5月严绍璗著《民族文学研究中的比较文学空间》，此文首刊《中国比较文学》2005年第3期，《新华文摘》2005年第21期封面标题转载，2005年12月北京大学东方文学研究中心等编辑的《奶茶与咖啡：东西方文化对话语境下的蒙古文学与比较文学》，民族出版社，2006年；王守常主编《中国文化的传承与创新》，北京大学出版社等。

序王顺洪著《日本人汉语学习研究》[①]

当我们考察世界文化史图谱、描述人类文化的总体发展时，可以看到古代各个族群与现代各个民族文化的提升，都是与各个族群与民族之间的语言、文字的相互传递密切相关联的，它们之间的运行构成了世界范围内文明对话的基础。从文化史的谱系上说，至少有两种语言和文字，对世界文化的发展做出了无与伦比的贡献。这就是起源于北亚与南欧的拉丁字母（Latin alphabet）和拉丁语（Latin language），与起源于东亚大陆的汉字和汉语。[②]

公元前12世纪起源于古叙利亚和巴勒斯坦地区的北闪米特字母，经过希腊字母、腓尼基字母、埃特鲁斯坎字母而形成拉丁文字体系，在欧洲漫长的文化进程中便逐步成为欧洲人聚居地区大部分语言的标准字母系统，从而实现了这些族群群体的言文一致，对亚欧与世界文化做出了

[①] 本书2008年由北京大学出版社出版。

[②] 语言与文字在现代学术中被区分为语言学和文字学两大学科，其实他们是互为本体的一个系统。王力先生认为，汉语研究包括了语音系统、语法结构、词汇、文字四大部分。有兴趣的读者可以阅读王力先生的《汉语史稿》（《王力文集》第9卷，1988年，山东教育出版社），本文为了叙述的方便，以下凡是使用"汉语文"这一范畴的，事实上便是采用了王力先生"汉语研究"中表述的四大部分内容，不再一一说明了。

伟大贡献。一个不懂得拉丁语和希腊语的人，即使他的其他欧洲语言都很好，若要研究欧洲西亚北非文化史而想取得真正的业绩，显然是很困难的。

或许比拉丁字母起源更早，聚居在东亚大陆的近代汉族先祖开始创设文字以记录语言。当汉字创设的时候，东亚广袤区域内除汉族的先祖之外的几乎所有族群群体，都长期处在言文分离的生存状态中，他们在向文明社会推进的艰苦奋斗中，以自己的聪明才智与汉语文相遇，他们以提升自己文化表现力的跃进姿态，经过数个世纪乃至十几个世纪的反复艰苦卓绝的实践，终于以汉字为基质，在东亚地区创设了假名、谚文和喃字等属于他们本族群的文字，从而在各个区域内实现了本族群体的言文一致，从而极大地提升了自己族群生存的文明程度，并共同创建了以汉字文化为中心纽带的东亚文明区，成为世界上最古老的而其发展又唯一不曾中断的人类文明的始发地区。

由于极为复杂的历史原因，我国人文学界关注上述文明史研究课题的人并不多见。①今年春节后不久，顺洪把他的大著《日本人汉语学习研究》书稿送我阅读。这部书蕴积着他20多年来对于日本人汉语学习的历史、日本人是怎样学习汉语的，以及日本人应该怎样学好汉语和教师应该怎样教日本人学汉语等重大课题的探索、思考、研究，以及他从事这一工作的一以贯之的实践经验的总结。这部著作虽然着重点在于阐述当代日本人应该怎样学习与掌握汉语，但它与大多数的汉语教材表述的路数并不相同。本书把日本人的汉语学习与日本文化史的研究结合在一起，加以综合阐述，从而使读者能够明白，日本人对于汉语的把握是与理解和推进日本文化史自身密切相关联的。我读后不仅觉得很实在、很亲切，而且确实使我很感奋。

全书凡四章十六节，前两章从古代日本接受汉语文的历史引导读者入门，既使读者获得相当的历史感，更使日本读者获得对汉语文的亲近感。作者以自身的学识总结概述的汉字东传为日本人掌握汉语带来的"正迁移作用"和"负迁移作用"，正是立足于日本古代作为汉字文化圈的基本成员这一事实中提出的文化经

---

① 这里说的"关注的并不多见"是一个比较性的概念。我国学者在Sinology的研究中，已经愈来愈多地关注到这一重大领域的课题。2005年7月，中外十余国的汉语教育史研究者在澳门共同成立了"世界汉语教育史研究学会"，北大有数位学者出席了会议。它表明这一关于人类文明史发展的课题，愈来愈受到学术界的注目了。

验，为世界其他国家民族汉语文学习中所不能见到的。这一文化经验其实也贯穿在后面的章节中，于此也足见作者之匠心。

外国人学习汉语文，首当认字发音。字与音的认知，当然不分伯仲。有人认为对外汉语教学中，应当以认词为本，是为"词本位"。我与此无甚经验，不能瞎说。但由于教养出身与业务所系，涉及比较文化与比较文学的不少材料，并且也多年在国外工作（以日本居多）接触了也不算少的外国人，常常留意各种语文的入门途径，觉得世界上凡我所接触到的语言，其启蒙皆是从字（或字母）入门的，皆从认识字（或字母）走向组词和组句。例如，日本文部省颁发的《常用汉字表》上列出1945个汉字（这是日本假名系统的汉字，非中国文字的汉字），为国家公务员、新闻与日常使用，这就是从认字发音开始，从而面对各种需要则可便宜组词。或许，这就是"字本位"的主张吧。令我很高兴的是，顺洪在这本大著中，以他20余年的日本经验，提出日本人学习汉语文，则应该从汉字发音开始，始终特别注意听说训练。所谓从汉字发音开始，就是从读音认字开始。这一基本的汉语文入门途径，其实18世纪日本著名的学者雨森芳洲在他的《橘窗茶话》中已经注意到了，他研讨了日本人为什么学不好汉语的难题。他说："通词家咸曰'唐音难习，教之以七八岁始'。殊不知七八岁则晚矣，非从襁褓则莫之能也。我东音有单音而无合音。单音者何？曰ア、イ、ウ、エ、オ是也……。合音者何？曰アン、イン、ウン、エン、オン是也……。我东孩儿之于单音也。听惯聆熟于襁褓不言之中。二岁以上，智慧渐开，结而成语，其势然也。今不便之合音，遽教唐音于七八岁，唯见其难耳。"[①]两百多年前，日本学者已经开始注意到同处汉字文化圈的中日两种语言在认字转音上的困难。为克服这样的难题，他们主张日本人学习汉语，必须从襁褓婴儿开始，这不是要难倒当代的日本人吗。顺洪以他长期的中日语音比较研究的经验，在本书中对日本人汉语发音的难题，在声母发音、韵母发音、声调发音等层面上做了相当系统的整理，远远超越了上述雨森氏的提示。本书所展示的中日语言比较的系统还在词汇和语法等层面，皆是对比明晰、论说有致，又实践性很强，它标志着我国学者在长期对日汉语文教学研究实践中，对于汉语和日语的比较研究，在功能体系上已经达到了相当好的水平。

---

① 雨森芳洲（1668—1755）《橘窗茶话》（卷上）。

我与顺洪相识已经30多年了。1985年我出任日本国立京都大学人文科学研究所日本学部客座教授，他正在我国驻日本大阪总领事馆担任教育领事，常有晤面，知道他做学问非常勤勉，公务繁忙之余，无暇浏览当年日本的繁华，却始终留意于学术研究与资料整理。他与当时正在京都大学文学部攻读博士学位的原厦门大学青年教师孙立川共同编辑了《日本研究中国现当代文学论著索引1919—1989》（北京大学出版社，1991年），此书至今仍然是我国研究界查阅相关文献的基本，无由替代。我是他们两位辛勤劳苦的见证，因为虚长了几岁，承蒙他们的好意，做了一篇序文。今日读来，他们勤勉的种种，仍然跃然眼前。顺洪在日本从事教育外事、学术研修和汉语教学先后十年有余，其间一直从事日本汉语教育和日本人汉语学习之研究，曾发表过30余篇论文，并翻译了六角恒广的《日本中国语教学书志》等著作，还出版了多部对外汉语教材，既为国内外学者和学习者提供了相应读物，又为自身研究积累了学识，勤勤恳恳，累积而成今日贡献于读者诸君前的一家之言。

　　作为一部系统全面研究日本人汉语学习问题的著作，本书既有宏观论述，又有微观分析；既有充分的事实描写，又有相应的论说分析；既是几十年教学经验之总结，又是学术的探索与创新。在世界"汉语热"不断升温的形势下，这一专著的出版，对于促进对外汉语教学研究的深化，对于提高日本人汉语学习与教学的效率，推进世界汉语教育史的研究，在理论和实践上都具有很好的价值。

严绍璗
2007年国庆节日写于京郊蓝旗营跬步斋

序周阅著《川端康成文学的文化学研究》①

周阅教授的新著《川端康成文学的文化学研究》，无论是在比较文学研究领域，或者是在日本文学与文化研究领域，我相信这都是一部能够启迪研究者智慧的著作。

川端康成是20世纪中期日本乃至世界的著名作家，1968年获得诺贝尔文学奖。他的文学创作得到了学术界和创作界举世瞩目的关心。40年来对川端康成的研究有着非常丰厚的积累。统观这些研究，无论在日本本土以及国际日本学关于这一作家的表述，几乎都是遵循1968年瑞典皇家文学院对川端康成文学成就设定的基本路径进行，此即当年诺贝尔文学奖评选委员会主席Anders Osterling的评语：这位日本作家的成就在于"其一，川端康成以卓越的艺术手法，表现了日本民族的道德与伦理的文化意识；其二，在架设东西方文化桥梁方面作出了贡献"。我们无须评论这一论说的意义，只是需要指出这是很典型的欧美文学评论界和阅读界论说文学创作特别是东方文学创作的价值标准。半个世纪以来的川端康成研究几乎都是集中阐发他的文学的日本民族的美意识特征，以及川端文学与欧美文学的关系。中国学者对川端康成的研究，更多的则

---

① 本书2008年由北京大学出版社出版。

主要集中在川端获奖的文学文本的解读层面，大多数以赏析为主，少数兼及与时尚文论或文学史层面的阐释，但也没有脱出瑞典皇家文学院对川端康成评价的上述两个层面的藩篱。

本书著者周阅博士自20世纪90年代以来一直关注于川端康成研究，已先后出版过《川端康成是怎样读书写作的》（长江文艺出版社，2000年）和《人与自然的交融——〈雪国〉》（云南人民出版社，2002年）两部著作，以及若干论文。在此积累的基础上，她进入了把握"比较文学的跨文化思维"作为观察与体验文学的本体论观念，致力于在广泛相关的多元文化语境中探索川端康成文学内含的文化因素，通过对文学文本的切实细读，以丰厚的文学与文化的修养把握贯穿于川端康成在文本中与多层面文化的对话，从而在文学发生学的层面中揭示川端康成文学内在的、由他自身对生活的认知形态出发而在文本中运用虚构、象征、隐喻，并且以此编纂成的意象、情节、人物、故事等的美意识特征。作者正是在自我设定的这一文学研究的发生学路径中，她的观察能力与解析能力超越了评论界对这位作家的普遍性认识而揭示了川端康成文学内含的多层面中华文化因素。

作者立足于对丰厚的川端康成文学文本的细读，特别注重对文本与作家经历中所表达的内在哲学意识、精神感悟，以及以艺术美为中心的、在文本内含诸层面上的文化对话的考察，从中揭示出已经内化为川端康成创作意识的涉及中华文化的五个层面。这就是：

第一，禅宗佛理中的以心传心、色空观念、无常观念与生死轮回诸观念；

第二，中国传统美术中画意与文思、色彩的组合与色彩的对比，以及线条感知等美意识特征；

第三，中国围棋内含的神韵与中和气质，并由此而获得的对人与自然的关系感知与相应的道德观念；

第四，中国道家思想中的生命观念与气及物化的哲理，还有中国儒家思想中的天命意识与家族意识等；

第五，中国古代文学中的唐人传奇与民间传说的表述形态与情节构思。

本著作对于川端康成文学在哲学层面和思想史层面上这一综合性的又极为深刻地具有理论逻辑的阐释，是国内研究界，并且包括日本在内的国际研究界所未曾有过的。它以相当深刻的艺术洞察力、相当丰厚的中华文化修养，和对于川端康成文学极为细腻和到位的感知能力，第一次深刻地阐明了作为日本诺贝尔文学奖得主的文学中包含着的丰厚的中华文化因素。这一体系性的阐释，对于深化认识川端康成文学本身，对于把对日本诺贝尔文学奖得主川端康成的研究提升到一个新的层次——即在以中华文化为核心的东方文化与文学关系的层面上加以认识和解析，并且由此而推及对于深化认识日本当代文学创作领域中作家的精神世界与亚洲中华文化的多层面的由文化对话而形成的关联，进而重新审视所谓纯粹的日本文学美意识的幻觉，都具有极为重要的价值和意义，并且对于提示诺贝尔文学奖评奖委员会突破其自身文学与文化视野的偏窄也具有极为积极的意义。

我国学者以往也曾经对川端康成文学与东方文化的关系提出过有价值的思考，但本书则是第一次以体系性的规模展开了关于揭示川端康成文学创作内含中华文化的综合性研究。作为对一个特定国家的特定作家文学创作进行的发生研究，本书则是以一个重大的文学创作作为个案解析，显示了比较文学发生学观念包括多元文化语境、变异体文学概念等透入国别文学领域进行文学文本研究的可能性，本书已经得到相关领域内我国和日本一些学者的积极肯定和褒扬。这一研究业绩，证明了在国别文学研究和民族文学研究中，比较文学研究存在着相当大的空间。周阅教授的著作，在理论上与实践上为此提供了成功的范例。

周阅教授20年的求学历程，一直是勤勤恳恳，不为外界时尚所蛊惑，致力于自己的学业。她在北京大学中国文学专业获得文学学士，又在北京大学比较文学专业获得文学硕士和文学博士，数十年间在北京大学积累与提升了自己的学养，体会与把握了人文学术研究的原典实证的观念与方法论的基本路数。她在日本工作数年，实践体验了日本文化的诸多层面。周阅教授忠诚于学术，精于学，成于思，面对一个在日本当代文学中揭示内含的中国文化因素这样一个极为困难的题目，本书获得了相当成功的表述，它对日本20世纪中期最具经典性的作家所作的文学发生学阐述，无疑可以成为对近代日本文学研究、比较文学研究，以及近代以来中日文化关系图谱作重新描绘的基础性著作之一。

我作为本书的初期读者，有了以上的这些体会，记录于此。承蒙周阅教授的好意，是为序文。

2008年8月8日 第29届奥林匹克运动会在北京开幕日
撰于京西满人八旗遗址 蓝旗营跬步斋

序隽雪艳著《文化的重写：日本古典中的白居易形象》①

在东亚汉字文化圈内，中国唐代文学家白居易及其作品作为中华文化的典范对日本文化多元性的发展具有特别重大的意义。10世纪时，日本著名学者庆兹保胤在他的《池亭记》（982）中曾经这样描述过自己的生活情趣。他说："饭餐之后，入东阁，开书卷，逢古贤。夫汉文帝为异代之主，以好俭约、安人民也；白乐天为异代之师，以长诗句、归佛法也；晋朝七贤为异代之友，以身在朝、志在隐也。余遇贤主、贤师、贤友，一日有三遇，一生有三乐。"这是日本平安时代贵族知识分子把中华文明作为生存典范而进行自身修养的经典性表述，而其中又以白居易的人格风范与诗文作品在日本古代文化史中具有最为持久广泛和深刻的影响。作为东亚地区灿烂文化形成的内在理路脉络的一个层面，白居易文学作为一个丰厚的文化文本，它与日本文化（包括文学）的诸种复杂生动的内在关联，留给后世的文学研究乃至文化研究许多重大

---

① 本书2010年由清华大学出版社出版。

的亟须研究者思索探讨的课题。①

隽雪艳博士长期致力于日本古代文学研究，日前有机会拜读她的大著《文化的重写：日本古典中的白居易形象》，深受教益，并由此而引发了自己一些长期萦绕心头的思考。

我国学者关注白居易文学在东亚文化圈中的历史地位并进而考量它与日本古代文学相互关联的运行机制，大约开始于20世纪的70年代末期与80年代，如果与这一文化事实发生与存在的实际年代相比较，我国学界在研究的注意力表达的时间上实在不成比例。但我们毕竟已经起步，已有若干论著问世，面对这样一个看起来很熟悉和亲切，而事实上又是十分纷繁复杂的文学与文化现象，我们已有的研究（这里主要指我自己的论述）就显得肤浅和笨拙了，我们常常在不经意间把论述变成了介绍文化流布的新闻报道，有时候研究者意会到什么却又无法把握其核心也无法确切地加以表述。这是因为研究者面对的这个白居易文学，它作为文化史学上的一个本文，它与日本文学的关联，涉及东亚文学中文化传递的一系列具有基本意义的理论问题，它对日本文化（文学）的冲击而造成的日本文学若干层面中的变异，涉及对日本古代文学史的根本性评价问题。这样的课题，坦率地说，不仅是一个中国文学研究者或是一个日本文学研究者这样的国别文学研究者所能承担的，而且，也不是一般识得日文的中国文学研究者或是识得汉文的日本文学研究者所能为之的。我一直期待着我国正在成长起来的中青年学者，以自己敏锐的思考和正在积累的关于双边文化的丰厚的学识，在东亚文化（文学）的研究中，例如在白居易文学的研究中能够既踏实又犀利地把握住文化本相，进入到文学传递与文学变异的内在运行机制中展开研究，获得有价值的突破。

我初见隽雪艳博士的大著，从书题上看，觉得这是个比较文学中的阐释学或是形象学的论题，读完全卷，释解茅塞，原来全书的旨意致力于用一种全新的视角阐明中国白居易文学在古代日本的流传，以此为基础解析日本文学的内在机制中所产生的相应的变异，并进而阐明在日本古代文学的样式与文化的理念中历产生的若干新认识与新样式的发生理路。事实上，全书旨在阐明一种民族文学内的文学变异体生成的逻辑过程。著者在较为充分地把握这一课题的双边原典文本的

---

① 本文所设定的"古代"，是中国学界普遍的认知范畴，即以中日两国社会进程中的近代为分界。由此而定，则本文提及的"古代"，包括了日本史上一般设定的古代、中世和近世三个时期。

基础上，通过比较文学研究中的形象学、阐述学和诗学诸层面的融汇释解，把异质文学之间的传递与影响做到了文学发生学的层面。本书所体现的关于在比较文学传播与接受的研究中，就其对于研究对象思考的深入，对于异质文学传播与接受过程中内在机制变异观察的睿智，以及对于一种民族文学自身变异而产生新体的表述的明朗，以我个人的读书状态而言，在我国同类型课题研究中，不仅是在中日文学关系研究中，而且在广泛的中外文学关系研究中，确实具有独特的创新性价值。对我来说，至少是开启了自己长期在这个领域中探索思考研究而未能达到的一个新的境地，在隽雪艳博士的这部著作中获得这样的学识启示，我当然为之欢欣。

我在匆忙的阅读中获得了一些粗浅的体会，觉得本书的学术价值至少有这样三个层面是应该引起我们的同行和读者诸君充分关注的。

第一，我国比较文学研究中关于文学域外传播的阐述，至今大多数采用平面直线的叙事表述形式，本著作则选取在特定时空中从日本平安时代贵族知识分子到镰仓时代禅宗僧侣编辑的以《千载佳句》《和汉朗咏集》和《文集百首》等为核心的白居易文学的"句集"为考察白居易文学在日本流布的依据。这些"句集"的编辑者各自在白居易文学中发现了自己和自己所代言的那个阶层所需要的精神形态，从而将白居易文学中相关的诗文句聚合起来夸张为他们自身精神世界的本源或魁精神世界的襄理。阅读本书沿着著者这样的解析，使我们观赏到白居易文学进入日本社会的全新文化图像。这个图像在日本社会不同的进程中有不同的形态，这种不同形态的白居易形象各自形成的脉络，就是白居易文学在日本流布的轨迹。隽雪艳博士以睿智的文化学理论法则具体地把握住了白居易文学在日本社会流转的线索。她向我们展示的这些各不相同的白居易形象，其实都不是我们在中国文学史上所认识的"白居易"，而是日本古代各个时期的文学者为他们自己的需要而言说的"白居易"。用"本源的白居易"去衡量"言说的白居易"是没有意义的，文化史学家的任务在于研究与阐述这些被"言说的白居易"之所以成为如此形象的广泛的文化语境。这里用得着马克思关于文化传递规律的一句名言，他说"被曲解了的形式正好是普遍的形式，并且在社会的一定阶段上是适于普遍使用的形式。"① 我以为马克思的这一论说很准确地表述了文化流动的基

---

① ［德］马克思：《马克思恩格斯全集》（第三十卷），人民出版社，1974年，第608页。

本事实。隽雪艳博士在这个层面中的解析，不意与马克思的观察与判断正相一致，事实上也与我们现在把握的无论是在世界范围内还是在国别范围内各种文化流转的真相相符合。本书的这一观念与表述为准确把握与阐述中国文化（包括白居易文学）在域外的传播，作了新的努力和提供了相应的范例。

　　第二，本书以相当的功力研讨了日本古代文学中一种具有特别意味的文学形式——句题和歌。从一般的日本文学研究而言，句题和歌并不受到学者们的重视，一则可能是具有国学观念的研究者本能的弱视心态，一则可能事涉和汉诸方面的文学研究需要相应的学识，一则也可能稍年轻的学人对于东亚汉字文化圈的总体文化势态缺乏理论与事实的感知等等，总之，在我读到的《日本文学史》或《东方文学史》中，几乎没有什么文本提及作为日本文学的句题和歌。①本书把"句题和歌"列为专章，成为著者研究白居易文学与日本文学关系一个重要层面。诚如隽雪艳博士所言"句题和歌，它包括两个部分：一是句题，一般是一句或两句，或多至四句的汉诗诗句；二是和歌，即根据句题的内容而作的和歌。"一般读者不易理解这种文学样式，其实，它是中国文学进入日本文学的过程中在形式与内容上被解体而以它的有价值成分在日本文学中形成的文学新体，我们把它称之为"变异体文学"。一种文学进入异质文学中，与异质文学相互碰撞后，以多样性、互补性、变异性与统一性的状态促使异质文学内部产生新的文学样式，即"变异体文学"，这应该是文化（文学）传递的终端成果之一。

　　隽雪艳博士正是把白居易文学向日本的传递在这样的层面上追踪到了它最终端的结果。20年来我们在比较文学的研究中一直主张探索和阐述文学变异体，揭示它的内在机制，阐述它的形成的轨迹．可是，在文学文本层面上能真正实践这样的理念的成果实在是微乎其微。②我们从事于双边文化或多边文化的研究，如

---

　　① 我这里指的是总学术状况，就日本文学研究而言，事实上也有少部分学者是"和汉贯通"的研究者，以1984年日本学术界建立"和汉比较文学学会"为标志，学者们在研究中愈益意识到和语文文学与汉语文文学之间密不可分的关联而致力于综合的研讨。

　　② 1985年我在《中国比较文学》同年第一期上刊出《日本"记纪神话"变异体的模式与形态及其与中国文化的关联》（此文又见1987年北京大学出版社刊《北京大学哲学社会科学优秀论文选》）以来，我们一直致力于在文学关系研究中探索与阐述作为最终端成果的变异体，推动对于现今各类文学史著作的重新认识，但国内响应者寥寥。2006年以来，曹顺庆教授与他的弟子连续发文，呼应关于文学变异体的研究。文学变异体的探索，它的具体实际的研究，可能比一般论说更具有真正的学术意义和价值，本文就为文本细读和文本解析树立了一个典型。

果不能在文化运行的最终端把握它们相互之间的关联，那么我们就没有把自己设定的课题最终做到底。正是在这样的意义上，应该高度重视隽雪艳博士关于"句题和歌"的研究及其表述的内容所提示的文学关系研究具有根本意义的路径和方向。

第三，本书在考察特定时空中日本社会对白居易形象的不断重写的过程中，著者以宽阔的学术视野使阐述的注意力超越文学领域而进入日本社会的思想层面，论说以白居易的"狂言绮语"主张为核心，认为"日本人从白居易的句子中获得了这样一种理论：文学如果是为了赞佛而作，那么，尽管其'狂言绮语'的性质没有改变，但是，随着它成为传教性质的存在，原有的罪障便可消除，并且，文艺活动可以成为信仰佛教的助缘。"从而催生了"和歌即是陀罗尼"这样的世俗文化与佛教信仰之间协调与平衡的心理。这样的心理特征事实上也是白居易文学东传中在思想层面产生的变异体形态。在进入中世时代后，白居易对自身生存乐趣的这种表述，逐步内化为日本更广泛的阶层在自身生存中从事文艺活动以及超越文艺而构筑其他多种具有美意识价值的民俗活动例如在歌道、花道、茶道等的形成与发展中所需要的心理认知的精神助力。隽雪艳博士在这里揭示了白居易文学介入日本特定时间中的从宗教信仰到民俗美意识活动的思想精神形态，不仅为我们提供了许多前所未知的学识，而且更重要的是在学理上提示了比较文学研究者在从事于文学研究的同时，必须扩展自己的视野，把对文学的研究放置于多元文化的语境中，唯其如此，才能在更加深刻和广泛的层面上确认对所研究的文学文本的认识。

隽雪艳博士的大著《文化的重写：日本古典中的白居易形象》的刊出，再次表明经过近30年的努力，我们在中日文化（文学）研究与中外文化（文学）研究中经过自己的学识积累已经形成了我们自己的具有理论意义的表述系统，它以系列文本的解析为基础，可以把这个领域的研究推进到它的终端目标。这是我们的研究者以自己辛勤的努力和聪慧的睿智综合而达到的成果。30年来，隽雪艳博士从北京大学的一个本科学生成长为东京大学的文学博士，可以说，我是她30年学术道路的同路人和见证人。她作为1977届的学生进入北大中文系古典文献专业学习，经受了关于中国古典文化的良好的训练，我作为她当年学士学位论文《关于日本钞本（文选集注）》的指导教师，意识到她在中国古典文化学习中正在寻求其国际视野。20年前她前往日本留学，先是受业于著名的户川芳郎教授（现东京大学名誉教授、日本东方学会理事长），后在三角洋一教授（现东京大学比较文学·比较文化专业主任）指导下进行《文集百首》的研究，并以此研究获得东京大学文学博士学位，完成了学术重点的转移。从中国古典研究转向日本古典研究，这当然是隽雪艳博士的学术兴趣和志向，但这同时需要足够的勇气和包括语言和文化的相当量的学识修养，她以近20年的努力而修炼成对于中日双边语言和文化的真正地理解和把握。记得30多年前我进入日本文化研讨的时候，周一良教授曾经对我讲过的一句使我铭记终生的教诲，他说："一个从事国际文化研究的人，要能够在中国讲中国文化，在日本讲日本文化，这才是站得住的。"周先生本人就是这样在中国和日本文化研究中根深叶茂而任何风吹雨打不能摇动其根基的学者。读隽雪艳博士的这部著作，其中透露出的她对于中日两国古典文化的把握与运用、解析与阐述，可以体会出她内聚的学术修养和功力，正在沿着周一良先生所期望的学术模式发展，这不仅是我国比较文学研究界所期待的，更是我国人文学界所期待的新一代多元文化复合型的研究者。

当年我在北大指导隽雪艳博士学士学位论文时，自己不过是40刚出头的中年人，现今读到她的这部大著时，已是耄耋之期。岁月这样匆匆地过去，但在回味岁月匆忙的时候，却意会到时间和实践已经造就了一代超越自己的强有力的研究者，回想他们的努力和业绩，自己有了许多的欣慰和永远的安逸。正是基于这样的想法，我答应了隽雪艳博士的好意，把自己关于这部大著的读后感想匆匆草拟于此，是为"序"文。

2008年10月撰于香港维多利亚柏景台住宅

序牟学苑著《拉夫卡迪奥·赫恩文学的发生学研究》①

牟学苑博士的大著《拉夫卡迪奥·赫恩文学的发生学研究》，以多元文化语境为依托，在19世纪后期到20世纪初期的欧洲、美国与日本宽阔的文化视野中，以文学发生学的思维与方法，揭示了日本近代文化史中小泉八云文学的虚影与实像，从而，在相当的层面上第一次较为真实和完整地解开了一个世纪以来这个困扰着研究者思维与一般读者阅读的一个文学谜团。

这里说的"小泉八云文学"，就是本书论述的主人公拉夫卡迪奥·赫恩在日本写作的文学，本书还原它的真实面貌，称之为"赫恩文学"。

赫恩文学的语文表述，除了他的一部著作采用日文写作之外，全部都是运用英文写作成的，但他在20世纪由日本学者把他编列入日本文化史与文学史的序列中时，他的著作则全部都是以日语的面貌出现，称为小泉八云文学。在日本读书界以及在中国的读书界，若提出赫恩文学，

---

① 本书2010年由北京大学出版社出版。

则知道的人是少之又少的。正是在这样的一种非原典文本的状态中，对赫恩文学的认知，便愈来愈陷入迷蒙的状态中。

牟学苑博士的著作以文学发生学的基本观念出发，坚持本文解读必须寻找原典的根本性要素，对赫恩文学的几乎全部日文著作进行了原典还原，从而构成本书研究与阐述的基点。依据本书的实证报告，学界现在可以明白，小泉八云在40岁之前的文化经历全部是使用英文写作，而小泉在日本的写作，诚如上述，除了一部作品之外也全是使用的英文，目前在市面上流传的小泉文本全部都是被翻译成日文的。例如，日文本《支那怪谈》是从原著英文本 Some Chinese Ghosts 翻译的，日本文《知られぬ日本の面影》是从原著英文本 Glimpses of Unfamiliar Japan 翻译过来的。20世纪80年代以来为日本政治文化界一些人高度评价的所谓小泉八云"崇拜日本大和魂"的经典著作《神国日本》，它的原书名为 Japan：An Attempt at Interpretation，与"神国"毫无关系。日文译者造作了一个"神国"的概念来命名他的作品，从而使小泉八云成为一个具有浓厚意识形态的作家。可怜的是，这一切都发生在小泉八云去世之后，他自己一无所知。其实，当赫恩先生在世时，他是一位没有多少文名的从事向英语世界读者报道日本的写作者，尽管在他身后由他在东京帝大的学生编辑了"文集"，但是，甚至到1956年日本著名的出版社小学馆刊出的篇幅宏大的《日本文化大系/明治时代文学》中也未能列入他的名字，更不用说涉及作品的评价了。1964年由むさし书房刊出的《日本与世界人名大事典》中，出现了"小泉八云"的条目，在著作中还出现了奇怪的书名《神国日本》。当一部辞书收入一个条目时，可以表征这个词条在社会已经成为一种普遍的存在状态了。牟学苑博士已经指出，这个意识形态性极为强烈的书名原来是翻译者杜撰的。由此研究表明，当日本学者把赫恩文学的英语文文本转化为小泉八云文学的日语文本时，其间发生的由于语言转换而造成的语意转换，使日本文化为自己在特定时空中的需要，创造了一个适时的变异文学体。事实上，也只有对赫恩文学作这样一个变异，赫恩文学才能成为日本文化史接受的小泉八云文学，从而使赫恩文学的实像消失，而让小泉八云文学的虚影游荡于读者的心灵之中了。

牟学苑博士在本书中，依据拉夫卡迪奥·赫恩生动又复杂的生活轨迹，在多元文化语境中研讨了赫恩文学的写作内容、哲学表述与美意识特征。这正是一个相当棘手的问题。依据阐述学的原理,一千个人阅读赫恩文学就可能有一千种说法。事实确实是如此纷繁复杂。例如,我国杰出的学者朱光潜先生称小泉八云的文学成就在于将"希腊人锐敏的审美力、拉丁人的强烈感官欲与飘忽的情绪、爱尔兰人诙诡的癖性,东方民族的迷离梦幻的直觉,四者熔铸于一炉,其结果乃有小泉八云的天才和魔力。"①这一充满诗人气质的感悟成为我国20世纪对小泉八云文学评价的基调。我国编纂的各种《日本文学史》或《东方文学史》,只要事涉小泉八云,其阐释几乎都追随这样的评判。直到前几天,本文作者在读到《中华读书报》2010年1月6日的相关文章,其中涉及小泉八云文学时,尚有这样的评语:"日本著名作家小泉八云以挖掘和重写日本古代志怪而称著,仅以一部《怪谈》而风靡日本文坛。"进而以"小泉怪谈"来比附中国魏风华先生的作品说:"被称为中国的小泉八云的天津新锐作家魏风华,最近出版的《黑夜三部曲》终极之作《唐朝的黑夜3》,把这种深具惊悚、悬疑和奇幻风格的怪谈式写作推向了极致。"②这里我们不涉及文章对小泉文学的评价,但要说清楚的是,即使小泉八云真的风靡日本文学界,也绝对不是因为《怪谈》(Kaidan)这部戏作而获得的成就。日本文学历史中怪谈这一文学样式,早在江户时代就已经风靡日本文坛与市井民间,例如,作为日本前近代性小说(读本)的前沿基础,便来源自被称为"浮世草子"的一种怪谈文学样式。日本天文年间(1532—1555)间形成的《奇异怪谈集》就是此种称为浮世草子的奠基性作品。在日本文学史上若要谈到怪谈样式,实在轮不到小泉八云先生。这一基本常识,小泉自己是完全明白的。

与我国学人对小泉八云与他的文学作如是的评价不同,英语世界表现得很是平静。称名于世的《简明不列颠百科全书》(1985年中文版)在"小泉八云"词条中有如下著录:

小泉八云,(Patricio)Lafcadio(Tessima Carlos)Hearn(1850.6.27—1904.9.26),日本作家,翻译家,教师。……生于希腊,长于都柏林,在英国和法国上学,19岁移居美国辛辛那提城……1890年去日本,在松江中学任英语教师。次年同小泉节子结婚……1895年入日本籍,开始在《大西洋月刊》上发表介

---

① 朱孟实《小泉八云》,《东方杂志》23卷18号,1926年。
② 魏力《〈唐朝的黑夜3〉:中国式怪谈》,文载《中华读书报》2010年1月6日"新书淘宝/文学"版。

绍日本的文章。……1896—1903年在东京帝国大学教授英国文学,在这一时期写出《异国情调和回顾》(1898)、《在鬼神出没的日本》(1899)、《阴影》(1900)、《日本杂记》(1901)等4部作品,详细介绍日本的风俗、宗教和文学。

这段文字写得干净又清楚,它释义的小泉八云是一个普通的文字工作者。关于小泉八云的日本写作,该词条释义用的是"详细介绍"这个词组,没有感情色彩的描述。到了1999年的《不列颠百科全书》,则干脆删去了"小泉八云"这一条目,从而体现了该书编著者的学术标准和心理标准,耐人寻思。

日本学人关于小泉八云的阐释,随着时间的后移,则日渐丰厚,处理作品的状态也愈益复杂。在若干层面上,有时候简直极端得令人不可思议。我举一个在当代文化语境中以极端形态阐释小泉八云的实例吧,1997年11月本文著者曾经接待过一个叫"日本民族文化运动派"的日本访华团。该团团长、日本祖国防卫总队本部长角野周二(Kakuno Syuuji)先生在北京大学以"论日本和日本人"为题做了讲话。角野氏一开始便说:

在我进入正题之前,先介绍一下明治初期1890年赴日本的希腊出生的英国人Lafcadio Hearn的日本观。众所周知,Hearn后来加入了日本籍,改名小泉八云(Koizumi Yakumo)……他是一位世界水平的文学者。他来日本后,最为惊叹的是日本人"礼仪之端方"。他得出的结论说日本人之礼仪端方,源于日本的历史和传统的精神。Hearn所说的"日本的历史和传统的精神"究竟是指什么呢?此乃是日本以万世一系的天皇为中心的精神文化活动的根基,治国安邦的根本。

这个讲话表述的当代某些日本人士的历史观与世界观,以及由此而形成的小泉八云观,使人震惊!在他们的观念中,小泉八云以世界水平的文学为依托而成为日本精神的旗帜!所谓"日本的历史和传统的精神",则就是日本以"万世一系的天皇为中心的精神文化活动"。这一表述使用的是日本战后已经被废除的《大日本帝国宪法》和《教育敕语》最经典核心言辞,构成日本传统的国粹主义与超国家主义的本质①。当把一个文学家提升为一个民族或一个国家的政治偶像的时候，作为文学家的本体事实上已经被解体，显现于世的则是一个依据特定意识形态任意搓捏或精心雕刻出来的虚影而已。

本书的突出价值，在于把小泉八云文学多元文化语境中形成的哲学表述与美意识特征还原它的真相，把小泉八云从各种虚影中拯救出来而显现其实像。牟学苑博士对小泉在美国时代与日本时代的写作原文本做了较为系统的梳理。在梳理中特别关注了他的生成语境，并且特别考察了他的思想观念的欧洲源流，例如揭示了他的美意识的生成与T. Gautier的关联，他的对东方的异国情调感与P. Loti的关联，他的社会学人口论与H. Spencer的关联，从而突破了以往这一课题研究中大量的以由英文转译的作品作为作品论述的传统模式，从而为把握与解读小泉作品提供了真实的文化语境。

本书详细阐述了小泉八云从对美国社会的失望转向日本、但日本本身并没有使他获得理想满足的心路历程。牟学苑博士把赫恩的日本写作归类为三大部分，一是把对日本的异国情调感受传递到英语世界；二是对日本民族的民族性进行的若干思考；三是依据中国和日本已有的传说和民间故事，用英语世界能够接受的写作进行重组。这一基本解读，则揭开了一个世纪以来小泉八云被日本文化界特别是主流意识形态界塑造为"欧美崇拜日本之神"的虚影，也几乎完全击破了把小泉八云作为日本大和魂精神偶像的虚影，而以他自身的文本实证出他在文化史上的实像。这一阐述结论，将会为今后在日本文化史与文学史上真实地表示小泉八云提供极有意义的启示和引领意义。

---

① 日本由传统的国粹主义与超国家主义发展为军国主义的核心在于彰显与实践大和魂精神。所谓"大和魂"，它是在原先江户时代国粹主义的立场上建立起来的日本国家主义的最基本的价值观——即由皇权神授建立起来的皇谱的万世一系，由此而确立了日本的国体优越论；又有以《古事记》和《万叶集》所表现的语言的言灵（ことだま）为中心而确立的日本文化优越论；又以天皇为万民之唯一家长，个人得失荣毁全系于家长一人为中心的日本家族制优越论。由此三个层面组合为核心构成的大和魂，成为江户时代以来国家主义者的世界观和人生观，并成为当代日本右翼各种派别共同的政治与思想的基础。有兴趣的读者可以参见本文著者：《解析"海洋的日本文明论"的本质》，载于香港大学现代文化学院主编 *Multiculturalism and Japanese Studies in Asia and Oceania*，2009年；《对"海洋的日本文明论"的思考》，载于《迎接亚洲发展的新时代》，复旦大学出版社，2007年；《战后60年日本人的中国观》，载于《人民外交》2006年第2期，人民大学出版社，2006年；以及《日本当代国家主义思潮的思想基础》，载于《亚太研究论丛》（第1辑），北京大学出版社，2003年，等相关论文。

当本书在揭示了小泉文学的原典面貌之后，必然引出了文学发生学十分关注的又一个问题，即小泉八云文学的文学属性的归属问题。或许，更直接地说，研究者可以而且必然发问："小泉八云文学难道真的是属于日本文学吗？"这个问题可能挑战文学的民族性的敏感神经，但是，对研究者来说，这是一个不可回避的问题。本书以《拉夫卡迪奥·赫恩文学的发生学研究》为书题，事实上已经回答了这个问题。文学发生学研究的心态是平静的，它的运作轨迹正是在多元文化的语境中以原典文本为基础，揭示文学构成的内在逻辑，从而使文学（当然是具体的研究对象）显示出它的实像。实像是文学的一种真实存在，不管它触及何种价值利益，它仍然是一种真实的存在。

既然日本近代文学史上的小泉八云的原典文本几乎全部是英语文本，其写作的最大目的是为了向英语世界读者介绍日本，而作品的核心价值观念属于欧美哲学系统，仅在此意义上我们就可以把这位欧洲出身的写作者的作品归为英语世界的文学。这种写作状态与差不多在同一时期一批欧美学者刊行的 *Transactions of the Asiatic Society of Japan*（《日本亚细亚学会纪要》）文化状态基本雷同。这个刊物是一批欧美学者以英文写作表述他们对日本的政治、历史、地理、文学、宗教、民俗几乎涉及日本生存的所有层面的研究与体验，有百年的历史了。研究者在言说 *Transactions of the Asiatic Society of Japan* 的文化性质时，几乎没有人把它归属于日本文化，而始终确认它的欧美文化性质。它是欧美文化中日本学的组成部分。所谓欧美的日本学，即是以欧美文化中的哲学意识与价值取向来表述日本的文化。小泉八云的文学几乎都具有这样的基本价值特征。有人认为，由于拉夫卡迪奥·赫恩已经转国籍为日本，所以小泉八云文学应该是日本文学史的成分。这真是一种似是而非的判断。①

当然，本书无意要把小泉八云从现在日本文学史上勾除掉，但著者使用赫恩文学的名称以及全书通篇的实证性论述表明，牟学苑博士向学术界提出了一个几乎为所有的研究者所忽视却具有极为深刻意义的问题。这是著者依据文学发生学的观念对文本细读时必然要遇到的不可回避的问题，他不可能依循传统惰性言说

---

① 若以当代世界华人文学为实例考察，在众多的转变国籍而用汉语创作的作家中，尚未有人进入到他或她后移的国家文学史中。即使是运用对象国语文创作的作家，也未有进入对象国的文学序列中的，林语堂先生这样称名于世的作家也出于这样的地位。

而听之任之的。因为这个质疑的本质需要揭示的是，无论是称为小泉八云文学也好，抑或称为赫恩文学也好，著者通过全书各个层面的研讨，他意会到这一文学的本质归属，事实上具有双边文化的基本特质。这是本书又一大贡献。

在我自己有限的阅读视野中，这书是中国学者第一次以这样完整的资料，这样清晰地表述了19世纪末期与20世纪初期一位欧洲新闻记者的职业生涯与他的写作实践，以及他的文学中内含的真正的哲学认知与美意识特征，从而，使我从各种关于小泉八云的迷雾中见到了接近实像的真相。牟学苑博士以自己拥有的关于英语文化和日语文化的全面的知识，立足于广博的多元文化语境中，辛勤努力，依托北京大学和中国国家图书馆为中心的丰厚文本典籍，把我国比较文学界30余年来积累而提纯的文学发生学的论说核心原则，运用于解决这样一个复杂的文学课题，表现出了杰出的独创思维。

当我读完这著作，深感我国年轻一代学者，忠诚学术，运用我国学者提出的理论论说，是可以很深刻地阐述艰难的学术课题的，这是我国比较文学研究走向世界的必由之路。本书为我们提出了一个成功的范本。我的这篇小文正是有感而发，承应牟学苑博士的好意，被定为"序言"。

2010年1月大寒中，读此书外冷而内热

撰写与北京京郊蓝旗营跬步斋

序郭勇著《中岛敦文学的比较研究》[①]

  郭勇教授的大著《中岛敦文学的比较研究》以五章十八节的布局论述，为关注20世纪30年代前后数十年间日本文学史、日本文化史乃至日本人文学术存在状态的读者，提供了一个与一般泛化的知识与概念不尽相同的文本，展现了在当时还很年轻的一位名叫中岛敦（1909—1942）的日本作家，在那样一种特定时空的文化语境中生成的以理性怀疑主义作为他的基本精神内核和由此而生成的文学创作。阅读郭勇教授的这本大著，它召唤起我们在日本文学史的研究中似乎已经被忽略或被遗忘了的一种精神存在。

  中岛敦是成熟于20世纪30年代的日本作家，在他仅仅33年的生命中为日本文学留下了宝贵的遗产。这个时代是日本自明治维新以来近代化进程中社会主流意识逐步走向东方专制主义黑暗的癫狂时期。长期潜藏在日本社会深层的大和魂精神（民族的绝对优越性、国体的绝对优越性、文化的绝对优越性三者的结合体）经过明治维新以来半个世纪左右多种社会思潮的博弈而获得了近代性发育，此时已经积聚成型，膨胀至临界点而最终爆发。1923年被后世称为"日本军国主义思想魔王"的北

[①] 本书2011年由北京大学出版社出版。

一辉完成了《日本改造法案大纲》，成为日本军国主义在思想意识层面中的基本纲领，1927年以日本首相田中义一为首举行的"东方会议"，以及据此完成的《田中奏折》，构成了日本军国主义在政治层面的战略纲领，1931年日本军队在我国东北发动了"九·一八"事变，在军事层面开始实践军国主义的战略目标。以上述三个层面在意识形态、政治战略和军事行动的代表性事件作为基本标志，日本进入了近代进程中最黑暗的军国主义的举国体制时代。

中岛敦的精神和文学价值意义就在于作家生活在日本近代化进程中这样一个最为癫狂的时代中，生活在日本军国主义日益疯狂向外侵略的时代中，他在这样浓厚的殖民地文化语境中生成的作品，却以他对自己心灵之外的这一外在世界的独立认知心理和认知形态，在思想哲学层面中表现了深厚的怀疑主义精神，即他在以自己的文学才思凝聚而成的作品中表达了对日本"资本帝国主义"的"癫狂性"的疑虑，从而在一个层面上表现了日本特定时空中在当时被社会"主流话语"屏蔽了的思想精神，战后被一些评论家称之为具有"艺术抵抗性"的"良知文学"。

我国学界在日本文学和日本文化的研讨中，自20世纪30年代以来的80年间向读者提供的关于中岛敦文学的信息实在少之又少。1944年由上海太平洋出版社以《山月记》为书名出版了他的三篇小说的译文后，此后40余年间中岛敦和他的文学几乎是一个不为中国读者所知晓的文学存在，一直到20世纪80年代我国新时期比较文学研究兴起之时，才有研究者注意到中岛敦文学作品中融入的中国题材，开始有了介绍、论说和研讨，这对于扩展我国日本文学研究的文化视野，理解日本近代思想史的多层面构成具有积极的意义。但由于大多数的研究停留在比较文学复兴初始的所谓比较的表层层面，还没有以多元文化视野进入观察中岛文学内部构成，更没有涉及文学创作机制多层面的研讨，也就未能触摸到中岛文学内含的理性怀疑主义的本质特征，实在是很遗憾的。

郭勇教授作为我国新时期中成长起来的日本现代文学研究者，他一直瞩目于这位日本作家及其文学创作已近20年，无论是他在日本攻读硕士学位期间，还是在北京大学攻读博士学位期间，一面埋首于中岛敦文学文本的细读，一面致力于提升自己观察与把握文学的认知能力。我阅读郭勇教授的这部大著，最深刻的体念，也就是我自己感知本书的最基本的学术价值，便在于他把关于中岛敦文学研究引向了中岛敦文学内部，这就是著者运用自己近20年来学习并把握的中外文学理论中有价值的理念，特别是我国学者在跨文化研究中逐步归纳积累的关于文学发生学的学理作为自己学术研究的基础性的引导，结合自己细读文本的经验，由此进入中岛文学内部，解析和把握构成中岛文学内在的主要意象、情节、故事等在多元语境中的文化学意义，继后又回归整体，从而阐述与揭示了中岛文学由多层美意识所展示的内在的精神本质。

作者以文学发生学的视野，在作家生活的本土文化、自幼接受的并且多次亲历和经由其他作家介绍的中国华夏文化、曾经生活过的南洋体验以及对17世纪法国数学物理学家和哲学家帕斯卡的钟情而组合成的多元文化语境中，透视中岛敦在哲学思想层面和美意识层面中的成型轨迹，从而使本书表述的学理境界超越了以往日本文学研究中对中岛敦的表述。

郭勇教授立足于中岛敦文学文本的细读，特别注重对文本与作家经历中所表达的内在的哲学意识、精神感悟以及它们以艺术美为中心在文本中诸种表述形式的考察。我从郭勇教授的大著中体验到他通过这样的考察，大致可以说主要是在4个主要层面中揭示出了已经内化为中岛敦创作意识，此即中岛敦作为作家的人性形成的轨迹及其表达形式。

第一，与以往的研究表述不同的是，本书触摸到了中岛敦文学中的怀疑主义的精神萌芽是与他的日本传统汉学世家文化熏陶与青少年时期在日本阴影下的朝鲜与中国生活经验存在着因果关系。

第二，以中岛敦文学作品的解读作为引导，揭示了作家以悲剧情感为基调的怀疑主义精神的成型与法国17世纪数学物理学家和哲学家帕斯卡思想的自我参透密切相契合，特别解析了帕斯卡的《思想录》对他观察现实的影响。

第三，通过对中岛敦以中国历史文化中的某些片段为创作题材的作品的解析，透视他的历史观与艺术美的境界中存在着中国以庄子为中心的生命观成为构成他怀疑主义的重要的因素。

第四，中岛敦晚年在亚洲南洋的生活，当他面对自己出身的帝国对当地高压下产生的可悲的生命现实，使他仅存的乌托邦彻底破灭，从而还原出他作为"艺术抵抗者"的真实形象。

郭勇教授关于中岛敦文学这一综合性的又是较为深刻地具有理论逻辑的阐

释，我相信事实上较之以往关于中岛敦的多种研讨应该更加接近作家的人性本相与作品内具的艺术本相。

郭勇教授关于中岛敦文学的把握与阐述逻辑，事实上向文学研究者提示了在作家与作品的研究中，研究者如果能够自觉建立起跨文化的大视野，进而把作家与作品放置于特定时空中的多元文化语境中解析，揭示作品内含的各种元素的文化价值，然后又回归整体性的综合阐述——这样的思考逻辑，或许能够使我们对作为研讨对象的作家或作品能够更接近认识他与它的真面目。或许正是在这样的意义上，郭勇教授把本书命名为《中岛敦文学的比较研究》。

郭勇教授在本书中表述的"比较"观念，远远超越了比较文学复兴之初而至今依然存在的研究者习惯于把两个或数个文本放在一起进行"比较比较"，然后再说说在进行"对比"之中发现的它们之间异同的这样一类属于认知的启蒙状态，超越了我们目前所见并且还在继续编写和出版的多种"比较文学原理"的教科书中特别喜欢表述的所谓"可比性"和"不可比性"的空泛言谈。郭勇教授是把跨学科视野观察和多元文化语境思考引入进了一个作家和他的文学创作中，正是在这样的意义上理解"比较"和相应的学术逻辑，则可以说，本书为我国学界的日本文学研究，其实也是为多元的外国文学研究，梳理了认知的思维理性，建立了一个研究范本。

我和郭勇教授之间，年龄虽然相差几近一半，但有着近10年的学术友情。我从他身上看到了一种在这个烦躁的世界中静心于学术思考和研究的向上精神，一种执着于自己信念而努力提升自己的奋斗精神，我也从他的研究实践中获得了自己缺少的相关学术知识，本书的刊出，正是他这样努力的物化表现。上述的冗长表述，是我阅读他的正本大著的体会，蒙郭勇教授的好意，作为"序言"。

2011年7月仲夏
撰于北京西郊 北大蓝旗营跬步斋

序潘钧著《日本汉字的确立及其历史演变》①

潘钧博士的大著《日本汉字的确立及其历史演变》研讨了一个既是汉字史上的也是文明史上的极有价值又极具趣味的课题，本书以宽阔的文化视阈和丰厚的原典材料为读者提供了一个学者睿智的思考。

从人类文明史上考察，作为记录人类思维、记忆和生存经验的文字的产生、使用、发展与传播，是构成人类文明进程的最基本的要件之一。人类生成的历史当然至为漫长，但是有书面可考的以文字文本②记录而得以表述的文明史，大约分别起始于4000余年前的西亚、东亚、北非和南亚，即从最远古时代的以底格里斯河与幼发拉底河流域为中心的西亚文明、以松花江、黄河、长江和珠江流域为中心的中华文明、以尼罗河流域为中心的北非文明、以及以印度河与恒河流域为中心的南亚文明。通过对上述四大对于人类文明进程具有宏大指引价值的文明区域的考察表明，它们都曾经产生过具有自己族群特性的文字，但是，唯有体现中华文明历史进程的汉字，经过一系列的发展阶段，不仅本身没有

---

① 本书2013年由商务印书馆出版。

② 这里说的文字文本，指的是从至今公认的人类由最初始的文字，如象形文字和楔形文字书写在各种非纸质的物质材料上而构成的文本，一直到经过大量的纸质文本而达于当今的电子文本。

消亡，而且它超越了生成的本土，在亚洲东部地域形成了一个以汉字文化为中心纽带的包括了中国本土、朝鲜半岛、日本列岛和中南半岛东部的文明区域。在这一广袤的地区中，尽管各族群（民族）形成并发展起了自己多彩的本土文化，但是，几乎所有这些族群（民族）文化，都相继广泛地使用了汉字作为表达自己语言和历史记忆的载体，从而使这些族群（民族）获得了最终摆脱原始（野蛮）时代而得以进入文明时代的基本社会元素，在世界文明史上形成了一个地域广阔、历史久长而文明进程未曾断裂的东亚古代文明共同体，对人类文明史的发展做出了并且继续着它的杰出的贡献[1]。

汉字作为在人类文明史上具有如此悠久与辉煌历史的存在，为对世界文明史的研究提出了极为丰富和极其有趣的课题，例如，四大古老文明区域的原发性文字在各自族群的自我发展中为什么唯独只有汉字得以永久性地被保存，并发展为记录思想、表述语言和展示艺术心态的丰厚的文化体系？为什么汉族群（汉民族）在漫长的历史进程中虽然不断地与异族群（异民族）反复多元的交涉接触（有和平的状态也有激烈冲突的状态，甚至有被异族群作为统治者的年代）而汉字则始终得以保存使用，并且为这些族群（民族）养成了一代又一代的文化人？为什么汉字自形成之后不仅被本族群（汉民族）永久地使用而且还被扩展到东亚广袤的地区，成为朝鲜半岛、日本列岛和中南半岛东部多族群表述自己族群摆脱野蛮生存进入文明社会的基本标志？为什么上述东亚各族群在他们自己的文字产生之后，汉字继续透入其中，经过多形态的变异而得以构成朝鲜文字系统、日本文字系统和越南文字系统？在东亚各国逐步近代化的过程中，民族文化单一性的观念不断被强化，东亚地区除中华本土外相继出现了一些试图在所谓自己的民族的文字中驱逐汉字的观念和行动，从对20世纪东亚文化进程的实际考察可知，凡是在自己的语文中驱逐汉字未能成功的国家，比如日本在明治维新时期，他们的内阁大臣（如伊藤博文内阁首任文部大臣森有礼）曾经提出"把英语作为国语"，但是日语经过民族生活的考验终于感悟到不仅日本人还得使用日语，就是在日语中假如真的驱逐了汉字，除了造成"民族生活交流的混乱"和"对历史文

---

[1] 本文表述的"野蛮时代""文明社会"是文化人类学中的基本范畴，它们以"由狩猎进入农耕""由石器工具进入金属工具"以及"文字的产生与运用"作为根本性标志，不具有任何意识形态的价值判断。

本的隔膜"之外别无好处,因而至今仍然保留着相当数量的常用汉字,进入21世纪以来并有增量的趋势①。常用汉字是日本国家公务员和相关专业入行必备的基本知识,这些汉字使他们在实际生活中保持了自己语文的准确性、典雅性和丰厚性,并使自上古以来保存的日本族群的历史文献能够有一个广泛的阅读层面和研究层面的基础。当然,也有的国家和民族在自己的语文中强制淡化或消弭了本来已经属于他们自己民族文字系统的汉字,从而至少造成在社会层面中把握与使用汉字便成为极少数人的专利,至今已经造成了本民族广大成员对(从族群时代以来)自己历史文化记忆的错讹和阻断,造成了他们在表述自己历史发展时运用原典文本的缺失以及在人文学术研究中表述相关主题的不可言状的困难②。东亚近代进程表明,这一区域的任何国家和民族在自己的文化中如果脱离汉字或驱逐汉字,无论承认与否,实际上就是在销蚀自己的先民所创造的文化成果。一个割断和忘却了自己族群历史的群体,我个人觉得实在是很不幸的。从文明史的立场上思考,这又是为什么?

　　由汉字而引发的文明史研究的课题竟然是这样的丰富多彩,它显然是一个至今尚未有足够量开发的"文化矿区"。我国学者自上古时代撰著《尔雅》开始,就注目于文字字义(汉字训诂)的研究,从汉代许慎撰著《说文解字》以来,开始了汉字本体论(形声义)的研究,以其业绩而言,世界无出其右者。但就汉字与世界文明的关系研究即作为域外汉字研究,也就是汉字在世界文明发展中的价值、形态及其意义的研究,对于中国学者来说则是一门较新的学科对象。前辈学者曾经表述过一些吉光片羽的见解,但时代决定了他们不可能对域外汉字的研究

---

　　① 日本以1945年战后状态考量,1946年《常用汉字表》为1850字,1981年《常用汉字表》为1945字,2011年新版《常用汉字表》增加了195字,删除5字,共计2136字。以上几种汉字表皆由内阁通过公布,具有法定意义。

　　② 这里表述的是我数十年来依据从事东亚文化研究中对相对广泛的相关国家的接触和考察中观察到的文化事实。2001年到2005年我受命担任"国际比较文学学会东亚研究(协调)委员会"的主席,也倾听到相关国家人文研究学者就此状态的表述,综合而形成这样的判断。本文只是作者基于事实做出的判断,如果阅读者生发出其他的感受,那仅仅是阅读者自我文化语境中的判断,并不属于我们在这里研讨的汉字的文明史价值的范畴了。

有更加开阔的拓展,关于这一系统的研究就留给了他们的后辈。①

潘钧博士以汉字东传日本列岛作为研究的基点,在多年研究日语汉字的基础上,以八章四十三节的宏大篇幅以及相应的附录,依据相当丰厚的原典文本为依据,把日本汉字放置于历史演进中的各个相关的时间段上,又在各个相关时段特定的文化语境中进行了综合性的研究阐述,依据我粗浅的体会,大致就"汉字介入上古日本先民生活""汉字传入使日本语言获得了最初的表记体系""汉字在记录日本语言中的变异形态""假名生成的轨迹与汉字的透入""'日文汉文体'的形态类别与递进轨迹""'汉字'的日本化即日本'国字'与'国训'的形态""现代日本语文中的汉字价值意义与新的变异"和"日本汉字的研究状态"等多个主题领域进行了视域开阔兼具材料实证的阐释。在我的阅读视野中,此书在域外汉字研究中对汉字东传日本的文化学术意义做了高屋建瓴的综合统摄,构成了一个具有体系性意义的表述。它既是一部日本汉字的文化学著作,又是在世界文明史研究中一部以汉字外传为对象阐述中华文化在东亚文明进程中价值与作用的著作。

50年前我在北大做学生的时候,曾经修业魏建功先生的"文字音韵训诂学"课程,深感汉字的形声义内蕴价值的丰厚和复杂,但自己生性愚钝,未能有深切的体验和把握。后来又追随魏敷训和陈信德两位先生修学日文,他们都毕业于战前日本国立京都帝国大学,我深感他们不仅日语本身很棒,而且明显体会到他们对日语中的汉字很有造诣。他们告诫我们,中国人学习日语,最难的不是语法,而是其中的汉字,记得魏敷训先生引用丰子恺先生的话说,一个识字的中国人阅读日文书,假如他不懂日文,依靠文中的汉字,大概能够明白20%左右的文意,你如果学了两年日语,你能弄明白的意思大概也就是20%左右,前者是猜的,后者是懂的。先生甚至说,全世界的人学习日文,最难的就是日文中的汉字。让我听得极其惊讶好奇。当我慢慢地学习了一点日语后,才明白前辈的警示具有极为

---

① 本文研讨的是中国学者的学术关注点,不涉及国外学者关于这个领域的研讨状态。前辈学者的研究例如北京大学原东语系日语专业老教师魏敷训先生1938年在日本国立京都大学文学部的毕业论文即是依据我国著名的文字学家魏建功先生的名著《古音系研究》研讨日文汉字的音读问题,而在20世纪60年代初期魏建功先生则在他开设的"文字音韵训诂学"课程中又曾提出"日文中汉字的音读,或许可以成为上古汉语或中古汉语拟音的材料""将来得有人来做这项工作"等等,两位前辈的思考正好在汉字古音研究和日文汉字音读层面互成伯仲,可以说这是我国学者域外汉字中汉字在日本研究设想的滥觞。

深刻的文化学意义。

此种文化学意义，是由于汉字内部蕴藏着自身特有的张力，它在不同的文化语境中能够在特定的条件中变异而与自身遭遇的特定文化语境相协调而展现自身的价值意义。当汉字进入日本之后，它进入了日本文化语境，成为表述日语的汉字，这就是说，汉字传入日本后，它就变异为具有了日语特征的字，成为以书写形态表现日语的工具。汉字的造字是以象形为基础的，继而衍生出指事、会意、形声等[①]，但一旦成为日本汉字，它的主要的功能就成为表音的符号，失却了象形的意义；但有时候又具有表意的功能，但这与汉字本源性的象形也没有关系。当它在表音时，日本文化汲取的是此字在中华本土特定时段和特定区域的那个声音；当它在表意时，关注的则是它在中华本土特定时代中承载的意义，从根本上讲，这与汉字原本的形义有关而与汉字原音无关，一个单音字变异为双音、三音的很多，这时的汉字成为承载日语中相同意义的特定概念的语音载体（例如汉字"娘"，汉语发声niang，古代汉语意为"女孩""姑娘"，变异为日文汉字则成为日语中原有的"むすめ"的载体，而与汉语中的原声niang毫无关系了）。汉字在日语中表现为音和义，在日本文化系统中则呈现出千奇百怪、丰富多彩的一面，日本文字史据此定义为音读和训读。汉字的音读和训读是随着日本文化的发展而变化的，它一直处于能动的状态中。面对这样的语文状态，不要说仅仅认识中国汉字的人常常会处在茫然之中，就是在日本文化和语言领域中已经入门的人士，也时常会觉得困苦不解，而每当我与欧美的日本学研究者谈到阅读日本自《古事记》《万叶集》以来的日本古典时，大都会苦笑着说"太难了，太难了！"，"不知道文章中的汉字，什么时候是表音的，什么时候是表意的！"国际日本文化研究这样的现状，使我们对日文中的汉字的内奥充满想象，也一直有所期待，希望有一位汉字母国的学者能够对传入日本一千余年的汉字的机能和价值做一个清晰的科学的梳理。虽然关于这一层面断断续续的有些关于日文汉字的研究报告，但似乎还缺少系统性的梳理。潘钧博士的大著对这样一个复杂的能动的独特的日文汉字系统以文化变异作为观察的理念引导，在宽阔的时间和空间中

---

① 汉字的造字原则，传统学说归为象形、指事、会意、形声、转注和假借，习惯上称之为"六书"。但后世学界也有持"四书说""三书说"的，但较多的学人认为转注和假借是用字法，不是造字法，此处仅是提及而已。

对此做了具有系统价值的分条缕析。我个人感知，此书至少在两个层面具有相当的理论建设价值。

第一层面是它既梳理了日文汉字在多语境中的多形态价值，也揭示了汉字本体与特定的日本文化状态相互匹配的内在机理，提出了"日文汉字是一个独立的文字系统"的概念，这一具有理论意义的建设，无论对于汉字本体（即汉语汉字）的研究，还是对日文汉字的研究，都提供了新的思考与智慧。

第二层面的价值在于对日文汉文的梳理和研究。日文汉文与日文汉字是统一本体的两个侧面。最早期的汉字东传是以汉文为母体的，即汉字最早进入日本是以汉文的形态存在着的。依据我的认知，汉文大约是由从公元前4世纪左右到公元4—5世纪左右中华本土向日本列岛陆续的迁移民携带进入日本列岛而成为最早的语言记录样式的。由于撰写汉文要求的语法逻辑与日语的语法逻辑是不一致的，因此，早期的书写只是极少数人的事业，随着日本社会生产力的发展，书面文化的接触面逐渐扩大，汉文文本从内容到形态，逐渐演变成日本汉文。日本汉文是日本民族从神话集体书写发展为古物语文学创作的中间过渡形态，从而推进了总体日本文化的载体形态。在日本历史进程中，在假名形成后，日文汉文紧密地适应日本文化的需要，与假名书写相得益彰，发展成为多种形态。①我国人文学界长期有一个误解，至今仍然有不少学者把多形态的日文汉文作为中国汉文的一种形态，导致在脱离日本文化语境中研讨文本本身，造成许多的不可解和谬误。潘钧博士在大著中把汉文体作为日文汉字流变的一个层面进行阐述和研讨，这是至为妥当和必要的。此书对日文汉文的研究有两个关注点是极有价值的。第一，以日文汉文体为总纲，梳理而确认在这个总目下，事实上存在着汉文体、变体汉文、汉文训读体、和汉混淆文、真名本和以变体汉文为基础文体的往来物等多元体式，因此研究者只有对这些体式中的经典性文本有过接触和研究，才可以说是进入了日本汉文的研究中；第二，日文汉文体的递变与它的多样式的成型，

---

① 有兴趣的读者可以阅读我对此稍微详细的解释阐述，如《日本古物语〈竹取物语〉》的生成研究》，载于《多元之美》，北京大学出版社，2009年；《日本"浦岛文学"成型中"中间媒体"的意义——中日古代文学关系的基础性研究之一》，载于《碰撞与融会——比较文学与中国古典文学》，外语教学与研究出版社，2006年；《日本の古代文学を発生学から考える》，载于《日本—中国交流の諸相》，日本勉誠社，2005年；《〈浦島伝説〉から〈浦島子伝〉への発展について》，载于*IMAGES AND JAPANESE LITERATURE*, NATIONAL INSTITUTE OF JAPANESE LITERATURE, 2002。

与日文汉字一样，它是与日本文化本体的语境密切相关连，从而确切地建立了多元的汉文体形态与特定的日本文化语境相互匹配的内在机理。

潘钧博士的大著，以多年的努力，展示了以汉字为基本元素的日本文化中的书写系统和文式系统，揭示了汉字进入日本列岛之后，在漫长的历史中创建以自身丰厚的文化内蕴变异而成为日本文化系统的基本构成元素，由此而造就了一代又一代的日本文化人，催生了日本民族灿烂的文化，推动了东亚古代文明共同体的发展。

潘钧博士这部大著列入国家社科基金后期项目规划中，又有著名的商务印书馆刊出，我由此也感受学界对此书的评价大约是相同的，便把自己一点浅薄的感悟撰写于此，供阅读者参考。承蒙潘钧博士的好意，此文作为他这本书的"序"，真是愧不敢当。

2013年5月2日
撰写于北大静园

序涂晓华著《上海沦陷时期〈女声〉杂志研究》[1]

涂晓华博士的大著《上海沦陷时期〈女声〉杂志研究》为20世纪中国文化史和新闻史（包括杂志史）研究提供了一个极有价值的个案，著者以高度的人文理性精神和切实的文本实证观念，在特定时空的多元文化语境中，为揭示一种极为复杂的文化现象（本书研讨的是一种杂志的属性）提供了一个相当有价值的范本。

《女声》杂志是20世纪40年代日本侵略者占领上海时期在当地编辑出版的一份中文杂志，起自1942年5月，终于1945年日本军国主义投降。该刊由日本海军部出资，当然引起研究者对它的高度注意。由于这一显露的政治性特征，大约在20世纪90年代中期之前，在关于上海沦陷时期的文化研究中，研究者据此皆指认它为"汉奸刊物"。"汉奸"是一个高度政治化的定性短语，其严重性远远超越诸如"反革命""修正主义"等。我们民族在生死搏斗中崛起，对于"汉奸"的仇恨构成民族情感的重要层面。一旦被认定为"汉奸"，很少再会有人去考虑乃至去研究"真的是汉奸吗？""为什么会成为汉奸？""这个汉奸究竟做了哪些汉奸的事情呢？"

---

[1] 本书2014年由中国传媒大学出版社出版。

本书即是涂晓华博士对这样一份杂志的研究，即对这份被称名为"汉奸"的杂志进行重新审视，书稿由涂晓华博士2005年撰写的博士论文修订完成。我们阅读涂晓华博士全书可以明白，这是作者从总体上致力于揭示与解析在20世纪上半叶日本对华进行全面战争中的文化战略研究，阐述我国近代新闻杂志史所呈现的极为复杂的发展状态的一个部分。

这是一项相当艰难的研究，称之为如履薄冰并不为过。涂晓华博士并没有匆匆地对《女声》的性质做出结论，全书以解析《女声》杂志出刊的文化语境开始，引导关注这一刊物的整体性特征，以理性精神作为统摄思考的基础。我阅读本书，感觉作者好比一位法官面对一个准备复审的大案子，案情相当复杂，审判者此时的心态当是肃静且镇定，她在高度的理性精神中查寻本案最确切的证据，同时也寻查需要证明确切证据是确切的一系列多层面的证据链。

人文学术研究中长期的模式化思维训练，造成了不少的研究表述经常深陷在二元对立的自我封闭中。但是实际生活比二元对立的思维要复杂得多，造成我们对纷繁复杂的社会生活多形态的判断常常陷入失真的状态中。

本书著者具有明确的特定时空中多元文化语境的视域。我体会作者是在三个层面中复合立体地观察与考证了这一杂志所具有的文化本质意义。

第一层面文化语境即是日本军国主义在发动对中国、东亚，以及整个亚洲与太平洋的狂妄侵略战争中，逐步完成了与此相应的文化战略。在它的总体战略框架中，依据军事占领与政治统治的需要以及区域的复杂性，分别推行了形态并不相同的文化策略。例如，在我国东北地区以伪满洲国为依托的所谓"五族协和"，在我国台湾地区推行所谓的"皇民化"，在华北地区推行所谓的"政体自治"，在上海地区试图推行他们所谓的"国际化"等，成为《女声》杂志出刊的特定时空中的文化语境之一。

上海自19世纪40年代由英国殖民势力入侵以来，逐渐发展为各殖民主义国家在东亚扩展其殖民势力的集散地，也是我国近代口岸知识分子的主要起源地。20世纪初期首发于北京的新文化运动的重心很快便转移于此，上海成为我国各类知识阶层与国际多元文化潮流相互撞击与汇合之所。在日本觊觎中国全土的战略野心中，上海既是它的必得之地，同时也是它展现"亚洲解放论"的展览之地，成为《女声》杂志出刊的特定时空中的文化语境之二。

自20世纪30年代以来，在中国全民族的抗战中，上海是中国共产党和国民党，以及包括国际组织在内的各种抗日势力，与日本军国主义和汪伪集团多种力量和组织相互交手的最秘密的战场，这个城市中活跃着多种情报和秘密工作者，他们以各种面貌出现于各种层面中，不仅收集情报，而且向相应层面的民众渗透相应的精神和思想。这样的文化语境成为《女声》杂志出刊特定时空中的文化语境之三。

研究者以这样的复眼对《女声》杂志进行考察，确实是由于前人在对这一份杂志做出"政治性质判决"的时候从来也没有意识到的当时真实的现实，因而他们的表述也就失却了对这一杂志的政治与文化本质性意义作出比较符合真实的前提。

上述三个文化语境恰好构成本书著者考查《女声》价值的基点。从这样的基点为观察的视域，全书集中以原典实证作为研讨杂志价值所有问题的依据。所谓"所有问题"，我体验本书对这一杂志政治文化性质的论断，则是集中在五个层面中，此即杂志出资方、杂志主编的身份、杂志的真正运作者、杂志文稿的作者群体、杂志刊发文稿的精神与文化状态。

作者在上述一系列的实证表述中又相对集中地对涉及本课题的两个至关重要的人士即主编田村俊子从日本的左翼作家到在上海沦陷时期出任《女声》主编，以及《女声》杂志最重要的主持编务的女共产党员关露身处险境的思想历程和文学历程做了文化层面和心理层面的研讨，并由此而扩展到对日本侵略者占据上海时期的文艺界复杂的状况，以及多种政治力量和意识形态之间公开的与隐性的冲突，进行了必要整理和辨析，从而在更加深入的层面中揭示了殖民地内部政治的意识形态和文化的多元抗衡的复杂特征。

我在阅读本书中对著者在上述各个层面中所出示的原典材料十分钦佩。《女声》杂志的内部成员由于特定时空中的多元文化语境创造出的超乎常人想象的奇妙、严肃、紧张的组成。由于主编田村俊子深知自己对中国上海的"无知"，邀请上海的女作家关露参与主持编务；由于关露是一位在廖承志、潘汉年领导下潜伏于上海活动的中共成员，她以自己敏锐的眼光从读者来稿中发掘了以中共地下党成员丁景唐等为核心的一批爱国知识分子，使之成为《女声》杂志的主要作者群体，尽管直到新中国成立关露与丁景唐才互相了解对方的政治身份。《女声》

作者群体中爱国抗日的精神特征，致使这一由日本海军部出资的杂志较少刊发呼应或宣传所谓"大东亚战争"的文稿，虽然没有"打倒日本帝国主义"的激烈呼声，但确实把一个军国主义军部的刊物演变为一份女性生活杂志以抵消侵略者的叫嚣，符合在上海这样的区域从事"抗日救国总体战略"的一个层面。

著者对《女声》杂志这样精微确切的把握，是与著者的理性思维养成以及知识量的丰厚密切相关的。我与著者相识时间已经很长，见证她在为本课题的解析在国内和日本为调查和收集相关的中外文原始材料，以及对相关当事人的采访谈话和实地考察等所付出的辛劳，由此而积累的文档，不仅为本主题研究提供了前人所未见的材料，而且无疑具有文化史和文学史上日后不能再得的抢救性价值。我们在本书的阅读中就能得到这样的体验。

涂晓华博士在本书中就《女声》杂志的实况进行的研讨和做出的结论性判断，给我的教益是至为深刻的。她以特定时空中的多元文化语境作为观察一切扑朔迷离现象的基本视域，以原典实证作为解析与结论的基本立场。由此，本书对这样一个尖锐复杂的课题的解析和判断具有真实性和确证性，也即以确切的证据以及相应组成的证据链，揭示与阐述了处于20世纪中国社会发展的一个特殊时期，在一个特定的地点刊发这一份特定杂志的事实本相，并由这样的事实本相引导出它的基本文化价值属性。正是在这样的意义上，就如我开始所说的，本书所具有的科学性价值可以作为我们人文社会科学研究者在广泛的层面中处理复杂迷离的研究对象的一种范式。

由于我已先期读到了涂晓华博士的这一著作，她嘱我为本书的正式刊发做一个"序言"，惶惶中就以自己阅读的感悟写了上面这些感想，希望与阅读者交换心得。假如我们能够在涂晓华博士的著作中，从对一份杂志的政治倾向与文化价值研究中获得对相关的人文学术课题研究中应有的基本观察视域与原典实证研究方法的启示，我想这就是我们对著者数年辛劳最好的慰藉了。

严绍璗
2013年12月撰写于北京大学蓝旗营跬步斋

序张冰著《俄罗斯汉学家李福清研究》①

俄罗斯（中国学）汉学家李福清（Борис Львович Рифтин，1932—2012）是20世纪俄罗斯人文学术界对中国文化研究中极具重要地位的一位学者，他作为俄罗斯科学院院士，在超越半个多世纪的学术生涯中，以丰厚的世界文化史的理念与知识，以及多方位的学术视野对中国古今文化的相关课题进行了相当深入的研讨；李福清在苏联时代的后期又曾经担任过苏联国家总统顾问，致力于积极推进中苏两国民众以文化理解为桥梁的相互认知。在21世纪他的生命的最后十二年间，以他对中国文化研究的杰出业绩先后荣获中国教育部颁发的"中国语言文化友谊奖"（2003）、中国作家协会颁发的"翻译研究中国文学奖"（2007）、中国政府（国务院总理）颁发的"中国语言文化贡献奖"（2010）和中国民间文艺家协会颁发的"中国民间文化贡献奖"（2011）。就世界对中国文化研究的学术阵容来考察，俄罗斯汉学家李福清是有史以来以对中国文化的研究受到我国学术界和政府这么多层面嘉奖的唯一一位学者了。正是在这样的意义上，我觉得李福清中国学（汉学）为我们解读国际中国文化研究特别是俄罗斯中国学（汉学）这一宏大的学术提示了一

---

① 本书2015年由北京大学出版社出版。

个内涵极为丰厚的学术样本。

国际中国文化研究是在世界历史的进程中，在相关的时间内，在相关的区域、民族和国家中以中国文化为研究对象的一门跨文化性质的具有世界性意义的学科。各国家各民族的研究者各自在不同的特定文化语境中，依据自我的哲学本体理念和社会进程的内在需要对中国文化进行多层面的言说，构成中国文化向世界传播的主体性形态。

本书著者张冰博士自20世纪80年代以来开始了与李福清院士的学术交往，20世纪末和21世纪初，著者在莫斯科大学有较长时间的访学，深化了对包括李福清院士在内的俄罗斯中国学（汉学）的认知。她的大著《俄罗斯汉学家李福清研究》正是在梳理了包括我国学者在内的国际学术界对李福清学术研究成果的基础上，把李福清学术置于中国文化与世界多元文化能动的宏观视域中，还原李福清学术中具有经典价值课题的命题意识、揭示他对原典实证材料的汇聚与判定、探讨研究者在解析课题内容层面的多元思索以及课题论说阐释的逻辑运作过程，从而向我们展示了这位俄罗斯中国学（汉学）家在半个多世纪中对中国文化研究的本质意义，使我们领悟了李福清学术的内涵价值。作为本书最早的阅读者之一，我体悟本书在俄罗斯中国学（汉学）研究领域中以一个学者的学术作为经典，对俄罗斯的中国学（汉学）作了相当深入的理性透析。著者的一系列阐述不仅对理解李福清学术本体，而且为理解俄罗斯的中国文化研究，乃至更加广阔的国际中国文化研究做了很有意义的价值提示。

本书著者以她对俄罗斯文化的深刻理解和对国际中国文化研究的总体状态把握，在较为全面地检讨李福清院士丰厚的学术业绩中，着重研讨了在两个层面中内蕴着的属于李福清学术本体性的价值，这不仅对于读者理解李福清学术，而且对于关心和从事国际中国学（汉学）的研究者们都具有启示性的引导意义。

第一层面是本书著者揭示和强调了李福清学术课题构成的基础在于他对中国民间文学、中国神话，以及以年画为代表的中国民间艺术，和以"三国故事"为中心的市民文学，这样四个领域的高度重视，较为详尽地解析了李福清院士对它们的认知思考与研究阐释。张冰博士对李福清学术的这一把握，我感知无疑是摸索到了这位俄罗斯中国学（汉学）家的中国学（汉学）的学术命脉。

从国际中国学的总体内容考察，除了形成于20世纪初期的美国中国学表现为以"观念"和"问题"作为学术的主体言说之外,其他地区对中国文化的研究一般都主要是以对中国原始儒学文本的翻译和阐释作为其学术起始的主流,并演绎为其后的文人文化研究。李福清院士在理解与继承前辈学术的基础上独具慧眼,他致力于从中国最广大的民众精神生活中探索中国文化的底部基础。诚如本书以较大的功力,全景式地解析了李福清院士从20世纪50年代起着力的以"孟姜女故事"为核心的中国民间文学的研究,他从当时在苏联的吉尔吉斯苏维埃社会主义共和国和哈萨克苏维埃社会主义共和国的东干人(中国回民西迁的一部分)采访开始,又进入中国本土进行考察,对我国顾颉刚先生提出的"孟姜女故事起源于《左传》中的杞梁妻传说",即"孟姜女故事"是从典籍走向民间的论断提出质疑,依据自己多元实证材料实证,主张这一故事原本是集体承传的口头叙事之作,在承传中进入史传和书面文学。它体现了李福清学术对中国文化的底层建构和民族特征的关心和把握,或许正是在这样的意义上可以说李福清学术发掘和表述了中国文化真正的核心与初始性价值。这并不是说李福清院士脱离了中国文化的文人传统而只关注民间底层建构,事实上他具有很优秀的中国古代文化的修养。20世纪下半叶震惊中国古典文学研究学坛的苏联列宁格勒东方学研究所收藏的《石头记》八十回本(钞本),正是由李福清院士在1964年向世界公示而引发《红楼梦》研究的一波新热潮。张冰博士在本书中强调的是提示学术界关注李福清学术最基础型的建构,而这样的学术基础从世界性学术总体上的考量还是相当薄弱的。

  第二层面是本书著者感知并把握了李福清学术在构思与阐释中表现出的跨文化视域的理念与多元实证的方法论特征,这成为国际中国文化研究中扩展自身学术研究视野,使研究阐释更加接近本相的一个学术范本。国际中国文化研究无论就其研究的对象或者研究者本人考量,他们事实上都有可能内蕴着跨文化的丰富元素,但我们有些国际中国文化研究论著,却往往对研究者在总体理念中缺乏表述由世界性文化语境造成的多元文化元素不以为然。本书著者则十分关注李福清院士关于"中国文学是世界文学的组成部分"的基本理念,所以本书与以往关于研究同类主题的论述有所不同,十分关注把握李福清学术中由跨文化理念建立起来的文化大视域,以及与此相连的多种文化学理论的表述。仅就神话研究而言,本书从梳理李福清对世界神话类型的理解进入对中国神话的研究,例如他把"古羿神话"放置于一个扩大的神话群体中加以研讨，涉及北亚通古斯族群、东南亚印度尼西亚族群（其中迁徙到中国台湾岛的移民当地称为"曹人"）等的神话中考察，从而确认"中国古神话不是一个封闭体系"。

依据张冰博士的研究，李福清的这一理念贯穿于李福清学术的整体。依据张冰博士的解析以及我与李福清院士后期的交往中获得的感知，或许正是他这样的研究状态，我们可以把李福清学术作为国际中国文化研究中的一个具有相当经典意义的学术个案。

我曾在李福清院士的晚年和他有过数次的接触，深深感知他对中国文化和中国国民的热情，更感知他把握中国文化的丰富和理解的深刻、彼此交换见解的坦率和真诚。他长我数岁，谈话中态度很是谦和，快八十的人了，求知欲还特别旺盛。在他离世前几个月我们在北大勺园面见，他对我说："汉字的发展史实在是太有意思了。最先是象形，这好理解，世界古老文明早期的文字都具有象形的本质，但除了中国，其他地区后来都消失了。学者们讲的各种理由我觉得都不能说服我，严先生觉得怎么样？"还没等我说话，他又自己回答自己了。他说："我认为一个族群的文字是与一个族群对世界万物的认知有密切关系的，你觉得对不对？"我觉得他的思考很有意思。我意会到李福清院士似乎无时无刻不在思考中国文化，我感知他的生命力就表现在对中国文化的热情中。

现在，张冰博士的大著即将付梓，她以自身丰厚的学术修养向我们介绍了一位可以作为本门学术经典的俄罗斯中国学（汉学）李福清院士的学术，承蒙她的好意嘱我写几句话，我就用上面的表述作为我阅读张冰博士这本大著的些微感知体会，既作为本书的序文，也作为我们对尊敬的李福清院士的纪念吧。

严绍璗
2015年立秋撰于京西清华—北大蓝旗营跬步斋

序聂友军著《日本学研究的"异域之眼"》①

聂友军博士的大著《日本学研究的"异域之眼"》(北京大学出版社刊)以19世纪70年代到20世纪20年代前后50年间一批旅日欧美学者组成的"日本亚洲学会"及其编刊的《日本亚洲学会学刊》(*TASJ*)作为研究对象,检讨了在这半个世纪中这一学者组合的知识状态以及他们表述的关于对日本列岛文化与文明形成与发展的多元见解。依我的知识量感知,这是我国人文学者在国际日本学研究领域中第一次把握这一特定学术群体的综合状态并给予相应的学术论评。聂友军博士的这一研究成果,无论是对日本学研究,还是对东亚文化与文明研究,无疑都具有相当积极的学术意义。

从世界与日本相互联系的历史图谱考察,依据目前研究界把握的相应原典史料可以判定,在16世纪之前,大约只有以中华历代王朝为中心的亚洲东部区域才知晓有日本的存在。自上古以来,大约从公元前5世纪开始,中国的文献著作中就开始了有关于日本的记录,这一时期成书的《尚书》在其《禹贡》篇中记载有"冀州……岛夷皮服,挟右碣石,入于河",同书又有记载"扬州……岛夷卉服,其筐织贝,其包锡贡。"

---

① 本书2016年由北京大学出版社出版。

稍后，成书于公元前3世纪的《山海经》在其《海内北经》中又有如下记载："盖国在巨燕南，倭北。倭属燕。"这是世界上最早的关于"原日本人"（Proto-Japanese）的地理生态与人文生态的报道。①继后，随着时代的推进，中华历代文献典籍保持着长期持续的观察记录，构成近代以来国际人文学界关于对日本文化与文明（当然也扩及对东亚文明共同体）研究的极为重要，也极为丰厚的史料库藏。

然而，毋庸讳言，在世界近代性的人文学术观念形成之前，中华学者在千余年的漫长历史进程中对日本列岛诸元生态长期持续的关注，还只能保持在实录的状态而未能向纵深推进。正是在这样的意义上，我们读到聂友军博士对19世纪70年代到20世纪20年代先后相继旅日的400余名欧美学者结社组合的学术共同体的研究，从成员的知识状态到学会的组织机构，乃至图书庋藏，做了相当缜密的调查分析，对学会成员在50年间在同一刊物上刊发的400篇论文，采用比较文学发生学的基本观念与演绎方法，在相当丰厚的原典文本细读的基础上，把握在19世纪70年代到20世纪20年代日本社会刚刚从传统的古代社会脱出向近代社会转型的特定文化语境，在经典分析，例如以W. G. Aston（阿斯顿）、E. M. Satow（萨道义）、B. H. Chamberlain（张伯伦）诸位的学术与更多学者表述的对日本人文生态研究的多元阐述互为表里的宏观视野与微观体验中，展示了在这一特定时空中国际日本研究中一门具有近代性特征的学术，此即被称为"Japanology"（日本学）正在逐步形成中。

聂友军博士进行的这一课题研究，以及为我们提供的这一国际文化研究学术史上的这一讯息，就我国人文学界正在推进的日本研究而言，尽管这一学术事态发生在将近一百年前，但作为一个认真严谨的学术报告，在我个人的认知状态中却实在是一件新鲜的、且具有相当学术史意义的研究成果。它最大的学术价值，诚如本书标题所示，此即为我们当代的日本研究，提供了一个具有相当学术意义的"异域之眼"，用比较文学中的学术术语来说，就是建立了研究思维中的"他者"观念，用我们学术同行的行话来说，就是对研究对象的观察与解析从"单

---

① 这两段文字是世界史上关于日本的最早记录。具体的考证与阐述，可参见严绍璗著《中国文化在日本》，北京：新华出版社，1993年；又见严绍璗、刘渤著：《中国与东北亚文化交流志》，上海：上海人民出版社，1999年；北京：北京大学出版社，2016年。

眼"变成了"复眼",构成为人文学术研究思维中的必要元素。这正是我个人在阅读本书过程中获得的最深刻的感知,这也就是我特别愿意把聂成军博士的这部著作介绍与推荐给学术界从事日本研究,以及东亚研究的诸位最真切的缘由。

当然,由这么多研究者在半个世纪的特定文化语境中开创的日本学研究,在具有领先的学术价值意义的同时,我们也不能不指出,欧美学者在表述的多元研究成果中透露出了这一学术从成型之初起,它可能带有两个层面的缺陷,这是当代研究者不能不注意的。一个层面的缺陷,便是日本文化的诸多层面与中华文化的关系层面的深刻性与历史性,要求从事日本学研究的研究者,必须具备相当丰厚的中华文化修养,这是国际人文学界从事这一研究的学人不可逾越的一个知识层面。我在阅读《日本亚洲学会学刊》一些论说中,感知研究者所提出的问题与他们的阐述解析,由于缺少中华文化必备的知识,造成不少的学术空洞,例如他们研讨关于"日本"这一名称的起源,总是不得要领,可能是缘由他们没有把握上古时代中华文化向日本列岛的传递中中华最早的字书《尔雅》的价值意义等。第二层面,学会的研究者在探讨表述中还缺乏超越研究文本本身的表述,与人文生态中多元层面相互证明的学术大视野,例如,与民俗学研究、出土文物研究等互为表里的深层次实证观念,例如在阿斯顿的研究中称古代日本曾出现"南倭、北倭"的状态,这涉及日本列岛居住民(Proto-Japanese)形成历史的研究。其实,关于这一问题,在中国古文献从《山海经》起始记录居住民为"倭",到《新唐书》出现"日本"止,近代考古学、社会人类学和中国音韵学的综合研究,证明日本列岛的原居住民为"阿伊努",此即这一漫长历史进程中,中华文献中记载的"倭"("倭"的本字为"委",上古汉音发声为"A[æ]")。这一属于社会学、人类文化学的研究在20世纪初期,此即本书论述对象日本亚洲学会存在的时代已经获得的初步学术成果,当时同时代英国著名的医学家和人类学家别尔慈(E. Balze)曾对日本列岛在"当代日本人"出现之前的"原居住民"作过比较详尽地实地考察和研究,并有研究报告发表。①遗憾的是处于同一时代的研究者未能建立起人文学术研究中多元互证的逻辑观念。

上述两个层面的缺憾,存在于日本学形成时期相应的研究表述中,由于历史原因是不能苛求于当时的研究者的。但是,当我们在阅读20世纪欧美学者相关

---

① 这一论断有关材料分析,请参见本文前注引用的相关著述。

的日本学著作时，却时时会感觉到上述两个在日本学形成时期的知识与观念的缺陷，又不时地闪现在相关的研究论著中，这就使我们不能不思考日本学作为一门国际性的人文学术，它应该具备的基本知识量究竟包含什么。我这样的思考，丝毫也没有贬损欧美学者创建具有近代人文学术价值的日本学的意义，而是从学术经验中获知，由于日本自古以来几乎在作为人类生存与发展的各个层面中事实上与中华文化具有千丝万缕的多元关联，因此，一个日本学研究者，他必须具有相当的中华文化修养，在一定程度中考察，他也应当是一个中华文化的研究者，否则在东亚文化与文明的深层层面，一定会远离"正解"。提出这样的观念，是为了提示我们的年轻研究者在把日本学研究的多元成果转化为自我进行相关研究的"他者"（"复眼"）时不要误入"雷区"或"陷阱"。

聂友军博士以数年之功，完成了这样一项极具学术价值的课题研究，得力于他十余年间勤奋努力。他曾师从我国当代著名的美国文化与比较文学研究家季进教授，完成了他的基础性学术训练，又在北京大学比较文学与比较文化研究所完成了相应的博士课程，具备了相应的欧美文化与日本文化的知识储备，终于在我国人文学界首次完成了对19世纪70年代至20世纪20年代50年间逐步形成的日本学的丰厚资料的解读，并表述了相应的贴切又中肯的见解，终于作为"国家社科基金后期资助项目"而由北京大学出版社公刊。

我作为对这一课题期待已久的学术同行，不仅感到喜悦，而且更感到欣慰和安心。因为早在50余年前，此即1964年的夏天，我刚刚担任北京大学中国语言文学系的助教，就被当时北京大学的副校长魏建功教授派遣参加对自1948年至1949年由我中国人民解放军北平市军事管制委员会查封的原燕京—哈佛学社相关人文学术资料的"开封"工作，并嘱咐我进行登录。这些被"开封"的材料主要是为中国古代文献编纂的索引，但在其中却有称之为 *Transactions of the Asiatic Society of Japan* 的刊物，竟然有50卷之巨，最有意思的是随手翻检，竟然有些刊本中的有些书页还尚未被切开，说明这些刊物自燕京—哈佛学社收到之日到被人民解放军查封之时，又到被我解开绳索被"解放"之时，竟然还没有被人阅读过，心中好奇，随手翻检，以我当时勉强的英文与日文，略略知道，这一刊物在研究些什么。这一"开封"作业，由于某些历史原因而持续未久即被迫停止。尽管如此，这50卷英文研究日本的刊物在我心头成为一个谜团。20世纪80年代我开始讲学日本，曾在日本著名的藏书机构，如国会图书馆、国家公文书馆等处检索过这一刊物，知道彼地藏书大馆，皆无50卷整本，因而对已归北京大学收藏的这50卷刊物更是切切于心。现在聂友军博士以此为对象的研究大著终于刊出，年轻一辈以自己对人文学术相关主题这样的耿耿忠诚，完成了在国际文化研究中关于日本学形成时期的学术态势综合性研究，于中国人文学界与国际学术界，特别是于东亚文化研究完成了一个历史性的课题，我虽已年近八十，高兴之情仍然喜形于色。

本书著者已完稿多时，北京大学出版社早已排成书型，只是由于我一则身体不太好，二则有些杂事缠身，一篇序言，拖延数月，实在是愧对诸位，特别是愧对著者聂友军博士、北京大学出版社和本书责编兰婷女士。

是为"序"。

2016年12月
撰于北京市昌平泰康燕园

序王广生著《宫崎市定史学方法论》①

众所周知，日本中国学与汉学的性质不尽相同，它是在日本以明治维新为标识的近代化潮流中形成的一种国别文化研究。它最显著的特点，在于摆脱了传统的经学主义文化观念，而以近代主义和理性主义作为其学术的导向。一般说来，日本学者在这一学术领域内的研究，其主要内容涉及下列四个方面：

第一，中国文化向日本及世界传播的轨迹和方式，主要指向日本与各国对中国文献典籍的收集、整理和研究；

第二，日本与世界各国在接受中国文化的过程中，本民族文化的内在层次和结构上所生发出来的诸种变异，其中包括文化的形态与内容的分解、复合等；

第三，日本与世界各国在漫长的历史进程中所形成的中国观，特别是中国文化观的内容、特点及其变迁等；

第四，对中国文化诸领域各类学术具体内容的研究，包括了其在研究中形成的各种学术具体观点、流派及其相应的方法论。

---

① 本书2020年由线装书局出版。

上述四个层面大致涵盖了国际／海外中国学的基本内容，这样的观念我曾在不同场合多次说明。而就日本中国学而言，诸如中国哲学、文学、历史、艺术等，它们当然属于中国文化研究的范畴。但是，就其研究者的主体观念和方法论而言，则无疑是以日本文化的素养为背景而形成的。因此，研究者所阐发的关于对上述客体对象的一系列观点，从本质上讲，都是日本文化观念在一个特殊领域里的表现。因此，这一学术研究，便自然成为日本学术思想和文化的一部分。正是从这样的意义上讲，日本中国学是一门跨学科、跨文化的近代性学科。

　　回到本题，此书是广生在其博士论文《宫崎市定学术方法论研究》的基础上修订而成的。而我正是他在北京大学博士课程学习期间的指导老师，因此，对于本课题的缘起和撰写过程，我还是较为熟悉的。也正因如此，我也更为了解本书的价值与不易。

　　广生在国家图书馆工作多年，2008年赴日研修，自费调研日本东京大学东洋文化研究所、静嘉堂、日本国立国会图书馆、京都大学人文科学研究所、天理图书馆以及爱知大学等日本重要汉籍与研究机构，遂而产生系统地考察、研究日本中国学（汉学）的想法。2010年考入北大比较文学与比较文化研究所，在我的指导下从事这方面的研究和学习。他勤敏好学、善于思考、阅读颇为广泛，更为难得的是他待人至诚、热情谦恭。在四年的求学过程中，喝茶聊天之中，相差四十个春秋的俩人也渐而熟悉。因他始终保持着学术的追问和思考，所以对他具体的研究和所设定的方向，我也不曾过多地干涉。不过，他与我一起承担教育部重大项目"中国古代文化经典在域外传播与影响"的日本编年子项目、国家社科基金委托项目"中国文化海外传播动态数据库"日本子项目的负责人等，并共同撰写出版《20世纪中国古代文化经典在日本的传播编年》（大象出版社，2018年）等，在一系列的合作过程中，我们二人也一同出席过多次相关的学术会议和活动，并对日本中国学（汉学）这一领域的现状及问题有过多次的交流。因此，当他定下《宫崎市定的史学方法论》这一课题时，我并不感到意外。我想，对于哲学、历史和文学等均报以热情的他，这样宏观的理论性的跨文化课题或许正适合于他的想法。

　　2014年6月，他以《宫崎市定的史学方法论》为题获得博士学位和学历。此去经年，他辗转国务院参事室国学研究与交流中心和北京外国语大学海外汉学研究中心（现为国际中国文化研究院）从事相关的工作和研究，去年调入首都师范大学外国语学院，终于身有所安，有了新的立足之处。周折之中，他也未曾懈怠，以博士论文为基础，对相关问题和不足作了修订和回应，今日终于以专著的形式刊行面世，这应是国内外学界有关宫崎市定史学研究的第一本专著，也是以方法论为视角对日本中国学进行的一次典型的学术考察，实乃可喜之事。

本书以史学方法论（或称为人文学术方法论）为探究的总摄范畴，对日本中国学领域内的代表性学者、日本东洋史学的权威宫崎市定史学进行了一次较为系统的梳理与考察。但需注意的是，书中提出的方法论与一般认定的方法是两个不同的学术范畴，书中的方法论至少包含有两个面向。其一，它以20世纪40年代到80年代具有相当学术影响力的学者宫崎市定对中国历史文化为中心的研究为个案，旨在思考与阐述日本近代中国学（尤其是日本东洋史学）在理性基础、学术观念和操作途径几个层面的本质特征。即本书以宫崎市定的史学方法论为研究对象。其二，书中展现的最重要的视角和理论，则是作者本书所接受、持有和理解的人文学术的方法论。

统观全书的表述，著者在对本课题的把握、在相关的学术大视野中对研究对象学术的理性思考以及对文本的解读诸层面中，都表现出了严谨缜密的学术态度和积极探索的学术精神。

20世纪日本对中国文化的研究在国际中国学总体势态中具有领先的地位（若以整个20世纪考量，剔除日本侵华战争时期大量的军事、政治和经济的各种分析与报告等等之外，作为日本中国学的基本构成即人文学术研讨，我们已经把握的论著约有3万4千余种。这就意味着日本人平均每天大约有1种论著刊出研讨中国人文课题，此种规模在世界上实在没有另一个国家能出其右者）。40余年来，我国学者对于这一历史文化遗产在人物志、学术情报、学术个案，以及学术史诸多层面中逐步开始了研讨，有了不少的业绩。但在揭示与认知关于这一学术内在的多元复杂的学理层面上，则尚未见有相应的较为典型的学术研讨。

因此，正是在国内学界上述状态中，本著作以一个在特定时空中具有较大影响力的中国学家作为研究个案着力于对他的理性观念进行解析研讨，侧重对研究对象的认识论和目的论的分析与查考，聚焦于日本学者内在的史学观念和历史叙述，这对于深化理解与把握日本中国学尤其是日本的东洋史学的本体特征与认识论价值，有推助开创之功。

实际上，20世纪80年代初，我在日本京都客座期间，就曾和宫崎市定先生有过数面之缘，还曾约请他进行过几次单独的谈话。当时，出于开解中日学界隔膜的目的，拟系统译介日本东洋史学（中国历史研究）领域内的代表人物及其作品。跟宫崎先生提及我的这一想法时，他还开玩笑地说，在中国，他应该早就是中国史学界的名人了，只不过是"反动"学者的典型（1963年、1965年由商务印书馆内部刊行了《宫崎市定论文选集》上下册）。

要之，就我本人对宫崎市定史学以及本书内在理路的认知和把握而言，本书把宫崎市定对中国人文的研究特别是对中国历史研究的基本观念认知和表述理路归纳为集中研讨三个具有根本性价值的层面。

第一层面是解析研讨了宫崎市定一元论世界文明史观，并进而阐述宫崎市定民族主义史学观的生成的必然性，由此构成了宫崎史学（包括中国史）的基本的内在核心。

第二层面是解析了宫崎史学实现自身观念的两个基本的观察点，此即关于注重交通和比较。所谓"交通"，论文解析了宫崎史学一直关注文明的流通，他的史学研究首先表现为在物质文化、思想观念、商品贸易和经济货币的系统中构建史学体系；所谓"比较"，即在宫崎关注的历史表述存在于上述诸领域进程在历时性和共时性层面中的差异性和一致性、传接和隔绝，从而来把握历史发现的时代性特征，以及历史的趋势和脉络。

本著解析宫崎史学的第三个层面，则在于研讨了宫崎为实现上述两层宗旨而采用的理论和文献的手段，并进而揭示了在这一系列阐述背后的立场以两者之间的互动关系等问题，实际上这就涉及历史学的认识论和知识论的辩证关系。

我个人认为本著的刊行，必定会在日本中国学和国际中国学研究中，对于在理性层面和整体视角等方面把握与理解研究者的哲学本体与思维逻辑，具有积极的价值，必定可以补充我国学界在国际中国文化研究中的某些不足和欠缺。此外，本著的表述有相当的文本阅读量，内在逻辑合理，行文通畅。

当然，由于宫崎市定和日本东洋史学的相关著述庞大而复杂，相较之下，本著作在阐述中对相关文本的援引及阐释稍显单薄。此外，本著所要处理的对象不仅是宫崎市定的史学方法论，亦需面对日本近代以来的中国学、尤其是日本东洋史学的课题，因此，在这层意义上，本著所示的方向上还有相当空间。值得一提的是，广生博士在思考该课题撰写博士论文之际，也在积极思考该课题背后的一个更为深层次的课题，即日本东洋史学的发生与变异。2019年，广生博士独自承担的国家社科基金项目"日本东洋史学研究"良好结项，或许也将不久公刊于世。就我个人而言，我自然十分为广生博士的坚守与努力而高兴，我也期待并祝愿他在今后的学术之路上收获更多的成绩。

　　光阴如梭，人是被岁月射出去的箭，一去不返。广生作为我在北大指导的最后一名博士生，也已步入中年，不日我也将迈入耄耋之年，念及此刻，不禁唏嘘。今日承蒙广生博士好意，更有感于和广生相识、相处的十年点滴以及他的独具之论，欣然写了上述文字，且作"序言"。

严绍璗

2020年2月撰写于北京昌平泰康

序张西艳著《〈山海经〉在日本的传播和研究》①

中国古代悠久灿烂的文化，依靠文献典籍作为主要媒介传播于域外，对人类的文明进程和文化发展起到了积极作用。其中，汉籍在日本的传播，无论就其久远的历史，还是宏大的规模，在世界文化史上都可以说是仅见的。它构成了中日两大民族独特的文化关系，从而共同创造了古代东亚辉煌的人文景观。百余年来，国内学术界一直关注汉籍在域外的流布，特别是在日本的流布。探讨中国文献典籍向日本流布的轨迹与形式，研究日本对汉籍的保藏与吸收，评估汉籍对日本社会生活发展在各个层面上的作用与影响，已经成为亚洲文化史研究的重大课题。我亦为此耕耘半生。

《山海经》是我国最早记录有关"倭"的史实的文献。1987年，我曾在拙著《中日古代文学关系史稿》中强调过《山海经》的文献价值，之后亦多次赘述。张西艳博士自十余年前在上海外国语大学攻读硕士期间开始关注《山海经》等中国典籍在日本的流布和影响，2014年考入北京外国语大学攻读博士课程后正式开始了该课题的研究。

---

① 本书2020年由线装书局出版。

《〈山海经〉在日本的传播和研究》一书以我国上古时代逐步形成的世界上最早的百科全书《山海经》作为研究对象，以相对丰厚的文献资料、文物考古成果、民风民俗的历史记录与实地调研为基础，较为详细地阐述了《山海经》东传日本的历史、文化脉络，揭示了《山海经》对日本列岛历代居住民包括精神形态、美意识、宗教信仰及文学艺术等领域的积极影响，并进而阐述了近代以来日本学者关于《山海经》与世界相关神话传说等的多元关系，展示了较为宏大的学术视野。此书以一部中华上古经典作品为例，收集和整合材料如此周详，生动地展示了东亚古代中华文化走向域外的真实面貌，切实实践了原典实证等比较文学与跨文化研究领域的理论和方法。可以有把握地判定，此书为国内外同类主题的研究中，分析和判断符合东西文化发展真实性的论著，实为上乘之作。

张西艳博士一直勤奋努力，专心致力于学术。为了考查《山海经》在日本传播的轨迹和形式，深入了解《山海经》透入日本社会的多元形态，她曾前往日本京都大学人文科学研究所访学，并作为共同研究员参与了人文科学研究所简牍研究班的学习、翻译和研究工作。京都大学人文科学研究所是日本最著名的两大汉学研究机构之一，也是日本中国学的发源地。三十余年前，我曾以客座教授的身份到访过京都大学人文科学研究所，那里有丰富的书籍和资料供研究者使用。张西艳博士在掌握大量一手日文文献资料的基础上，还辗转奈良、出云等日本多地进行田野调查，真正做到了实证研究。

我从1995年开始招收东亚文学与文化关系研究方向的博士，迄今指导博士共25名。张西艳博士此书的出版，可以说是为我的博士生指导工作画上一个圆满的句号。希望今后会有更多的学者在汉籍东传的个案研究上做出一番成果。

2020年5月25日
于昌平泰康燕园

自序文

《中日古代文学交流史稿》前言[1]

双边文学研究或多边文学研究，特别是关于它们之间的相互影响的研究，常常会面临一些危险。这一方面是由于研究者为观念与视野所限，不经意地对一些似是而非的文学现象振振有词地发表见解，自然会受到饱学之士的讥评，双边文学研究的名声，因此也就会被败坏；另一方面是执着于民族主义情绪的研究家，常常把对揭示不同民族、不同国家之间文学的联系、排斥、包容和反馈的诸种研究，斥之为意在否定作家与作品的"个性"、试图抹煞文学的"民族性"等等。从事这一研究，有时不得不承担如此重大的责任，岂不让人如履薄冰，胆战心惊。

古代中国文学与日本文学，由于所处的地理位置和文化环境的特殊性，造成了它们之间复杂的关系。阐发这种业已存在了千余年的文学现象，便常常会遇上这些危险。

古代日本是属于汉字文化圈内的国家，但是，它的文学，却是在与中国很不相同的自然条件和文化环境内发展起来的。一般人都认为日本是一个深受中国儒学思想影响的国家。直到今天，人们甚至还称日本是

---

[1] 本书由严绍璗著，2016年由福建教育出版社修订出版，首版名为《中日古代文学关系史稿》，1987年由湖南文艺出版社出版。

一种儒教主义的社会。但是，如果体察日本文化的深层内容，那么，似乎可以说，儒学对于日本社会的影响，远远比不过佛教的作用。在律令制时代，儒学的影响主要表现在国家制度和政治思想方面，它始终未能真正透入民众的生活意识之中。即使在江户时代，幕府定程朱之学为国家哲学，但是，这一时代，社会上恰是人欲横流；文学作品，充溢着对物欲和性欲的追求，与程朱之说，南辕而北辙。

在这样的文化背景下形成的日本文学，作家的创作意识与读者的欣赏心理，都具有与中国文学很不相同的内容和形式，两者在气质上的差异是显著的。

与中国古代的"诗教"之说、中世时代的"文以载道"论等所谓"文章乃经国之大业"的观念不同，日本文学从一开始就远离政治，它主要是作为一种纯粹表达感情和调剂精神享受的手段，故而，也就绝少见如中国文坛那样，作家诗人由文学获取功名，晋升精英阶层的情景。日本民族对于文学的这种根本观念，造成日本古代文学耽于唯美的内容和形式而不能自拔，追求所谓物哀、幽玄、寂静等相融或相通的境界，以求表达民族心理深层的古朴、典型和自然返真等气质，由此而构成了日本文学的民族性。

近代日本在明治维新中曾兴起过"兴亚论"，其功过是非，已由历史做了判定，无须我们在这里再说什么。兴亚论作为一种政治观念，在文化方面投下的影子，却是不可忽视的。所谓中日民族"同文同种"的宣传，始起于日本，呼应于中国，渗透于中日两国双边文学的研究之中。这种观念的潜在的侵蚀，至今时有显现，实在是我们要警惕的危险。

在日本文学发展史上，有一个现象应该引起研究家们的注目。古代日本书面文学的形成，如果以《古事记》《怀风藻》和《万叶集》等为代表，大约是在8世纪左右。其时，中国文学正处于唐代极其繁荣昌盛的时期。换言之，日本古代书面文学是在中国以《诗经》等为代表的书面文学发展一千余年之后才开始起步的，但是，到19世纪中叶，两国文学的发展达到了大致相当的水平。当经历了明治维新的变革之后，它却于中国文学之前，跨入了现代文学的行列。何以起步晚而进步在先呢？这实在是一个足以使研究家们深长思之的问题。

这个问题，大概涉及日本古代文学的性质——指存在于这一文学深处的一种内在动力。如果从发生学的立场来考察，那么，可以说，日本古代文学是一种

"复合形态的变异体文学"。多边文化或双边文化研究中的"变异",指的是一种文学所具备的吸收外来文化,并使之溶解而形成新的文学形态的能力。文学的变异性所表现出来的这种对外来文化的吸收和溶解,不是一般意义上的理解。如果从生物学的观点来说,变异就是新生命、新形态产生。文学的变异,一般来说,都是以民族文学为母本,以外来文化为父本,它们相互会合而形成新的文学形态。这种新的文学形态,正是原有的民族文学的某些性质的延续和继承,并在高一层次上获得发展。

日本古代文学作为复合形态的变异体文学,在其一千余年的发展中,对于外来文化的吸收和溶解显得特别活跃,几乎没有停滞的阶段。这种共同融合而产生的文学形态,不是一种舶来文化而是日本民族的文学,是表现日本民族心态的民族文学。

日本古代文学的这一根本的变异特征,便造成了古代中日两国文化与文学的会合。

日本古代文学的发展阶段,与整个文化的发展相一致。大致经历了五个时期:

原始文化(文学)阶段(原始时代—公元4—5世纪);

飞鸟奈良文化(文学)阶段(5—8世纪);

平安文化(文学)阶段(8世纪末至12世纪);

五山文化(文学)阶段(13—16世纪);

江户文化(文学)阶段(17—19世纪)。

日本作为一个偏居于亚洲最东部的海中岛国,它对大陆上的一切知识,都具有新鲜感。毋庸讳言,在古代亚洲大陆,中国文化与日本相比较,长期处于高层次的阶段。中国文化(包括文学)上所获得的成果与经验,是日本古代文学实行自身变异的主要材料。在日本文学发展史上,每一种新的文学样式的产生,以及在每一个发展阶段上的各种文学样式的相互联系中,几乎都与中国文化的会合密切相关。这里丝毫也不否定民族文学发展的经济的、政治的、社会的,乃至文学本身的诸因素。文学的因素便包含了文化会合的条件。

在双边文学与多边文学的研究中,民族主义情绪是最应该避免的揭示日本古代文学发展的基本模式,特别是探明中日文化与文学会合的轨迹,丝毫也不意味着否定日本古代文学的民族特性。文学的民族性从来也不是一个封闭性的概念。日本文学民族性的养成，在很大程度上是依靠这一文学内部的变异性来实现的。在一千余年的发展史中，日本文学的民族性得以延续不断，并充实丰富，正是因为它内具着活跃的变异性能，始终吮吸着亚洲大陆精神文明的成果。有的研究家执意强调日本文学与亚洲大陆文化，特别是与中国文化相克的理论，制造日本文学是所谓"单一性质的岛屿文学"的神话，实在与事实本身相距太远了。

日本古代文学发展中日文化会合模式示意

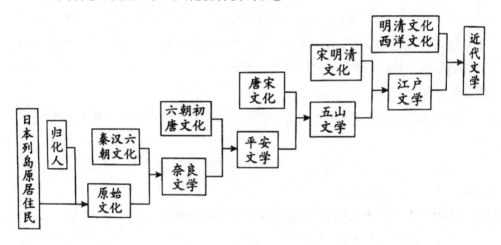

注：这其中略除了印度文化等的因素

任何民族的文学，为保持其自身的特性，都具有排异的功能。但是，日本文学为保持其民族性所表现的排异能力，并不在于简单地拒绝外来文化，而是在于追求与外来文化相抗衡的力量，这便是在排异中实现自身的变异。如日本早期民间的歌谣，为了与当时弥漫于宫廷的汉诗相抗衡，便寻求实现自身的格律化。为了创造一种定型的和歌，它从中国汉诗所取得的成果中吸取营养，并使它融化为适合于日语韵律表现的形态。经过几代歌人的努力，终于形成了"三十一音音数律"。和歌成为古代日本文学诸样式中典型的民族形式之一，相袭至今。中国文化在这一过程中，便被逐步吸收和融化于日本文学之中，这便是古代中日文学会合的主要轨迹之一例。

当然，不同民族之间文学的影响，总是呈现双向流动的形态。在以往的一千余年间，不仅日本文学的发展得力于亚洲大陆的文明，而且中国文学也曾经以自己的热忱，吸收了日本文学创造的成果。一些对于域外文化具有敏感的作家，不仅选用日本题材进行创作，而且在自己的作品中，接受日本文学的反馈，编选和翻译日本的文学作品，从而，使中国文坛获得了新的样式、新的知识，丰富了中国文学。

本书的写作，原意在于探讨在中日古代文学会合的历史过程中，文学相互影响的主要特点，文学融合的基本轨迹，以及造成这种联系的民族心态和文学内在的动力。希望通过这些问题的阐述，大致勾画出中日两个伟大民族古代文学相互关系的历史面貌，并从中获得一些有益的启示。

本书各章节内容，大致以文学样式为纲，其先后编次，以历史时代为序。有些章节因内容过大，又分为若干子类，在全书目录中不再标出。书中各章的论证，以文献实证为主。

1985年在担任日本国立京都大学人文科学研究所日本学客员教授期间，有机会就本书若干内容，与所内诸先生切磋商讨，得益不少。又蒙北京大学乐黛云教授指导关怀，罗尉宣先生又力促其早日付梓。对他们的热忱之情，谨表示衷心的感谢。

严绍璗
1986年冬于北京大学跬步斋[①]

[①] 本"前言"表述的关于对比较文学研究的学理与逻辑的基本理解，是本书著者1987年时的认知状态。近30年来著者在学术实践的进程中对这一学术的本体性体验逐步有所深化和提升。有兴趣的读者可以阅读著者相应的一些论文，如1996年1月刊于《中国比较文学》第1期上的《双边文化关系研究与"原典性的实证"的方法论问题》，同年9月刊于《学人》（陈平原主编）第10辑上的《诗人不能产生语言，语言能够产生诗人》，1998年刊于《中国比较文学》第4期上的《文化的传递与不正确理解的形态》，2000年收入《北京大学东方学系百周年纪念文集》（北京出版社）中的《确立解读文学文本的文化意识——关于古代日本文学发生学研究的构想》，2000年刊于《中国比较文学》第4期的《"文化语境"与"变异体"以及文学的发生学》，2003年刊于《中国比较文学》第1期上的《树立严谨的比较文学研究观念和方法》，2005年刊于《中国比较文学》第3期上的《民族文学研究中的比较文学空间》，2006年刊于《中国比较文学》第2期上的《关于确立表述"东亚文学"历史的更加真实的观念——我的关于比较文学研究课题的思考和追求》，2009收录于《东亚诗学与文化互读》（中华书局）中的《关于文学"变异体"与发生学的思考》，以及2013年刊于《比较文学与世界文学》第2期上的特稿《比较文学研究中的"文本细读"的体验》等。

《中国文学在日本》前言[1]

  中国文学研究，自然需要放在中国独特的社会历史文化背景中加以深入探讨，不能脱离对中华民族文学传统的深刻理解。不过，在封闭的批评体系中，人们往往容易有意无意地把文学传统描述成孤立、单调、凝滞的概念。人们的思维一旦突破了闭锁的藩篱，各国各民族文学相互交往、碰撞和渗透的生动事实，就会显露出来，给人们以启示。我们把中国文学看成自己文化风土中的果实，又把她当作世界文学中的一个公民，就会惊奇地发现，她曾经走过或正在走着与其他公民相似或相关的路径，而她自身鲜明的特征与不可替代的价值，也就格外醒目。

  今天，已有一些人走出城堡，热心起研究中国文学在自身发展过程中吸收与借鉴异国异民族文学的规律，思考着中国文学在异国异民族的历史命运。更多的人对于外国学者研究中国文学的著作，抱着读读看的心情，期待着从中或许能够找到启迪思维的酵母。因而，对中国文学在国外的流传学、媒介学与国外研究的研究，都需要有一个整体的把握和历史的认识。其中，"中国文学在日本"这一课题，特别引起我们的兴趣。

---

[1] 本书由严绍璗、王晓平著，1990年由花城出版社出版。

日本保存至今最早的汉文章，即是《倭国王武（即雄略天皇）致（刘）宋顺帝表》。从那时算起，中国古代文学传入日本，并潜移默化地渗透入日本文学的机制内，成为其发展的内在因素，已经有1500余年了。中国历代诗歌、散文、小说、戏曲，以及文学理论著述传到日本的种类和数量，难以历数。一个基本的事实是：日本民族语言书写的文学，即假名文学，是在贵族汉文文学兴盛之后才出现的。当时的贵族借用汉字记录和歌，撰写公文，作日记，载传说，缩短了从口头文学时代到书面文学时代的距离，实现了具有历史意义的飞跃。正是奈良平安时代的文学家，结合本民族语言特点和审美心理，创造性地发挥了汉语言文学的再生能力，同时又不断地冲破外来语言和文学样式的束缚，迎来了和歌、物语和日记文学的繁荣。类似的现象还可以在其后日本文学发展的若干阶段中，例如在江户时期前近代小说及小说理论的发展中看到。

日本古代许多文学家，都把钻研中国古典当作修养的重要内容。《源氏物语》的作者紫式部、《枕草子》的作者清少纳言自不待说，就是中世纪那些不留名的军记物语的作者，也都以熟知中国古典而自豪。日本作家对中国古典的引用，当然不仅是语言的借用，常常是连原典的深厚文化内涵一并借入，以达到强烈的暗示效果。阅读日本古典文学作品，可以看到形形色色的模仿——仿构、反仿、内仿，直到化入内心，借用而不露形迹。司马迁、白居易、苏轼、冯梦龙、罗贯中、施耐庵、袁枚等是在日本最享盛誉的中国作家。明治维新以后，新文学的开创者森鸥外、幸田露伴、夏目漱石、芥川龙之介、泉镜花等，也都曾经从中国文学中吸取创作素材和技巧。日本人学作中国古典诗歌、散文，也创造了中国诗歌中极少见到的新的诗歌品种——狂诗、狂文，对中国古典小说的翻案，更有着种种增衍、"损耗"和"变味"。一般说来，政治教化色彩、道德伦理色彩、历史实录色彩显著淡薄，语言、结构的修饰性、均衡性、严整性相对降低，种种文学观念也变得缩小化、情绪化，相反，文学自娱功能陡增，某些细部更加精微。从接受美学的角度分析，《玉台新咏》《游仙窟》《剪灯新话》这类作品在日本受到特别的青睐，也正是日本人独特审美心理的反映。这些作品，在日本表现为一种超越影响，即它们在日本的影响，反而超过了在中国的影响。

大胆地接受和消化外国文学的影响，是日本文学的显著特征。日本文化的基本特点——变异复合性，在日本与中国文学的交流中也有突出的表现。中国文学之所以在日本发生反响，终究取决于日本民族的需要——时代的与历史的、政治的与文化的、社会的与接受者个人的，等等各种需要。在向世界文学的进军中，一些日本作家表现出奋进自省的精神与唯恐落后，一步不让的危机感与紧迫感。从极其认真地模仿——先是对汉文学，后是对西方文学——最终走向外来文学营养的内化，其间常常经过种种混合体、夹生体的阶段。从20世纪20年代以来，日本学者从民族自省的角度对鲁迅的研究，以及战后，对中国的人民文艺的研究，其中都可以看出强烈的民族精神。当然，有些学者自矜于日本经济的迅速增长，以"大国"的国民自居，对中国文学，特别是中国现代文学采取鄙视的态度，其实，这也正是日本民族性的又一面。

在历史上，日本文学始终吮吸着汉文学的有益营养，以形成富于自己民族特色的文学，另一方面，日本文学对于中国文学的反馈，也对作为放送者的中国文学产生了积极的回返影响。唐代中国诗人互相唱和，颇多佳话，而明清时代传入我国的汉诗汉文更多，诸如《拙堂文话》《渔村文话》这些日本人研究中国古文的著作在同治、道光年间已在我国流传。明治维新之后，日本的许多中国文学研究者，在近代人文科学观念与方法论的影响下，努力垦拓，在中国文学的诸领域中，都曾有过杰出的贡献。诸如儿岛献吉郎、狩野直喜、铃木虎雄、盐谷温、青木正儿，直至吉川幸次郎的著作，在20世纪中国古代文学的研究中，颇具影响。

中国文学由汉字的东传作为前驱，又有以宗教（主要是佛教）作为驿骑，乘着中古世界文学交流的潮流，获得了在日本开花结果的契机。在古代东方文学的世界环流中，佛教具有特殊的意义。它传播的过程中，大量借助于文学的手段，而文学也随它穿越国界，从而赢得了各种文化相互交往、融汇的良机。这或许正是靠着汉译佛典的东传和僧侣的西来，印度、西亚乃至欧洲的文学才获得了在古代的中日两国留下投影的重要条件。

从整体上说，从日本奈良平安时期直至江户时期中叶的大部分时间（尽管其间也有两国文学交流出现中断和沉滞的时期），中国文学对日本文学影响的主流表现为一种正向影响（即主要由较发达的中国文化向日本的传导），这特别典型而突出地表现在两次汉文学高峰之后日本民族文学的繁荣上。与这种正向影响相反，19世纪末日本在维新过程中，一部分政治家和思想家主张"文明开化""脱亚入欧"，一些文学家便从批判中国封建文化，批判劝善惩恶的文学观入手，倡导新文学，走向文学近代化。这时中国文学在日本表现为一种反向影响（批判地吸收中国文学，从反面来支持本国文学的发展）。日本的文学研究者从中国文学接受者的角度，对中日文学源远流长的关系进行了研究，他们的成果，大体可以归入渊源学（即源流学）的范畴。他们的重心放在日本文学现象的初始源头及其流行发展的过程上，探讨日本文学作品在主题、题材、人物、情节、语言、风格、格调上的中国文学来源，研究日本作家作品对中国文学的引用及其意义。这一类研究，已经积累了丰富的资料和相当的成果，可以说每一部著名的作品，都有人已经或正在探讨它与中国文学的因缘。这种研究，已经构成了日本文学研究的一个极为重要的内容。

然而，这些研究，并不能完全取代以放送者中国文学为中心的研究。中国文学作为放送者，我们要考察其中的种种文学现象（特别是某个作家的作品）流传到日本的趋向，包括这一文学现象在日本的声誉、成就和影响，它的流传过程、流传路线、流传方式、流传终点，以及在日本的诸种影响。这种研究，就其学术研究的客体对象而言，无疑是属于中国文学研究的范畴，但是就日本民族的传播者、接受者、评论者的主体观念和方法论而言，则又是以日本的文化素养而形成的，传播者的选择与过滤，接受者对中国文学的汲取与变形，评论者的独特视角和阐发方式，从本质上讲，都是日本文化理念在一个特殊领域里的表现。所以，这一主题的研究，既属于中国文学研究的范畴，又属于日本文学研究的范畴，具有双边文学研究的性质。

总之，《中国文学在日本》的写作，其目的是力图描述中国文学在日本流传的轨迹和方式，阐明日本在接受中国文学的过程中，本民族文学在内在层次上所产生的诸种变异；探讨日本人的中国文学观的形成、发展和变革，对日本学者翻译、评论、研究中国文学过程中组成的学术流派，研究特点与成就、发展趋向作概括的评介。这无疑需要浩繁的资料和中日两国文学的高深造诣，由我们来承担这样的任务，当然会有许多遗憾之处。我们只是提出一些见解，以求教于方家。

本书在写作过程中，曾得到国内和日本不少朋友的支持和关心，并提供了许多有价值的史料和著作，特别是乐黛云教授，给了我们有益的指导，编辑先生一直关怀本书的写作，并力促其早日付梓，在此一并表示我们的谢意。

严绍璗　王晓平

1989年12月于北京

《日本中国学史》代序
——我和日本中国学[①]

这些年来，常常有一些学术界的朋友和青年学子，恳切地与我研讨日本汉学和日本中国学中诸事。我为他们对于学术的真挚所深深感动，却也常常为此而陷入困惑之中。

多年来，我心头积存有一个夙愿——把中华民族文化弘扬于世界，当以传入日本时间为最早，规模为最大，反响为最巨。对于这样辉煌的文化现象，中国学者理应依据自己民族的文化教养，作出属于中国学者自身认识的主体性判断。在我的老师季羡林教授、周一良教授、阴法鲁教授诸先生的督导之下，我开始撰写《日本中国学史》，作为建设这项浩大工程的尝试。现在第一卷甫告完工，江西人民出版社即将付梓以贡献于社会。我的这个夙愿，方始得以慰释。

中日两国的文化交流，可以推测到远古的史前时代。如果把书面文献作为文化的主要载体，那么，古代中国文献典籍肇始东传，至今也已经有1600余年的历史了。其传播的规模，在世界文化史上蔚为壮观（参考第一卷第一章）。以这种文化传布作为基本背景，在日本思想文化领

[①] 本书由严绍璗著，1991年由江西人民出版社出版。

域内，逐步发生了以中国文化为专门研究对象的独特学术。这一学术，在古代日本被称为"汉学"，在近代日本被称为"中国学"（战前被称为"支那学"）。这正是中国文化在东亚地区所表现出的世界历史性意义。

日本汉学和日本中国学虽然都是以中国文化东传日本作为基本背景，但它们是两种不同的学术范畴。

日本汉学不仅表现为日本人从学术上试图研究中国文化，而且更表现为研究者在立场上具有把研究对象充作自我意识形态，抑或社会意识形态——即作为哲学观念、价值尺度、道德标准等的强烈趋向。日本汉学的形成和发展，经历了漫长的道路，它在日本古代社会的最后300年间，臻于成熟。德川幕府政权把汉学中的朱子学派推尊为官方哲学，斯为汉学最高的也是最后的荣光。

日本中国学与汉学的性质不尽相同，它是在日本以明治维新为标识的近代化潮流中形成的一种国别文化研究。它最显著的特点，在于摆脱了传统的经学主义文化观念，而以近代主义和理性主义作为其学术的导向。一般说来，日本学者在这一学术领域内的研究，其主要内容涉及下列四个方面：①中国文化向日本及世界传播的轨迹和方式（其中包括日本与各国对中国文献典籍的收集、整理和研究）；②日本与世界各国在接受中国文化的过程中，本民族文化在内在层次上所产生的诸种变异（其中包括文化的形态与内容的分解、复合等）；③日本与世界各国在漫长的历史进程中所形成的中国观，特别是中国文化观的内容、特点及其变迁；④对中国文化诸领域各类学术具体内容的研究（其中包括在研究中形成的各种学术流派及其方法论）。日本中国学就其学术研究的客体对象而言，诸如中国哲学、文学、历史、艺术等，它们当然是属于中国文化研究的范畴。但是，就其研究者的主体观念和方法论而言，则无疑是以日本文化素养为背景而形成的，研究者所阐发的关于对上述客体对象的一系列观点，从本质上讲，都是日本文化观念在一个特殊领域里的表现。因此，这一学术研究，便自然成为日本文化的一部分。正是从这样的意义上讲，日本中国学是一门涉及双边文化（其中也包含多边文化）的近代边缘性学科。

日本中国学的形成与发展，其间经历了十分复杂而坎坷的过程。19世纪后期和20世纪初期，随同日本资产阶级在政治上和经济上确立了统治地位，他们在思想精神领域中，也创造了不同于封建性质的反映本阶级意志的近代性文化。日本中国学作为其总体文化的一个侧面由此形成，日本汉学亦由此而衰微。它们以一个否定另一个的方式，作为日本研究中国文化的两大历史时代而互相连接在一起。我们这里说的"否定"，是指在辩证法意义上的"否定"，它与马克思主义所阐述的关于文化运动的客观规律相一致。日本中国学在形成之初，大多数学者所具有的创造性精神，使这一领域获得了许多堪称杰出的成果。我国近代学术文化运动中的许多先辈，如鲁迅、梁启超、王国维、郭沫若、茅盾，乃至梁启雄、孙楷第诸先生，都曾十分注目于这一时代日本中国学的业绩，并使之融会贯通于自己的研究之中。但是，日本中国学本身亦患有先天不良之症。即使在这一学术蓬勃发起的时代里，它内含的若干日本国家主义的因子就已经异常活跃了，在20世纪20年代之后便得到恶性发展。更由于当时占统治地位的日本军国主义把"大陆政策"演化为实际行动，日本中国学终于成为日本侵略战争的一种工具——尽管许多有良心和良知的学者表明了自己的立场和态度，但这一学术的总体转向已经是不可逆转了。日本中国学的这种严重挫折，使近代日本对中国文化的研究，不仅蒙上了深深的阴影，而且使其早先表现的科学精神丧失殆尽。这是日本自资本主义化以来，天皇制政体一直迫使学术研究屈从于自己狭隘利益的必然结果。

日本在第二次世界大战中的失败，宣告了自19世纪中期以来日本近代中国观念的破产。战前的日本中国学，曾经以空前的规模，展开对中国的研究。但是，这种研究对于中国历史发展的必然道路，对于中国社会的基本国情，对于中国人民的文化传统和民族感情，乃至对于中国当代革命政党和革命运动，都未曾作出正确的结论。因而，战争的失败，事实上也就宣告了旧中国学的终结。当旧中国学崩溃的时候，一批具有民主主义思想的中国研究者，以及在战争中保持着学术良知的中国学家，开始了重建战后日本中国学的努力。经历了大约10年的反省时期和10年的恢复时期，从20世纪60年代中后期起，日本中国学终于获得了新的发展——它造就了一支近代型的教养有素的研究家队伍，建设起了卓有成效的研究机构，构筑了在日本中国学学说史上具有重大价值的学术体系。同时，它也成为推动日中友好的一支积极的力量。20余年来，日本中国学界虽曾几经风波，而且大和魂的国粹主义也时有所现，但就其总体而言，它无疑是国际中国学界中成绩最为卓著的代表。无论是就中国文化研究而言，还是就日本文化研究而言，抑或是就中日文化关系研究而言，日本中国学皆是不能忽视的领域。

我对日本汉学和中国学最早的兴趣，初起于60年代之初。当时，日本中国学正从恢复时期迈向发展时期。一个偶然的机会，我作为北京大学中文系古文献专业1959届的学生，开始接受仅有三个人参加的日文训练。作出这一决定的是我们专业的主任同时兼任北京大学副校长的魏建功教授。魏先生学识高卓，举世知名，慈祥和蔼，如我父辈。他令我们3人，在半年内修完大学2年的英文，即开始攻读日文。魏先生对我们说："一定要去翻动那些日本人的著作，看看他们做了些什么研究，我们不要被他们笑话了。"魏先生的这一决断，虽然令我们一时为难，但我们毕竟是听话的学生。于是，便师从陈信德先生和魏敷训先生，开始了日文的入门训练。待我们稍稍懂事又懂行后，才体味到魏建功先生的看法在学术上的远见卓识，在人品上的高尚情操，他对学术的严肃和内含的爱国精神，作为他的学生，是一生受用的。

当时，我只是一个幼稚的大学生，试着涉足日本汉学和中国学领域。稍一接触，便茫然起来。我喜欢中国历史，开始便想研究日本人的中国历史观。满以为识得了假名，便有了依托。在北大的图书馆里，稍稍翻动日人的著作，面对像那珂通世、桑原隲藏、白鸟库吉、内藤湖南等历史学家，不知从何做起。慢慢地我终于悟出了一点道理，因为我还没有接触过这一领域的基本资料，全然不明白这些研究的文化背景，一点也没有日本汉学和中国学发展史的概念。例如，中国史学文化是如何传入日本的？日本人是在什么样的哲学观念下研究中国史的？日本传统的史学观念与近代的史学观念其内涵与异同是什么？日本有哪些主要的中国历史研究家？他们各自有些什么代表性著作？这些学者之间有什么样的师承关系，又可以归结为什么样的学派？日本中国史的研究对文学、哲学、艺术的研究又有什么影响？这些接踵而来的问题，当时，几乎没有一个回答得清楚。由此我想仅凭兴趣和热情，又如何能敲开这座学术的大门呢？于是，我决心认真研读日本汉学和中国学的基本资料和发展史，奠定今后从事这一学术研究的基础。然而，当时在国内，这二者都是空白一片（后来才知道，日本学界也是如此）。于是，我又茫然起来了。

1974年秋冬，在邓小平同志主持全国工作期间，经周恩来总理亲自批准，我和6位同行一起，到达近代日本中国学的发源地之一的日本国立京都大学人文科学研究所。这是我第一次亲身接触到日本学者研究中国文化的实态，有机会在从仙台到冲绳群岛的日本各大学中，与吉川幸次郎、贝塚茂树、林屋辰三郎、小川环树、岛田虔次、福永光司、宫崎市定、井上清、实藤惠秀、安藤彦太郎、前野直彬、伊藤漱平、藤堂明保、松枝茂夫、增田涉、金谷治、伊藤正文、伊藤道治、竹内实等近二百位中国学家相识，仔细地听取他们关于日本中国研究的许多见解。其中，如岸阳子、小野信尔、小野和子、狭间直树、吉田富夫、小南一郎、中岛长文、中岛碧、山田敬三、坂井东洋男、荻野修二、森时彦等与我前后同辈的先生，更给我以许多切实的帮助。回国后在经历了光明与黑暗的一场决斗之后，国家迎来了一个伟大的时代，学术研究也开始了真正的春天。

15年来，我在日本汉学和中国学的学术方面，着手于两件工作。一是始终坚持从基础性资料的搜集和整理编纂做起，二是努力于学术史和学科理论的建设，这二者又是密切相关联的。

现在有些青年研究者不大愿意从事基本资料工作，觉得这种工作不是学术。其实，这正是学术研究最基本的环节。在日本汉学和中国学领域里，没有现存的资料可以依靠，必须自己动手。我于70年代末花了近4年的时间，编撰出版了《日本的中国学家》，作为日本中国学基础性资料的第一部工具书，它收录的是1000位日本中国学家，为此而摸触的材料，则有几千种。这部工具书有错误缺漏，需要补订。但我本人通过这一方面资料整理，对日本中国学家的全貌，基本全局在胸了。80年代中期以来，我又开始编撰《日藏汉籍善本书录》，至今搜集到的自古传入日本的中国文献典籍善本有七千余种。文献典籍是中国文化传入日本的主要载体。掌握了这些典籍的来龙去脉，基本上也就弄清楚了中国文化传入日本的主要方式与特点。最近几年，我又和几位朋友合作，编译《1900—1990年日本中国学论著目录》，分文学、历史、哲学与宗教三卷。这个"目录"当然不可能一篇不漏，但是，编译这3卷资料，我们便掌握了日本中国学在这三大领域内20世纪发展的总趋势。我在日本汉学和中国学领域内，从基本资料的搜集整理中，形成了理论性的思考，例如关于本书的基本构想，以及我关于日本文化的变异体理论，在排异中实现变异的轨迹模式等，都是从10余年来大量基础性资料的整理中引发出来，并加以升华抽象的。一个社会科学和人文科学工作者，如果一生都未曾做过基本的社会调查和学术资料的搜集整理。那么，我以为这种学术便是大可怀疑的了。在日本中国学和其他国际中国学领域内，基本资料建设的工作量,恐怕要超过人文科学的其他学科,因为自近代以来,我国学术界在这一领域内,几乎没有积累过任何系统性的资料,需要今天的研究者,脚踏实地去做好。

　　在日本中国学的研究中,有时常常会使自己面临窘境。只要脱离了中国学研究的总环境,不是从发展史的立场上来评定其价值和意义,常常会失于偏颇。这几年间,学术界偶有把一个日本学者的见解,衍化为日本学者的一般性见解的极端事例,使国际中国学界为之愕目。此种现象的存在和继发,告诉我们系统地研究日本中国学学说史已经是非常紧迫的了。当然,于我个人来说,先师魏建功先生在60年代初告诫说的"一定要去翻动那些日本人的著作……我们不要被他们笑话了"的教导,一直萦绕心头。我从80年代初期起,致力于学术史的研究。但这是一项十分艰巨的工程,需要有充裕的基础资料和足够的理论素养,这二者于我皆缺,我只是努力而已。日本中国学史研究,涉及双边文化关系。因为日本人表现出的中国观念,特别是中国文化观念,实际上与在不同时期里中日文化接触的内容与形式密切相关。因此,在我动手全面进入学术史研究之前,先做了点比较文化研究——我以中国文学为代表,研究了中日文化接触的诸形式,撰写了《中日古代文学关系史稿》(已出版)。在此基础上,我开始了多卷本的《日本中国学史》的研究写作。现在,第一卷已经呈现于读者。

　　我历来主张,从事于双边文化研究的人,必须自己动手做翻译,把非汉文的有价值的研究成果,自己翻译过来。靠别人翻译,不免有局限性,做不得深入的研究。但是,自己动手翻译的目的还不在于此,更要紧的是通过阅读原著,并亲手处理不同语言文字表达上的异同,获得特定对象国的文化感受,只有具有这种文化感受,才能体味和把握他们的逻辑、思维习惯乃至情感。依据日本中国学中实证主义学派的要求,从事中国学术研究的人,不仅要求文献实证,而且要求从事文献研究的经验实证。我们限于实际条件,不能要求研究者都在特定的对象国获得文化的经验实证,因而,通过语言文字加以感受,便越发必要了。我每年总要做点这方面的笔耕,刊出了超过50万字的译稿。这一学科的研究生也必须做翻译。作为日本中国学史的一个配伍,目前正在筹措编译"日本中国学名著译丛"。

　　在数年的研究撰写中,我曾于1985年应日本京都大学的邀请,担任人文科学研究所日本学首任客座教授。1988年夏季应香港树仁学院邀请，担任人文学部客座教授。1989年秋至1990年春应日本佛教大学邀请，担任文学部客座教授。在数次客座期间，我曾有机会以日本中国学史为中心的诸项研究，与诸位先生切磋研讨，查核资料。有了这样的机会，本书才得以最后定稿，这是我要感谢他们的。

我真诚地感谢在研究过程中给予我教诲和帮助的老师和朋友。记得70年代初，我刚从"五七"干校回来，老系主任杨晦教授虽然自己曾一再被批斗，但他仍然多次嘱咐我说："你那个日文不能丢啊！日本汉学还没有什么人搞，这是很要紧的，将来还是会有机会的。你还要抓住英文和法文啊，多念点马、恩的书，看原著最好啊！"杨先生是我国杰出的马克思主义文艺学理论的先辈，以他对学术的忠实和对未来的希望，教诲于他的学生，我一直铭记于心。在我开始编撰《日本的中国学家》时，需要两万张卡片，那时我一月工资56元，只能用各色杂纸拼替。当时，刚刚重返领导岗位的副教务长向景洁先生，从他所能掌管的有限的财政中，一次批我300元，一次又批我500元，而且表示不要偿还。我是怎样的惊喜不止，这是比我一年工资还多的钱！我从内心感到组织上对学术的支持和对知识分子的关怀啊！1985年国家教委古籍整理委员会把《日藏汉籍善本书录》正式列入其重点项目之中，秘书长安平秋教授并建议我将《日本中国学史》全部提纲摄制成33小时的录像片，提供给相关的研究所参考，给我以重大支持。北京大学古文献研究所专门设立了"国外汉学与中国学研究室"，所长孙钦善教授为此创造了诸多条件。1985年夏，北京大学研究生院又批准招收我国第一个日本中国学硕士研究生，从而极大地推动了学科建设。北京大学比较文学研究所对本书稿的写作给予了支持和帮助。陆晓燕先生在日本以及国内香港等地为本书稿搜集和译出了诸多资料，并对稿本中的若干章节提出过许多诘难，使作者加以辨正，避免了不少在论证方面和逻辑方面的失误。刘萍女士也曾就若干观点与著者进行过深入的磋商。

出版社睿智的眼光和真诚的合作，使我个人的努力能够获得最大的社会效益。当本书稿还在写作时，季羡林教授和周一良教授决定把它收入"东方文化丛书"之中，江西人民出版社即以满腔热情，慨然允诺将这有100余万字的多卷本《日本中国学史》付梓，不向作者索要分文补贴。责编唐建福先生，诚恳热情，负责谦恭，曾数度赴京，与我研讨书稿诸事。当本书第一卷于今年4月24日下午2

时最后定稿时，唐先生于5时把书稿取走，翌日即行返赣。此种忠于学术，勤于责守的精神，使我深深感动。

当本书第一卷呈现于读者之前时，我忆起日本当代中国学泰斗吉川幸次郎先生1975年3月曾对我说，他准备系统地总结日本中国学的发展史，为此已经开始准备资料。1977年11月12日，日本东京大学文学部主任教授、当时任日本驻中国大使馆文化专员的前野直彬先生在卸任前夕，专程到北京大学与我会见，告诉我他与吉川幸次郎先生合作，打算编撰《日本中国学史》，我为之欣喜。不意前野先生归国后因脑溢血卧躺病床，而吉川先生更于1980年作古。他们的宏筹大略，竟为未成之业。现在，由中国学术工作者撰写的《日本中国学史》第一卷终于公刊，我愿将此作为礼物，贡献于日本中国学界——那里有许多我的老师和朋友，并愿他们指教。

我国社会主义现代文化的创造和发展，需要广泛而又谨慎地吸收世界各民族已经获得的文化成果。有兴趣的读者，如果通过本书稿的阅读，能够在更深的层次上，较系统地观察和理解近代日本的中国文化观念，以及他们对于我国人文科学诸领域的具体研究成果，以吸收有助于中华民族文化创造和发展的因素，并促进中日两国学术界乃至更广泛阶层的进一步理解，那么，这便是作者多年辛劳的最大慰藉了。

严绍璗
一九九〇年春末于北京大学跬步斋

《中日文化交流史大系·文学卷》序论
——中日文学交流的历程与我们的研究[①]

中日文学关系，自古以来始终洋溢着中日两大民族心灵交流的生动气息。它是世界文学关系中一个复杂而又独特的存在，更是构成中日文化关系不可缺少的一个重要领域。因此，当此次中日两国学者议定共同编写《中日文化交流史大系》时，文学的交流，便自然成为"大系"的一个卷目。

本卷由中日双方主编商定大纲后，分别约请两国有关学者分工撰写。两国学者各展所长，从不同的视角各抒卓见，以不同的笔法表达研求所得，可谓群芳争艳，精彩纷呈而新人耳目。有些篇章系从受容者的角度展开论述，探源溯流，读来亦别是一种感受。本书意在求其探讨的深入，无意于刻求历史意义上的全面、完整，然从篇章的编排、全书的内涵，亦不难窥见两国文学交流的历史轨迹。由于两国多人合著，在学术观点上存在某些差异，对有的问题的评述或存在与我们所常见的有相异之处，这是势所必然。不同观点的争鸣正是繁荣学术的前提。

[①] 本书由严绍璗、中西进主编，1996年由浙江人民出版社出版。

一

　　本卷内容，起自神话时代，讫于现代，其间绵亘两千余年。这岁月漫长的史实，生动而深刻地展现了中国文学与文化所具有的世界性历史意义，也展现了日本文学与文化自古以来所具有的国际化特征，它们共同构成了东亚文化灿烂的一页。

　　中日之间的文学接触，最早大概是通过人的接触来实现的。所谓人的接触，指的是在那样一种几乎不存在任何传媒的文化背景下，文学的传播完全是依凭人种的迁徙在无意识中来完成的。日本"记纪神话"中可以解析出内涵丰富的中国秦汉文化与文学的因素，这便是依靠了从公元前3世纪到公元6世纪中国向日本列岛的移民来实现的。此种长时期持续的、层面广泛的中国移民进入日本列岛，使正在这一列岛上形成中的本土文化（当然包括文学在内）从原始时代起，就面临外来文化的严重挑战。随着人种的融合，此种外来文化的强烈冲击，也就转化成本土文化与文学发展的因素。或许正是由于持续不断的人种融合，持续不断的外来文化的转化，这样就成了日本本土文化与文学消融外来文化与文学并使其转化成自身发展养分的内在机制。这便是日本文化与文学从原始时代开始逐步形成的变异特征。

　　日本的书面文学，最早出现于8世纪。就其文学的样式而言，《古事记》和《日本书纪》开创了日本的散文文学；《怀风藻》和《万叶集》开创了日本的韵文文学。但是，在8世纪的时代，因为还没有形成与日语相一致的日本文字，所以，无论哪一种文学样式，都是依靠汉字来表现的。当时使用汉字有两种形态：一种是借用汉字来记录日语的音，可以《古事记》和《万叶集》为代表，它们开创了日本的和文文学；一种是借用汉文的形态，用汉文的文法组成汉文文体，可以《日本书纪》和《怀风藻》为代表，它们开创了日本的汉文文学。当然，无论是和文文学，抑或汉文文学，它们都是日本文学。

　　日本书面文学形成之始的这些形态特征，已经注定了它与中国文学之间割不断的千丝万缕的联系。在8世纪，就文学发展的主体而言，以汉诗为代表的日本汉文文学要比和文文学更趋于繁荣和昌盛。此种文学势态对和文文学形成的压力与挑战，当不难理解。作为早期和文文学的代表，主要是不受节律制约的、以自由音素形式表达的和歌。处在当时的文学氛围中，自由和歌为了取得与汉文文学相抗衡的能力，它没有在绝对意义上采取排异的做法，而是加倍地努力，从日本汉文文学及它的模本中国文学中吸取适合自身发展的因素。主要是从中国的诗论与诗歌创作中，寻求对自身本土自由和歌进行规范化节律制约的可能因素，并相应提高和歌的歌论。此种吸取，已经是在自觉的层面上进行的。经过数代歌人的辛勤耕耘，自由和歌逐步形成了定型的"三十一音音素律"。《万叶集》的各类和歌，从不同的侧面显示了中日文学的这种接近；《古今和歌集》则显示了这种接近所产生的辉煌成果，从此创造了其后千余年和文中韵文文学的灿烂成就。

日本文学对中国文学的此种联系形态，我们称为在排异中实现变异。这是古代日本文学与中国文学相关联的最基本模式，它渗透于各个时代与各个层面。10世纪左右，和文文学中形成了物语文学。这是用假名创作的古小说文学样式，也是和文文学中第一次实现言与文统一的文学样式。物语的出现，使和文文学更加丰满。12世纪初女作家紫式部创作的《源氏物语》，是世界上第一部写实性长篇小说。然而，物语的产生却是经历了与中国文学交流并从中汲取营养的漫长过程。在物语之前300年左右，有一种可以称为汉文传奇的文学样式出现于日本文学之中。它是从神话、传说中脱出的文人的虚构性创作。他们从中国秦汉至初唐的文化与文学中获得营养，又从日本本土文化出发加以改造，成为日本文学中古小说的最初雏形。中国的唐人传奇后来是向着文人文言小说的方向发展，而日本的汉文传奇却是向着口语化的方向发展，并且加入了愈来愈多的和歌韵文成分，这便显示了此种汉文传奇的日本民族化进程。在一定的意义上可以说，《浦岛子传》便是这一演进过程中最有代表性的作品。日本学者一般把《浦岛子传》作为传说看待进行研究，那是因为日本文艺学上没有传奇这个范畴。然而，缺少了这一个范畴，就失落了物语形成的一个阶段。目前学术界公认《竹取物语》是日本物语文学的第一部作品。但也诚如有些学者所认定的那样，在今本假名《竹取物语》之前，极有可能还存在一种或几种汉文、或准汉文、或汉文体的《竹取物语》。实际上，我们可以勾勒出物语文学形成的基本轨迹：神话与传说—汉文传奇—准汉文（或汉文体）作品—假名物语。

定型和歌与物语文学，其内容上常常有许多来自大陆中国文化与印度佛典的材料，这些材料经过日本作家将其与本土传统混合处理，运用日本的美意识融会贯通，于是便创造出了丰富多彩的日本文学形象。有的中国文化与文学研究者，常常指摘日本文学作品既使用了中国文学的材料，又歪曲了中国文学的形象，他们欲求在日本文学中看到"原本意义"上的中国文学。这是一个很大的误解。日本文学采撷中国文学的材料，并非有意于再现中国文学的美意识，而总是从表现自身美意识的需要出发来理解和处理中国文化的材料。平安时代的日本文学在多层面上采撷了唐代白居易的文学材料，但是，从中国文比的立场上来说，每一个层面上几乎都是一个被"歪曲"了的白居易。实际上，当日本文学从中国文学中采撷相关的材料时，它总是从自身的美意识出发，对中国文学作"不正确理解"。只有建立在这种"不正确理解"的基础上，日本文学才有可能从中国文学中获得它自身所需要的养分。两个不同民族之间文学的传递，如中国文学之至于日本，希腊古典悲剧之至于法国，大致都处在这种"不正确理解"的状态之中。日本虽然地理上僻居亚洲东部的海岛，然而，它的文学同样表现了世界文学所共有的本质特征。

中日文学间的关系，从早期开始就呈现出双向交流的形态，大约在8世纪，当自由和歌正在向定型和歌演进的时候，具有"三十一音音素律"的和歌传入了中国。14世纪假名也传入了大陆，并出现了实用性"寄语"的编纂。这就使日本文学作品的汉译成为可能。明代万历年间（1573—1620）李言恭、郝敬编纂的《日本考》中，已经有了51首和歌的汉译文，当时的译者，不是把两种不同语文的移译称为"翻译"，而是名之为"切意"。这意思是说，不同语文的移译，只是切其意而已。这实在是表现了中国早期的日本文学译者对翻译含义的深切理解。在中国翻译文学史上，这大概是除了佛典的汉译外最早的外国文学译本了。

古代日本文学对中国的传播，其渗透力度虽然比不上中国文学对日本的传播，但是，它对中国文学的影响，在一定的时限内确也产生过不可忽视的作用。日本文学中的汉诗，虽然模本于中国诗歌，但是它却从自身的创作反馈于中国的文坛。五代人江为、明代人孙蕡等的绝命诗，元代人萨都剌的《天满宫》等，都是属于日本汉诗的反馈形态作品。此种接受日本汉诗反馈而再创作，一直延续到现代。如毛泽东青年时代有诗曰："孩儿立志出乡关，学不成名誓不还，埋骨何须桑梓地，人生无处不青山。"此诗内容昂然向上，格调高远，具有极强的美意识情感。据卢永麟教授考定，此诗源出于日本明治初期倒幕维新志士村松文三之作，亦意味深长。①18世纪清代康熙皇帝的大臣曹寅，于1709年创作了杂剧《太子乐事》，全剧共九出，并有一"开场引子"。其中有《日本灯词》一出，内有曲牌五支，起首一曲《金字经》，采用汉文中间杂有日文来填词，后四曲全部采用剧作者自认的日语发音的谐声字填词。如"山"填为"阳脉"（日语yama），"秋"填为"阿氣"（日语oki）等，这是中国文学史上第一次出现的作家使用日语进行创作。由于曹寅并不真正懂得日语语法，所以《日本灯词》至今还不能完全解读。即使如此，这一创作在中日文学关系上所具有的意义却是极为突出的。

二

中国与日本之间的文学交流，虽然两千余年来绵亘不断，但是，中国学者长期以来却并未对这一辉煌的文学现象进行过具有一定规模的研究，更没有进行过学术性的定位。据《中国比较文学年鉴》的报告，在从1919年至1949年的30年间，中国公开发表的可以称得上是比较文学的关于中日文学关系的研究论文，只有1927年发表于《小说世界》第16卷14期的查士元《中日神话之比较》一文。②

人们或许会感到震惊，也感到困惑。中日文学的交流绵远而深广。日本文学自8世纪开始传入中国，16世纪以来出现了和歌的汉译。特别是19世纪中叶以来，日本文学作品大批涌入中国，在文艺理论方面．如厨川白村、本间久雄、木村毅、小泉八云等；在创作方面，无论是艺术派、社会派，自鲁迅、周作人兄弟编译《域外小说集》、郭沫若编译《日本短篇小说集》以来，皆愈来愈为国人所知晓。1918年，周作人在北京大学研究所作过"日本近三十年小说之发达"的讲演，开日本文学研究之先河，继而有谢六逸的《日本文学史》问世。然而在这种情况下，何以在30年间只会有一篇关于中日文学关系的论文发表呢？

---

① 《北京大学》（校刊），1993年第3版。
② 《中国比较文学年鉴》（1986年），北京大学出版社，1987年。

事实上，19世纪后半期至20世纪前期，中国知识界对日本文学的研读，其主要兴趣并不在于日本文学本身。就其主体性倾向而言，中国知识分子是把日本文学作为摄取西洋文化的通道。他们从日本导入了诸如浪漫主义、写实主义、新感觉主义，乃至普罗文学与普罗革命的理论，从而引发和推动了中国的文学革命。或许正是在这个意义上我们可以理解，中国近代文学的一代启蒙者们，几乎都有与日本文学相接触的因缘，然而却又绝少成为日本文学的研究者。更未能从事中日文学关系的研究，更由于历史所造成的民族心理因素.面临中国近代社会严峻的历史使命，中国知识分子中不可能产生如同小泉八云那样的人物，会对日本传统和日本文学产生如此炽热的情感。

于是，从中华民族文化的视角出发，科学地来观察和研讨中日文学之间生动而又复杂的关系，揭示这种关系内蕴丰富的文学与文化学的意义，进而在更科学的层面上（应该说，这是在更接近历史真实的层面上）重新认识东亚文学与文化的价值，并重新认识它们在世界文学与文化中的地位，这一具有历史性意义的重大研究课题，终于在中国对外开放致力于现代化的进程中，放在了中国新一代知识分子的面前。

三

从20世纪70年代后期起，中国比较文学作为一门学科而得到意义深远的新发展。作为其中的一个领域，中日文学关系的研究也相应起步。但是，中日文学关系的研究，一开始就面临两种观念的严重挑战。

一种观念认为，日本文学是在岛国独特的文化土壤中形成和发展起来的，如果说中日文学有什么关系的话，那也至多是外在形式上的借用。这些先生说，过多地去研究中日文学的关系，那就会破坏了日本文学的独特的美。执这种观念的先生，或许是因为他们对日本文学具有独特的衷情吧。其实，这种观念源起于日本江户时代的国学派，在战前曾长期控制着日本的思想文化界，他们把日本文学与日本文化孤立于世界之外，仅把它作为脱离世界文明大道而独自存在的独立个体加以欣赏。此种观念在战后的日本受到重大冲击，是理所当然的。不料其余波却仍流于中国的日本文学研究之中。这种状况使中日文学关系研究在整个中国比较文学研究中显得起步维艰。同时，它也多少决定了新一代的中日文学关系史研究家，最早将从非日本文学专业中，例如从中国文化与中国文学专业中产生。

另一种观念认为，日本与中国同文同种，古代日本，其文化与文学则完全依靠中国文化得以提升。例如，有的先生举证日本文明之初，由于中国的徐福到了日本，日本便从绳文时代推进到了弥生时代。至于近代日本，其资本主义的发展，又依靠《论语》加算盘，才得以繁荣昌盛。因此，所谓中日文学关系研究，便应主要是从中国文化的立场上来解释日本文化与日本文学。这种观念误导了研究者，尤其是青年研究者，把对中日文学关系的研究，仅仅作为中国文学与文化的输出加以考察。由于日本文学中存在着常用汉字，又使有些研究者误以为不必通晓日本文化，甚至不必识得假名，只要是中国人，只要懂得汉文，便可以做出文章。80年代以来，中日文学关系的研究终于突破藩篱，有了一个长足的发展。然而，无论是在中国，抑或是在日本，确有为数不少的研究，不幸而坠入误区。此种势态的出现，不能不说与这种观念的误导有密切关系。

中国的新一代研究者，应以自身艰苦的努力，在荆棘丛生的学术道路上，走自己的路。

四

中国学术界对中日文学关系认真地进行学术性的研讨，开始于80年代。在此之前的1978年，当时我国驻日本记者，后来成为文化部领导人的刘德有先生，率先在《光明日报》上发表《白居易在日本——中日文化交流史话》。这是自1949年以来第一篇真正言及中日文学关系的文章。继而在1979年有张步云先生的《试论唐代中日来往诗》一文，刊于同年《学术月刊》第11期。与刘文采用史话的形式相比，本文是一篇真正意义上的论文。这是在从1927年《中日神话之比较》发表起时隔50年之后，第一篇研究中日文学关系的学术论文。回忆及此，不禁使人感慨万端。

经过了数年的酝酿,在进入1980年之后,中日文学关系的研究,以其前所未有的规模得到了迅速的发展,它的显著特点有三个方面。

第一,持续不断地发表研究论著。如果说,在70年代的后期,相关的文章仅是约每年一篇与读者见面;那么,1980年则发表了8篇论文,1981年发表了14篇,1982年发表了8篇……论说所涉及的层面已突破了前期所研究的汉文学范围,而几乎涵盖了中日文学关系的各个侧面。研究论文的持续发表,表露了中国学术界在这个领域内蕴藏着丰富的生命之力。

1987年,湖南文艺出版社同时出版了严绍璗先生撰著的《中日古代文学关系史稿》、王晓平先生撰著的《近代中日文学交流史稿》,中国学术界第一次有了关于中日文学关系这一主题的专门性论著。两书在历史时限上互相衔接,是关于同一主题的相关姊妹篇。这两部著作的出版,展现了中国学者对于自古以来及于近代中日文学关系的整体性观念,以及文学发展进程中各个侧面关系的判断。

日本学者对严绍璗先生的《中日古代文学关系史稿》曾有如下的评论:"该书不是浮面地描述中日两国文学的一般意义上的交流,诚如我们经常读到的诸如文学家的来访、作品的译介、诗文的唱和等等;而是从文学发生学的立场出发,着重于揭示文学深处的内在动力。作者从文化运动的辩证法出发,指出中日文学作为两种异质文学,对抗是绝对的;但由于日本文学内在的变异特征,这种对抗就并非表现为绝对意义上的排斥,而恰恰表现为相对意义中的融合,也就是说,日本文学为了取得与外来文化相抗衡的力量,它每每要从对手的成就中,寻找壮大自己的因素。这便是在排异中实行变异……如果以日本文学为母本,那么,中国文学常常是日本民族文学新样式的父本。但是,父本往往要被母本作一个不正确的理解,方能被接受……在这部著作中,作者以对于材料的精确把握,深刻地表现了关于中日文学关系的新思维。"①

同样,学术界也高度重视王晓平先生的《近代中日文学交流史稿》。他们认为:"不同于以往所有的关于中日比较文学的论文,本书不是对文学相互影响的个别现象的描述,而是对中日文学交流断代史的研讨,这在我国比较文学研究中,无疑是具有拓荒的意义……作者既分析了大量一脉相承、确凿无疑的影响现

---

① 北京大学日本研究中心主编:《日本学》第一辑,北京大学出版社,1989年。

象，也比较了那些依据不足但彼此相似的现象。"史稿"力避常见的那种堆积材料、就事论事地品评个别现象的史的写法，而着力于描述历史过程的完整面貌，并探幽发微，开掘历史过程的深部联系……这是一部具有内在整体性和深刻理论性的著作。它是近年来出现的文学研究方面的优秀学术著作之一。本书的出版，无论是在理解中日近代文学关系方面，还是在理解近代日本文化方面。都具有极大的意义。"[1]

正是在这个意义上可以说，这两部专著把中日文学关系的研究推向了体系化研究的阶段。

继此而后，1990年江西人民出版社出版了王晓平先生的《佛典・物语・志怪》，广州花城出版社出版了严绍璗先生与王晓平先生共撰的《中国文学在日本》；1991年江西人民出版社出版了严绍璗先生的《日本中国学史》（第一卷），吉林大学出版社出版了萧瑞峰先生的《日本汉诗发展史》（第一卷）；1994年辽宁教育出版社出版了马兴国先生的《中国古典小说与日本文学》；1995年四川文艺出版社出版了《水边的婚恋——〈万叶集〉与中国文学》等。此外，1992年吉林教育出版社出版了于长敏先生的《日本文化史略》，1994年新华出版社出版了严绍璗先生的《中国文化在日本》，与1995年中央编译出版社出版了王勇先生的《中日关系史考》等著作中，也以很多的篇幅论述了中日文学关系。所有这些都表明，自中国新文化运动以来，经过近70年的静寂，中国学者终于在中日文学关系这个看起来似乎熟悉，实际上却又相当隔膜的领域，开始了具有科学性和整体性的研究。

第二，研究队伍的结成。以中国的各类大学为依托，自80年代以来，开始结集从事中日文学关系的研究者。1979年在北京大学建立了中国第一个中日文化关系研究的民间学术团体"北京中日文化研究会"。当时参加这一团体的中日文学关系研究者，约有20余位。在1980年的年会上，第一次召开了以中日文学关系研究为主题的会议。继而在1985年成立了中国中日关系史研究会（后改称中国中日关系史学会）。在这个学会的每届年会上，中日文学关系都成为一个不可或缺的议题。特别值得重视的是1988年成立的中国中日比较文学研究会。研究会以吉林大学日本文化研究所赵乐甡教授为会长，吉林大学外语学院院长于长敏教授为

---

[1] 《文学遗产》，1989年第6期。

秘书长，结集了中国大部分的有关研究者。从建会以来先后举行了三届学术研讨会，并已出版论文集《中日比较文学论集》（于长敏、宿久高主编）。这些都表明，中国学术界在这一研究领域内已经结成一支有一定数量并具有相当学术能力的研究队伍。

第三，学科建设的发展。按照世界人文科学研究运作的常规，在某一领域内研究者的任何研究成果，只有当它进入大学讲台之时，才有可能成为独立的学科。

随着80年代初期以来中日文学关系这一领域内研究的推进，1983年开始，北京大学开设了"中日文学关系研究"课程，并于1988年培养出中国第一位中日文学关系研究硕士。90年代以来，东北师范大学、天津师范大学、杭州大学、四川大学等也相继建立了中日文学研究的相关课程，并陆续培养了一批硕士学位研究生。1994年，日本留学生丹羽香在北京大学以《〈雨月物语〉——它的构成与中国文化的关系》的论文，获中日文学关系研究硕士学位。这是中国第一次为日本培养这一领域的硕士学位生。在加强学科建设的基础上，东北师范大学孟庆枢教授开始撰著《中日比较文学史》，为此已公开发表"课题纲要"，这将是中国第一部以中日文学关系为主题的比较文学史，也将成为中国大学讲台上讲授这一主题可供资凭的第一部相关教材。1995年，北京大学正式确立中日文学比较研究博士学位，严绍璗先生为指导教授。北京大学世界文学研究中心硕士张哲俊先生，与日本留学生大野（藤田）香织女士，为第一批博士学位攻读者。这一博士学位的确立，意味着中国学术界在这一领域内已经具备了培养高级研究者的能力，并结束了这一学科只有在国外才能获得博士学位的局面。

经过15年左右的努力，我国大学已经把中日文学研究作为一门独立学科，使之得到相应的发展，并建立了在这一领域内培养各级研究人才的完整系统。

五

中国学者在中日文学关系这一领域中，以不到20年时间所取得的此种突破性的、务实性的进展，赢得了国际同行的注目。1991—1992年，中日两国学者在中国和日本两地，数次晤面，商讨共同撰写《中日文化交流史大系》（中、日文版），其中包括"文学卷"的撰写。也正是在这样丰厚的文化背景下，我本人也才有信心与日本中西进教授共同主持"文学卷"的编写事务。

当本卷正在撰写之际，1994年8月，国际比较文学学会（ICLA）加拿大多伦多会议，决定编写《东亚比较文学史》（三卷本）。会议议决第一卷主题为"古代以中国文学为中心的东亚文化与文学关系"，并议决由中国北京大学比较文学与比较文化研究所担任主编，组织中、日、韩学者共同撰写。

这几件事联系在一起，它多少标志着中国学术界在这一领域内的研究已与国际学术界接轨，并已进入互相对话的层面。当本卷中、日文本出版的时候，21世纪已经离我们不远。中国的中日文学关系研究者，当会以自己的睿智和更加辛勤的劳作，在这一学术的田园中耕耘，取得更多的收获。假如我们的努力，对于考辨东亚文学历史的疑团，揭示文学与文化的本质，乃至对于促进中日两国文学与文化的互相理解，推动未来国民之间的友好合作，多少能有一些作用的话，那便是我们留给20世纪，同样也是献给21世纪最好的礼物。

附记：

一、本卷在组织撰写之际，日方主编中西进教授和我，曾数次真诚邀约中国台湾学者加盟其间。但被邀请之学者，有的身体欠佳，有的工作很忙，有的正欲赴国外，所以，原先准备留请中国台湾学者撰写之章节，最后也只能由本卷其他撰写者代劳了。读者对于在本卷未能读到中国台湾学者的论说，可能会感到遗憾。至于我在本文中所描述的中国学者对中日文学关系的研究，也仅指大陆地区而言。关于这一点，我想读者也会谅察。

二、本卷日文版承蒙日本大修馆书店刊出，中文版承蒙浙江人民出版社刊出。本卷中方主编与撰稿者，谨向这两家出版社表示深深的敬意。浙江人民出版社编审张宪章先生与大修馆书店玉木辉一部长先生，对《中日文化交流史大系》及本卷曾给予鼎力支持。没有他们的这种真诚奉献，《中日文化交流史大系》及本卷都是难于与读者见面的。

1994年草于日本文部省国际日本文化研究中心
1995年初夏定稿于北京大学蔚秀园寓所跬步斋

"21世纪比较文学系列教材"出版总序[①]

北京大学比较文学与比较文化研究所，是教育部于1985年批准建立的我国高等学校中第一个从事比较文学学术研究和培养相应学术人才的实体性研究机构。就人才培养而言，在近20年的时间里，建立起了培养硕士、博士和博士后流动站作业的比较完善的学术教育系统，同时也形成了接纳来自国外的高级研究员，以及来自国内兄弟院校进修教师的有效机制。

比较文学繁重和复杂的学科教学，迫切需要一套相应的教材和读本。这套教材和读本，既要能够表述本学科基本学术内涵，又要能够表现学科研究中所取得的相对合理和稳定的公共成果；既要能够阐述国际比较文学研究中具有学科真理性和前瞻性的见解，又要能够表述作为中国学者从事比较文学研究的理论体验和文本解析特征。这套新教材的根本性宗旨，应该在于使中国人明白到底什么是比较文学，并且使对这一学科有兴趣的中国人懂得到底应该怎样做比较文学研究。

目前，比较文学的教学基本上是依靠译介国外的学科著作作为学科教材和读本。国内流行的由学者们撰著的（包括我们参与的）比较文

---

① 本丛书2004年起由北京大学出版社陆续出版。

学、比较文学原理和比较文学概论,乃至高等原理等,起到了启蒙和救急的作用,但由于基本内容都是关于国外对这一学科学理的阐述,几乎没有中国文化和文学文本参与其间,也没有作为学者本身参与实践的体验,虽然给了读者不少的知识,但读者却常常觉得对比较文学的学科理论难以把握。不少有兴趣的研究者也仍然徘徊在学科门前,不得登门入室之道。我这样说,丝毫没有贬损25年来我们在比较文学学科中的努力和这一学科发展的事实,也没有贬损译介国外学科著作的价值和意义。当我们在获得充分历史感的基础上,作为一个担负着十分沉重的比较文学学科教育责任的研究所,点检我们学科教材与读本的建设,我们深感应该集合学科诸位同仁的力量,改变在这一学科的基本理论层面上四分之一世纪中以国外的著作为主,以本国学者的阐述其著作为辅的学术尴尬状态,重新编撰一套我们深切期望的具有上述四个特征的比较文学学科教材。希望这套教材能够提升学科人才培养的质量,并引导更多的对比较文学有兴趣的青年能够较快地走进学术之门。

北京大学比较文学与比较文化研究所,总结自己20年来在培养硕士、博士教学,和在博士后流动站作业中,以及国内外研究者的研修中积累的学术知识和学术体验,综合自己的学术研究,并约请相关的同仁,共同着手编著"21世纪比较文学系列教材"。依照目前的规划,参与这套教材第一期的作品有乐黛云等的《比较文学原理新编》、乐黛云的《比较文学简明教程》、严绍璗的《比较文学观念与方法论导论》与《比较文学发生学导论》、孟华的《比较文学形象学导论》、车槿山的《比较文学叙事学导论》、刘东的《比较美学导论》、陈跃红的《比较诗学导论》、张辉的《比较文学阐释学导论》、谢天振的《比较文学译介学导论》、张哲俊的《东亚比较文学导论》等。

我们希望这套教材能够把比较文学的学科注意力,在一般概念阐述的基础上引向更加深入的学科各个研究层面,展现学科各个内在领域的内奥与各自的特征,并力图使读者在理解学科总体学术框架的同时,在比较文学的众多研究层面中体验学术的实践要领。

这套教材之所以用"21世纪"冠名,是为了体现它的开放性和长期后续性特征。此即这套教材由我们现在开头,它将在整个21世纪不断得到补充和更新,有更加丰富的学科教材参与其间。大部分作品定名为"导论",意思是本教材仅起着"导航"的作用，它不可能穷尽比较文学所有的理论和所有的研究层面；它试图承担起"领航员"的作用，而船舶入港的速度、靠位的准确与否，则在于船舶驾驶员的能力和船舶本身的结构与性能了。

参与这一套教材的各位编著者，都是在我国比较文学学科中长期从事学术研究，并且长期指导着本学科各类研究生的学术实践者。他们的业绩为我国比较文学界普遍知晓，更有数位是在国际比较文学界有一定地位的学者。他们以自己的睿智综合国内外学术界研究的成果，阐述自己在学术实践中的体验，条分缕析、辩证考核、注重实践、谢绝玄虚，期望以自己的学术心得有益于把我国比较文学的研究推向切实的研究层面。

正是在这样的意义上，我作为目前担任本系列教材的主编，多少可以自豪地说，"21世纪比较文学教材"的每一部作品，其实也是每一位先生在一个专门领域中的一部专门著作。它既为比较文学学科的研究生提供了基本教材，也为在我国各类学校中未经受过严格的比较文学学术规范训练而正在从事着这一学科教学的同行，而且也为在更加宽阔的层面上喜爱比较文学的读者们，特别是年轻的朋友们，提供了一套由中国学者自己编著的学科读本。假如各位读者能够在本系列教材中得到程度不等的学术教益，受到学术启示，并因此而多少有助于各位的学术事业，那就是对本系列教材编者们最大的慰藉了。

我们也诚恳地期待在阅读本系列教材过程中各位读者的批评指正和商榷感想。

这一套教材是北京大学"211工程"重点学科建设项目的一个部分。

本研究所感谢北京大学出版社承担本系列教材的出版，感谢外语编辑室张冰主任与各位编辑的辛勤劳作。

严绍璗

北京大学比较文学与比较文化研究所所长

21世纪比较文学系列教材主编

2004年立春之日撰于北京大学静园六院

"北京大学20世纪国际中国学研究文库"总序[①]

对我们中国学术界来说，Sinology正在成为一门引人注目的学术。它意味着我国学术界对中国文化所具有的世界历史性意义的认识愈来愈深化；也意味着我国学术界愈来愈多的人士开始意识到，中国文化作为世界人类的共同精神财富，对它的研究，事实上具有世界性。或许可以说，这是30年来我国人文科学学术观念最重要的转变与最重大的提升的标志之一。[②]

呈现在你面前的这一部著作，是"北京大学20世纪国际中国学研究文库"的一种。它是30年来我国人文学术在关注国际学术界Sinology的学术趋势中，北京大学比较文学与比较文化研究所为回应和盘检20世纪这一学术而展开的专题性研究。

Sinology就其学术研究的客体对象而言，则是中国的人文学术，诸如文学、历史、哲学、艺术、宗教、考古等等，实际上，这一学术研究本身则是中国人文学科在域外的延伸。从这样的意义上说，Sinology的

[①] 本丛书2004年起由中华书局陆续出版。

[②] 关于Sinology的意义，学术界尚有不很相同的理解。所以在行文中仍然使用Sinology。当使用译文时，译为"国际中国学"，但同时又要加一个括号"（汉学）"，以示对各学派的尊重。

学术成果，都可以归入中国的人文学术之中。但是，作为从事这样的学术的研究者，却又是生活在与中国文化很不相同的文化语境中，他们所受到的教养，包括价值观念、人文意识、美学理念、道德伦理和意识形态等，和中国文化很不相同。他们是在由他们的文化铸成的文化语境中从事中国文化的研究，通过这些研究所表现的价值观念，从根本上说，则是他们的母体文化观念的一种形态。所以说，Sinology的学术成果，其实也是他们母体文化研究的一种。

由此考量Sinology的学术性质，那么，我们可以说，这是一门在国际文化中涉及双边或多边文化关系的近代边缘性学术，它具有比较文化研究的性质。

遗憾的是，直至目前，我国学术界仍然有不少人士常常误解这一门学术。这种误解主要在两个方面。

一方面是，仍然有不少的学者，始终把Sinology这一学术与中国国内从事的本国文化研究混为一谈，视为一个体系，一种学术。最具有典型意义的是，在北京的两个最有名的大学中，一个大学出版了一种定名为《××汉学》的刊物，登载的几乎全是我国国内学者研究本国文化的论说；另一个大学召开了"国际汉学大会"，会上的发言者绝大部分是中国学者在谈论中国学术。所有这些都让国际中国学家瞠目以对，莫名其妙。

另一个误解是，有些先生以为，只要是个中国人，不需要什么必需的知识装备，只要在外国走一走，参观参观，回来讲讲在座谈会上听来的消息，说说在外国人的研究室中看到的题目和大学里收集来的课程表，就是Sinology了。

这样的遗憾当然是因为他们事实上还没有能够介入这一学术的相关研究层面而造成的。实际上，Sinology具有确定性的学术内容。依据我们30年间摸索这一学术的体验，本学术范畴大致应该具有如下的学术层面：

第一，关于中国文化向域外传递的轨迹和方式。中国文化向域外的传播，构成国外对中国文化研究的基础。文化的传递可以有多种渠道，包括人种的、典籍的、宗教的方式，以至现代的电子传媒。但是一般而论，文献典籍的传播是文化传播最主要的载体。因此作为Sinology的基础性研究，就必须从事收集整理和研究相关的文献，以原典性的实证方法论，解明中国汉籍向世界的传播，探讨这种传递的轨迹和方式，阐述其文化学的意义。失去了这一基本性的功能，所谓对Sinology的研究，都是无根之木，无源之水。其实，从人文学科研究的基本要求来说，一个人文学者，假如他的一生从未做过基本资料的收集、整理和研究，那么他的所谓的学术，便是大可怀疑的了。

第二，关于中国文化在传入对象国之后，于对象国文化语境中的存在状态，即对象国文化对中国文化的容纳、排斥和变异的状态。有人对把这样的文化研究纳入Sinology的学术范畴，大惑不解。但是，依据我们自己的研究所获得的深切体验，诚如前述，任何一个外国学者对中国文化的观念和他的方法论，都受制于他的母体文化；而他的母体文化与中国文化的交会接触的层面，便是造就他们中国文化价值观的最重要的区域，这样形成的中国文化价值观支撑着他们对中国文化的研究。有的时候，有些中国学家的研究，使中国学者感到不可理解（这里只是就学术范畴讨论，不涉及特定的政治层面和更加广泛的意识形态层面），这是缘于他们在接受中国文化时形成的"文化的变异"所造成的。因此，研究在异国文化语境中中国文化的变异，便命定地成为Sinology学术范畴中的内容。

第三，关于世界各国（对具体的学者来说，当然是特定的对象国）在历史的进程中，在不同的政治、经济和文化条件中形成的"中国观"。从宏观的角度看，中国观并不一定只有中国学（汉学）家才有。只要中国存在和活动着，中国之外的许多民族和国家，都会在不同的层面上有对中国的观念。这些中国观念，在不同的时期，会对各国的中国学（汉学）家产生重大的影响。尽管许多的学者标榜自己的学术独立，但是，无论是顺时思维或者逆向思维，任何学者都不可能离开他现时生存的环境而独立地生存，因而他的思维和对文本的解析，必定具有特定时期的社会总体思维的烙印（比较文化中称为"社会集体无意识"），它们以公开的或隐蔽的、精致的或粗糙的多元形态存在。例如，我们现在可以指证20世纪的日本中国学家中，几乎没有一位不受他所生存时代中国观的影响，想来欧美亦然。只有在总体上把握了特定对象国的各种中国观的形态与特征（尤其是主流中国观的形态和特征），才能在对特定国家的中国学的论述中具有理论的深度和宽阔的视野。事实上，从世界文化研究的范畴来考察，国际中国学（汉学）中的对象国的中国观的研究与阐发，本身就构成了特定国家的中国学（汉学）的重要内容。因此，无论是作为一门独立的学术，还是只进行这一学科中的某一层面或特定课题的研究，为了准确地（即科学地）把握和阐述客体对象，研究者对特定对象国在特定历史时期的中国观及其历史源流的把握，应该是Sinology必不可缺的内容。这几乎成为考量一个Sinology的研究者学术水平的基本标准。

　　第四，关于在中国文化（以人文学术为主体）各个领域中的世界各国学者具体的研究成果和他们的方法论。关于这一内容的意义和价值，无须再讨论。但是，指出下列的问题仍然是具有意义的——这就是不要把对象国的次流学者的观点，当成是主流性观点；更不要把对象国一个学者的观点，当成是对象国的普遍性观点。30余年来，我们曾经因自己这种在学术上的无知，闹出了好多国际笑话。我以为研究者只要遵守两个基本的学术原则，这种状态是完全可以不发生的，一是把对任何国家的中国学研究作为"研究"来对待，即所谓的"研究"不是任意地拣拾外国人的字纸，研究者必须对特定对象国的中国学进行学派和学派谱系的研究，起码也要有所了解。在此基础上，再来进行整体的或个别的研究。只有这样，我们才能认定各国的中国学家们在他们自己国家学术谱系上的地位，才能避免由无知而造成的愚昧；二是研究者必须以忠诚于学术的心态来从事研究，不要试图利用学术来谋求实际的功利。有的时候，我们明明知道对象国的某位学者，其学术水平并不很高，却偏要在我们的杂志报纸上说"××国中国研究的权威学者"，甚至弄到对方专门申明自己不是"权威学者"。这种以学术为由头而谋求私利的心态和行为，实在是一种学术腐败。

　　回想20世纪70年代末期，在中国社会科学院情报研究所内，当时的研究室主任孙越生先生筚路蓝缕，主持着一个"中国学研究室"，不定期地出版一份《外国研究中国》的刊物，集合志同道合的朋友，各人从自己能够看到的国外材料中翻译一些世界对中国的研究。这可以说是我国学术界最早期的Sinology的专门性刊物。与此相呼应，1977年起北京大学古典文献专业内也编辑了一份《国外中国古文化研究》，这份出版物小得有些可怜。版面为大16开，每期20页，铅印的封面，打字油印的内页，每期约为2万字，是从日文和英文刊物上翻译过来的一些学术消息，自编自印，在同行中散发。这份看起来有点像"非法"的印刷物，却为后来北京大学的国际中国学（汉学）作了最早的也是最原始的奠基，因为后来由国家教育委员会认定的北京大学古文献研究所的"国际中国学（汉学）研究室"，便是从这里发展出来的。1985年又从这里开始，正式招收了我国第一批国际中国学（汉学）硕士学位方向的硕士生（2名）。当时，我的想法是很幼稚的，就是让从事于中国古文化研究的同行，能够大体知道外国人是如何研究中国的。或许这是一个因缘,孙越生先生因此而与我相识。孙先生早年从事经济学研究,对Sinology极为注目,立意要为此"做出点事业来"。于是,我们似相见恨晚,经常在一起,有时候在社科院孙先生的办公室里,有时候在东单孙先生的家里,共同研讨Sinology诸事。

我本人接触Sinology,要感谢我的老师——20世纪60年代初期时任北京大学副校长兼古典文献专业主任的魏建功教授。1960年9月,当时我是北大古典文献专业第一届二年级的学生,在我的英文结业之后,魏先生又要我去学习日文。他对我说:"我们一定要去翻动那些日本人的著作,看看他们做了些什么,不要让他们笑话了我们!"1964年我大学毕业的时候,考上了中国科学院哲学社会学部历史研究所的研究生(张政烺教授指导)。魏建功教授劝我放弃升学,在北京大学从事"燕京—哈佛学社"的资料整理,以期培养出新中国第一批从事Sinology的人才。但当我刚刚在北大未名湖北岸才斋的顶层上为被封尘了16年(1949年起)的"燕京—哈佛学社"的文献掸去尘埃,当年10月,作为主持这项研究的最高学术领导——时任中华人民共和国国务院副秘书长的齐燕铭先生,忽然变成了"修正主义分子"并被驱逐出京城,到山东济南当了副市长。"燕京—哈佛学社"资料的整理也作为"学术领域的修正主义活动"而被停止。尽管如此,当时在我还年轻、无知的心中,留下了"燕京—哈佛学社"的事实和关于Sinology些微的知识。到了20世纪的70年代末期,尽管时间距我初次涉足"燕京—哈佛学社"已经过去了十余年,我们又都经历了"文化大革命"的沧桑之变,但心头的这个愿望,却总想着待机勃发。

孙越生先生对Sinology的执着,令我非常感动。大约在1977年年底,他开始筹划"国外研究中国丛书"的编撰,由此而开启后代各类"中国学(汉学)"丛书之先河。20世纪初期开始的中国近代文化运动,完全没有为Sinology这一学术准备最起码的材料。当20世纪70年代末,中国学者开始意识到中国文化的世界性意义的时候,他们的手边竟然没有最基本的学术资料。孙越生先生关于编撰和出版日本、苏联和美国三国的中国学具有基础性的连续资料的想法,实在是具有前瞻性的学术思维。冯蒸先生为此首先刊出了《国外西藏研究概况》,引起了国际学术界的瞩目。1980年1月,中国社会科学出版社出版了由我编撰的《日本的中国学家》。这是中国学中一部应用性的工具书。此书收录当时在世的具有高级学术职称的日本中国学者1105人，辑录他们的著作10345种，行文65万字。这或许是我国学术界关于Sinology最早的一部工具书。尽管这部工具书需要提升的地方确实还不少，但当时却对日本中国学的研究起了提示析疑的作用。后来，姜筱绿女士等又编撰了《俄苏中国学手册》（上下册），孙越生先生领衔编著了《美国中国学手册》。从而完成了孙越生先生关于"国外研究中国丛书"的第一步。

　　这里还必须要提到我国学术界在最早确立国外中国研究、国际中国学方面也具有首创之功的两个似乎不为人们注意的非公开发行的刊物，这就是中国社会科学院历史研究所的《中国史通讯》和国务院古籍出版规划领导小组主编，由中华书局出刊的《古籍整理出版情况简报》。自1978年开始，《中国史通讯》刊登了一些关于日本、法国、美国、荷兰等国学者对中国史研究的历史和现况，有综述描写，也有个案报道。它为我国学术界对中国史的研究引进了新的视野。但是，人们很难想象的是，像《古籍整理出版情况简报》这样的关于古籍整理动态的专科性通讯，怎么会在70年代末就跻身于Sinology报道的首创行列呢？当时大难刚过，许多人对国际学术还双眼未开。记得教育部的官员拿着我申请前往日本的报告，在写字桌上敲了两敲说："一个学中国文化的人，到外国去做什么！"可就在这样的文化氛围中，《古籍整理出版情况简报》却率先把学术眼光移向世界，表现了当时作为该报主编的杨牧之先生和他所在的中华书局的学术前瞻性。从1979年该报第4号起陆续刊登了严绍璗等撰写的关于日本对中国古文化研究的综合报道，如《日本学者关于中国文学史分期方面的见解》《日本对〈诗经〉的研究》《日本对〈尚书〉的研究》等，特别是在1981年3月，为全文发表严绍璗所做的《日本学者近年来对中国古史的研究》而特设一期"增刊"。该文综述了日本史学界近20年间关于中国史研究中六大问题的论争，即中国文明起源的提法与关于黄河文明与河江文明的论争、甲骨卜辞的整理与关于殷代史的论争、秦汉帝国的社会性质和关于中国古代"共同体"的论争、六朝社会的特点与关于"豪族共同体"的论争、唐宋社会与中国社会特点的论争、明清研究与"乡绅论"的论争。此文后来被多次引用和重印，并在日本中国史研究者中有积极的呼应，表现了当时正在觉醒中的中国本土学术界对域外知识的欲望。这两个刊物对国际中国学（汉学）的参与，表明了从70年代后期起步的这一学术，正在从最基本的学术资料积累走向关于对中国学（汉学）具体学术成果的阐述和评价。

但是，在这一阶段中，尽管我国学术界已经开始了对Sinology的关注，并已经实际地从事这一学术的基本建设。然而，就其对这一学术的理解和把握，仍然显得过于狭窄和肤浅。这一点只要从中国社会科学院把"中国学研究室"设置在情报研究所中就可以窥见其一斑。而当时参与这一学术起步的刊物，也只是《中国史通讯》《古籍整理出版情况简报》和我在北大古典文献专业内自编的"消息"，这就是说，人们是把国际学术界对中国文化的研究还只是作为一种"学术情报"看待。

80年代中后期以来，我国学术界对Sinology的研究具有了实质性的提升，其中以敦煌学为领军，以史学为基点，旁及哲学、文学、艺术和考古等学术，我国学者较为全面地介入Sinology的各个领域，从基本资料的收集整理和学理论说的阐发梳理诸层面开始获得为各国中国学家所瞩目的业绩。由此相一致的，则是北京大学中国语言文学系古典文献专业于1983年起，正式开设了"日本中国学"课程，这是我国大学史上第一门关于Sinology的课程。当时我国国家教育委员会全国高等学校古籍整理委员会特地把这一课程摄制成为36小时的教学录像片，在全国相关的校系专业中以授课方式放映。1985年该专业正式招收Sinology硕士学位研究生，并于同年在北京大学古文献研究所内建立了"国际中国学研究室"。十年后，即从1994年起，由于我本人的行政隶属由古文献研究所转为比较文学研究所，北京大学又在比较文学研究所内设立了Sinology方向的博士学位研究生，由孟华、严绍璗担任导师。根据世界学术的通例，当一种研究登上了大学的讲台，在大学中成为稳定的课程，并有了相应学生的时候，这一研究便可以被承认是一门学术了。假如我们沿此通例，则可以大胆地说，Sinology大约是在20世纪80年代中期，以北京大学为学术舞台，在我国学术界开始成为一门独立的学术。

1987年11月，北京大学国际中国学研究室与深圳大学文化研究所在深圳联合举办"国际中国学讲习班"，约请李学勤、章培恒、汤一介、严绍璗，以及中国香港和澳大利亚的学者担任讲师，有70余人参加。这是我国学术史上第一次举行的以Sinology为主题的全国性研修会。它事实上宣告了在中国学术界，Sinology作为一门独立的学术已经形成。

我国学术界在创造国际中国学（汉学）的学术道路上，已经走过了荆棘之路，进入90年代以来，终于成为一门为世界瞩目的学术。我以为标志有五：一是我国大学对Sinology的重视和参与程度有了很大的提高。继北京大学之后，清华大学建立了"国际汉学研究所"、北京外国语大学建立了"世界汉学研究中心"等。这就意味着作为一门独立的学术，它已经具有了稳定的学术基地。二是公开出刊了具有学术专业性质的学刊。以任继愈先生为主编、张西平先生为常务编委的《国际汉学》，具有先驱之功，继而，阎纯德先生主编的《汉学研究》发刊，1998年刘梦溪先生主编的《世界汉学》也相继问世。此外，全国各地尚有一些相关刊物，如复旦大学的《中国学》等，这就意味着作为一门独立的学术，已经具备了具有专业意义的学术成果发表公开发表的稳定的学术阵地，从而具备了进行国际学术对话的物质条件。三是有计划地把Sinology的成果推向中国学术界。其中，中华书局有率先之功，先后推出了《日本学者论中国哲学》和《日本学者研究中国史论著选译》（十卷本）等，引起中日两国学界瞩目。继而，王元化先生主编的"海外汉学丛书"（上海古籍出版社），刘东先生主编的"海外中国研究丛书"（江苏人民出版社）都陆续出版，这就改变了对Sinology成果研究的原始性无序状态。四是开始了Sinology的学术史研究。在上述各项研究展开的基础上，我们已经有可能开始对特定对象国的中国学（汉学）的学术形成与发展、学派的组合与嬗变、对象国中国学（汉学）与世界相关国家相关学术的关系等等，在学术的层面上加以条理、描述和阐发，从而形成特定的学术史。在季羡林先生和周一良先生的督导之下，1992年严绍璗首先完成了《日本中国学史》（江西人民出版社），继而，有关德国、瑞典、法国、苏俄的学术史论著相继刊出或即将刊出。这就意味着我国学术界在理论层面上已经具有深入把握各对象国中国学（汉学）内在结构的能力，并能够加以研究、分析和描述。五是经历了四分之一世纪的学术磨炼，我国开始建立了一支从事国际中国学研究的、为国际中国学术界所认可的、具备在国际学术界对话的高层次学者队伍。2000年北京语言大学副教授钱婉约，以《内藤湖南研究》获得北京大学比较文学与比较文化研究所国际中国学研究方向文学博士学位，2001年北京大学副教授刘萍，以《津田左右吉研究》获得北京大学上述同题研究方向文学博士学位。这是真正以Sinology作为研究对象在我国学术界最先获得的博士学位。目前，还有博士生正在从事《服部宇之吉研究》和《德富苏峰研究》等。这意味着在进入21世纪后，我国人文学术界中经过规范的高层次学术训练，已经培养出了具有相应的本学科专业知识、站在学科的前沿、牵动本学科的研究,并且可以进行国际学术对话的,更加年轻的国际中国学的学者了。

在Sinology的研究中,我本人一直有一个情结萦怀于心。这就是面对发展着的这一学术,我以为我们应该以足够的学识和力量,进行Sinology学术史的梳理,推进包括综合性的和学者个案的研究,应该将此作为本学术学理认知和更加深入阐述的基础。1985年我在京都大学人文科学研究所担任日本学部客座教授期间,曾经和日本学者一起,反复磋商如何认识和把握20世纪日本中国学研究的本质和业绩及其问题,一起拟订了一个认识日本中国学的具有学派谱系性质的40余位学者的名单图谱,确认把握他们的学术状态和脉络,是进入日本中国学的钥匙。当然,这只是一部分学者的认识,但毕竟是构筑起了具有全局性质的系统,成为我们考量日本中国学的一个基本定位仪。我撰写的《日本中国学史》便是依据学派和谱系来展开论述的。因此,在我国Sinology学术中,推进具有学术史意义的学者的个案研究,便成为理解一个国家Sinology的基础。我这样的想法,得到了北京大学当时主管文科的副校长何芳川教授的积极评价和鼎力支持,为此而数次到我家里商讨课题的设置,立此项于北京大学著名的"985"学术规划之中,并且将其内涵扩展至世界主要国家的Sinology研究,项目定名为"北京大学20世纪国际中国学(汉学)综合研究",分编为"日本编""法国编""美国编"等,研究业绩以"北京大学20世纪国际中国学研究文库"面世。

本"文库"在构思过程中,一直得到中华书局汉学编辑室,特别是编辑室主任柴剑虹编审的支持。柴先生本人以Sinology学者入主汉学编辑室,他以学者的眼光审视本项目的进展和它的研究成果,对于提升本"文库"的学术质量贡献至大。

回想80年代初期,当我们在Sinology研究中刚刚起步的时候,邓广铭教授曾经特意鼓励我说:"你一定要把这个研究坚持下去……这个领域的研究是非常重要的,坚持十年,必然会有很大成果!"现在,四分之一世纪过去了,在中国大地上实现着历史上最伟大的变革的步伐中,中国学术界以自己艰苦的努力,终于造就了Sinology这一独立的学术,并进入了与国际学术界对话的前沿。当我们在迎接新世纪曙光的时候,回顾这一学术的形成与发展,提升自己的学术认识,这对于在未来深化这一学术,将会是很有益处的。

"北京大学20世纪国际中国学研究文库"把"日本编"作为第一编公刊出版，由此而忆及30年学术道路的万种景象，有感而发，是为 "文库"的"总前言"。

严绍璗
2004年4月20日（谷雨日）写于北京西郊
北京大学静园六院

"北京大学比较文学学术文库"出版总序[①]

"北京大学比较文学学术文库"是近数十年来以北京大学学者为主体的中国比较文学研究的学术集成，它是这个学术群体数十年来在比较文学这一学科中所积累的对于这一学术的理解和从事的学术实践，现在以系列书系的形式公刊于世。

中国比较文学学术研究自20世纪70年代末期复兴以来，已经走过了30年的路程。如果从学术层面上考察，可以说出现了三代主峰。以朱光潜、黄药眠、杨周翰、李健吾、钱锺书、季羡林、金克木、李赋宁、周珏良、陈嘉、范存忠诸先生为代表，他们是"文化大革命"之后推动中国比较文学复兴的第一代学者。以乐黛云、饶芃子、陈惇、钱中文诸先生为代表，他们是推进中国比较文学繁荣和发展的第二代学者。目前，在跨入21世纪之后，中国比较文学的学术研究已经形成了第三代学者。他们中间已经出现了一批杰出的具有代表性的学人。在几代主峰中间，也存在着许多过渡性的学术桥梁。前一代主峰学者的学术与精神正是经由这些学术桥梁传达到后一代的主峰层面上，承前启后，把学术推向新境界。

[①] 本丛书2004年起由北京大学出版社陆续出版。

北京大学比较文学与比较文化研究所的建立与发展，与中国比较文学事业发展的轨迹相一致。它的前身"北大比较文学研究中心"创建于1981年，由杨周翰教授领衔主其事。这正是第一代学者们致力于复兴中国比较文学学术的产物。它被定位于北京大学，或许这正体现了20世纪中国新文化与新学术发展的基本脉络。

1985年，我国教育部批示同意北京大学把"比较文学研究中心"改建为具有独立建制的实体性的"比较文学研究所"（1993年，北京大学校长会议依据学术研究的需要，决定将该所更名为"比较文学与比较文化研究所"），以季羡林教授为顾问，由乐黛云教授为所长。不久，乐黛云教授又当选为中国比较文学学会会长、国际比较文学学会（ICLA）理事、副会长。而北京大学比较文学研究所也成为中国比较文学学会秘书处与国际比较文学学会中国联络处的所在单位。这一系列的文化事态，便成为在80年代中期中国比较文学学术经过近十年的复苏准备，进入向其学术锋面跃进的标志。

此后的二十年来，北京大学比较文学与比较文化研究所与全国学术同仁共同努力，希望在这个长期被忽视而又对于我国人文科学在世界崛起具有相当意义的学术领域中能够有所作为。尽管研究所的规模不大，教学与科研人员不多，但全所对于学术的忠诚不敢懈怠于片刻。在教育部和北京大学的支持下，比较文学与比较文化研究所不仅在国内学术界而且在国际学术舞台上，在三个层面中取得了具有决定性意义的发展。

第一，北京大学比较文学与比较文化研究所在我国高等学校比较文学研究的专业人才的培养中率先建立起了"硕士—博士—博士后流动站"的完整学位学术体系。国内和国际上对比较文学学术有兴趣的研究者在这里经过严格的、规范的训练，造就成比较文学学术领域中强有力的学者，他们既在国内的学术界，也在欧洲、北美、东北亚和澳洲等广袤的学术领域中发挥着积极的学术作用。与此同时，二十年的人才培养也使我们对于在中国的人文环境中如何造就以本民族文化教养为基础的、具有世界性多元文化思维能力的、比较文学研究者的体验愈益深入和深刻，成为不可多得的学术财富。

第二，北京大学比较文学与比较文化研究所组成的学术群体，以自己坚韧的学术精神和相对坚实的学术功力，以他们勤勉和聪颖的智慧，在继承本学术领域内相对稳定和合理的公共成果的基础上,以创造性的精神,拓展和深化了比较文学的研究层面。由这一群体所特别提倡并躬身持久实践的比较文学发生学、形象学、叙事学、阐释学、符号学和比较诗学等学术层面的研究,已有相当的进展,从而把对比较文学的学术认识从它的功能价值与社会作用引向了对学术内奥的研讨,把传统的传播研究、影响研究和平行研究综合融为一体,推进了把文本实证与理论阐发相互贯通的多层面原创性思维,显示了以中国文化为教养的世界多元文化精神、文化观念和方法论特征。今天,我们可以多少有把握地说,这一群体已经开始具备捕捉国际学术发展新趋势,回应本领域中相关学术挑战的能力。

第三,北京大学比较文学与比较文化研究所组成的学术群体,不仅已经为国际学术界所承认,而且已经获得了相当的学术声誉。其标志有三:一是北大比较文学与比较文化研究所已经在本领域中建立了高层次、多项目的国际学术合作,其学术成果为学术界所认定,其中有获得国际(政府间)组织所授予的"学术类金奖"的荣誉,且目前仍然继续着这样的国际学术合作。二是本学术群体的成员,全部在研究对象国有过学位留学、学术讲学和研修养成等广泛的学术文化体验。其中有些先生的学术信念和学术观点为相应的对象国学术界所重视,在国际同行中具有程度不等的影响力和学术声望。他们的著作被指定为大学研究生的必读书;他们在国外学术会议中,经常作为基调报告和主题讲演者出现,从而开始实现以自我学术为基点融入并推进国际学术发展的全球学术势态。在这一过程中,相应展示了北京大学乃至中国人文学术的某些风采特征。三是北大比较文学与比较文化研究所的成员,先后长期承担着国际比较文学学术组织的负责工作。除乐黛云教授担任国际比较文学学会副会长外,孟华教授长期担任国际比较文学学会理事,严绍璗教授担任国际比较文学学会东亚研究委员会(CEAS)主席,并先后担任在日本大阪成立的东亚比较文化国际会议(常设)副会长、会长等。由此使得北京大学比较文学与比较文化研究所有可能实际参与国际学术活动的运作,并相应地表达中国学者的声音。

北京大学比较文学与比较文化研究所数十年来随着祖国在世界的崛起,在丰富多彩的人文学术中尽了自己最大的努力,取得了这些微薄的业绩。正当研究所准备回顾自己的学术踪迹,结集自己的心得之时,"北京大学比较文学学术文库"作为国家重点学科的学术课题被纳入北京大学"211"学术规划之中,经教育部专家组审议予以认定，从而得以公刊于世。

本"文库"的内容暂定为两大系列。一是二十年来，北京大学比较文学与比较文化研究所在邀请与接纳世界各国学者来本所讲学的同时，本研究所的教授也在世界许多国家有过许多的讲学和讲演。他们使用对象国的语言，阐述自己的研究心得，沟通中国比较文学学术与国际的联系，展现中国和北大学者的学术业绩和人文精神。"文库"对此加以编辑为《海外讲演录》，仍然使用作者当年讲学和讲演时的对象国语言出版，以便对他们在世界各地学术界表述的中国声音进行"保真"。第一期先行刊出英文版、法文版和日文版三卷，以后还将继续结集公刊；二是这一学术群体成员在多元文化层面中所做的具有学术意义的专门著作。我国比较文学的研究在近四分之一世纪中成果殊丰，但在作为比较文学学术内奥的各个文学与文化层面上则还未见有切实的阐述研究。本研究所致力于推进把文本实证与理论阐发相互贯通的多层面文化的原创性思维，在文学的发生学研究、形象学研究、比较诗学研究、阐释学研究和文化学研究诸多领域，做了探索性的努力，分别撰著为专题研究的论稿。第一期先行刊出四卷，以后将会陆续公刊。

参与"文库"著作的作者大约有三个层面，一是比较文学与比较文化研究所的成员，二是在本研究所获得文学博士学位的成员，三是参与本研究所课题研究的特邀成员。

我们希望这一"文库"的刊行，能够把比较文学的学术研究注意力，在一般概念阐述的基础上引向更加深入的学科各个研究层面，展现学科各个内在领域的内奥与各自的特征，逐步形成具有中国话语特征的中国比较文学学术。

我们衷心地期望有更多的学者在同一学术目标下有着更加广泛和切实的合作，也诚恳地期待在阅读本"文库"过程中各位读者的批评指正和提出各种商榷感想。

本研究所感谢北京大学出版社承担本"文库"的出版，特别感谢出版社副总编张文定先生、外语编辑室主任张冰女士与各位编辑的辛勤劳作。

严绍璗
北京大学比较文学与比较文化研究所所长、
"北京大学比较文学学术文库"主编
2004年清明之日撰于北京大学静园六院

《比较文学视野中的日本文化——严绍璗海外讲演录》自序①

这一部"海外讲演录"收录我在日本用日语发表的涉及比较文学与比较文化研究的讲演文稿20篇。

自1974年秋冬经当时我国国务院周恩来总理批准,我作为"北京大学社会科学访日团"的成员首次访问日本以来,30年间曾经有机会对日本进行了大约32次学术访问,其间先后在日本国立京都大学人文科学研究所、日本佛教大学文学部、日本宫城学院女子大学日本文学专业、日本文部省International Research Center for Japanese Studies和日本文部科学省(20世纪末日本中央文部与科学二省合并)National Institute of Japanese Literature担任客座教授多年。承蒙日本学术界诸多朋友的好意和关照,提供了各种学术讲坛,使我有机会就我们共同有兴趣的以"比较文学与比较文化研究"为中心的学术课题表述一个中国学者的思考;也使我有机会作为中国北京大学的一个人文学科教师能够超越国内层面而在更加广泛的国际学术界参与学术对话,其间有论辩,有批驳,有阐

---

① 本书由严绍璗著,2004年由北京大学出版社出版。

述，有解疑。30年来，透过热热闹闹，匆匆忙忙，来来回回的表层场面，这些学术访问所执着追求的，只是希望在东亚文化和文学研究中能够确立起真正具有学术意义且又能够为国际同行的大多数所认可的中国话语。

"北京大学比较文学学术文库"计划把北京大学比较文学与比较文化研究所几位教授在国外多年的学术讲演汇辑成卷，其中要我把数十年来在日本的讲演稿选其精粹，编辑为《比较文学视野中的日本文化——严绍璗海外讲演录》日语文稿卷。依据本卷编辑宗旨，我从自1985年以来的近70万字的日语讲演文稿中，选取了20篇公刊于此。除了第一篇是1985年在日本国立京都大学人文科学研究所就任客座教授时的致辞外，其余各篇都是在"比较文学与比较文化研究"这一个大主题中，从若干方面阐述我的学术思考。其内容大致可以分为五组：第一组是关于"日本神话的研究"，从神话的文化学释义到对"记纪神话"发生学的研讨；第二组是关于"日本五山文化的研究"，从五山文化范畴的确立到五山新儒学的基本特征的论述；第三组是关于"汉籍东传日本的研究"，从汉籍传递日本的历史形态到在时空的推进中传递内容发生的具有文化学意义的演变；第四组是关于"日本古代文学发生学的研究"，从基础理论的阐发到对"浦岛传说"、《竹取物语》等经典文学文本的研究；第五组是关于"东亚泛文化的研究"，有对于西田哲学的思考，也有关于日文假名西传与和歌汉译的分析；有对于汉民族知识分子幸福观的体验，也有对日本知识分子中国文化革命观念的考察。总之，上述讲演文稿大致可以反映出30年间我在以中日文化与文学关系为中心的东亚文化与文学关系的研究中逐步形成的学术观念和学术立场。

本讲演录的刊出，是30年来我从事学术研究的阶段性总结，我愿意公刊于此的目的有二：

一是我作为北京大学人文学术领域的一名教师，在北大任职40年，从事东亚文化和文学关系的研究30年，尽管自己才浅力薄，但对学术的忠诚不敢懈怠于片刻，上述各篇在日本的讲演文稿，大致可以勾画出北大一个从事人文学术的教师在数十年间孜孜努力，希望在这个长期被学术界所冷落的领域，能够有所作为，并进而争取与国际学界进行对话的学术发展的轨迹，或许，这多少能够从一个侧面展现北大若干人文学术的精神。这或许是一种奢望，但我的意愿却是真诚的。

二是公刊于此的讲演文稿，大多是在东亚文化与文学关系研究领域中既是非常基本的又是一直被研究者忽视的课题，我虽然用心地做，但毕竟是一家之言，这些研究又都是用日语来表述的，我自己出身于中国古文献专业，十数年中对日本语言文化只是"业余爱好"。这些文稿的作成，虽然有日本朋友作为顾问，但表述的主体都是由我决定的，因此会有词不达意、言不由衷的地方，公刊于此，就是为了求教于方家。我希望在诸位同仁的批评指正和商榷中获得教益，从而提升自己的学术思维，推进自己的学术思考，成为新研究的起点。

我衷心地感谢北京大学许智宏校长为本"文库"的三卷"海外讲演录"特别撰写的"序言"。本卷的编辑过程中，一直得到北京大学副校长主管文科的吴志攀教授的热情鼓励，也得到北京大学出版社特别是外语编辑室主任张冰女士和许耀明先生的鼎力支持，日本友人丹羽香、小园晃司通读全稿，丸井宪和古市雅子也多所指正，许耀明先生通审了全稿。在此一并致意。

严绍璗
2004年阳春之初撰于北京西郊蓝旗营跬步斋

《日本藏汉籍珍本追踪纪实——严绍璗海外访书志》自序

中国文献典籍东传日本列岛，依据目前的研证已经有近两千年的历史，其间经由人种的迁徙、贵族知识人的寻访、僧侣的求法问道、商人的贸易等通道，络绎不绝。9世纪末日人藤原佐世奉命在皇宫庭院失火后的余烬中编纂残存的典籍目录，题名为《本朝见在书目录》，其著录汉籍1568部，凡17209卷。[a]这实在是一个惊人的数字。《隋书·经籍志》著录当时国内所存典籍为3117种，《旧唐书·经籍志》著录当时国内所存典籍为3060种。如果与《本朝见在书目录》相对比，那么，在9世纪后期，《隋书》著录的50%、《旧唐书》著录的51.2%，此即当时中国国内所存文献典籍的一半已经传入日本了，并被保存在皇室与中央各个机构中。而这个统计数字又是在经历了火事之后进行的，因此原藏书量一定是超过了这个数的。这在9世纪的世界文化史上，实在是让人

---

① 关于《本朝见在书目录》著录汉籍的卷数，学界有不尽相同的统计。日本《明文抄》记为"《见在目》一万八千六百十八卷"，而《国名风土记》引《比古婆衣》记载，则曰"《见在书目录》所在，一万八千八百二十卷"。我在日本阅读现存唯一的传本"手抄室生寺本"，点检其著录汉籍为1568部，凡17209卷。

感到无比惊异的文化事实！到了18世纪，当时清代所保有的文献典籍的70%—80%已经东传日本了。汉籍向日本传递的此种态势，无论就其历史的久远，抑或是规模的宏大，在世界文化史上都是仅见的。它构成了中日独特的文化关系，从而共同创造了古代东亚辉煌的人文景观。①

20世纪90年代中期以来，王勇教授倡导东亚"海上书籍之路"。他认为，连接亚欧的丝绸之路固然是传递古代华夏文明的伟大通道，但在人类社会文明发展史上，与传递物质文明相比较，一个民族把自己的精神文明传达到另一个民族的生存形态中从而推进文明共生，这可能在文明史上具有更加重要和深刻意义。②

我很赞成王勇教授这一富有理论思维的构想，从而提升了我们对于古代东亚文明圈——即"汉字文化圈"形成的内在机制的理解，并对于东亚古代文明的脉络，提供了一种基础性的认识。

我在20世纪的70年代中期首次访问日本后，依据自己些微的学术体验，萌发了一种冲动，意欲在东瀛寻访自古以来传入且至今留存在那里的汉文典籍。20世纪80年代中期开始把这一想法付之行动，近20年来，30余回访问日本列岛，前后累计约有6年有余的时间，从北海道到冲绳群岛，从日本海沿岸到太平洋沿岸，查访了80余处收储汉籍的藏书处，包括皇宫内的宫内厅书陵部、国立和公立的图书馆、大学图书馆和各类文库、私立的和私人的藏书机构、寺庙内的汉籍文库等等，对日本藏汉籍做了持续性的追踪调查，寻访到了自上古以来传入而至今收藏在日本列岛的汉籍善本——即明代与明代之前的写本和各类刊本，收集整理约有7000余种。③

我国知识分子最早获得关于日本列岛储存有国内"缺逸汉籍善本"的概念，

---

① 关于9世纪和18世纪汉籍东传日本的历史考察，有兴趣的读者可以参考本书著者如下的论著：《日本手抄室生寺本〈本朝见在书目录〉考略》，《古籍整理与研究》创刊号，上海古籍出版社，1986年；《汉籍在日本流布的研究》，江苏古籍出版社，1992年；《比较文学视野中的日本文化——严绍璗海外讲演录》（日文版），北京大学出版社，2004年。

② 王勇教授的这一主张，请参见王勇等著：《中日书籍之路研究》，北京图书馆出版社，2003年。

③ 严绍璗：《日藏汉籍善本书录》，中华书局，2007年。此书自1985年立项到2003年完成第二校清样，历时近20年。20年间尽管中华书局的领导多次换届，但对这个项目的支持从来也没有动摇过。一个出版社用20年的时间，支持一个个人的项目，这在全国的出版业界可能是独无仅有的一家了。他们支持的不仅只是一个人，而是一个事业，是一个新起的学科！我借本书注释之处向中华书局表示深深的谢忱和敬意了。

大约起自宋代。983年（宋太平兴国八年，日本永观元年），有日本僧人奝然抵中国，向宋太宗献上为日本所保存的中国越王贞《孝经新义》一卷和《孝经郑氏注》一卷。此二书当时宋代已经失逸，不意竟留存于东瀛，观者震惊，于是便有欧阳修作《日本刀歌》，咏叹汉籍之留日。其诗曰：

> 传闻其国居大岛，土壤沃饶风俗好；
> 其先徐福诈秦民，采药淹留丱童老。
> 百工五种与之居，至今器玩皆精巧；
> 徐福行时书未焚，逸书百篇今尚存。①

这或许是中国人第一首咏唱汉籍传日之歌诗。但是，直到19世纪之前，虽然也有零星片段之信息传入国内学界，在编纂《四库全书》时也还曾收入了日人山井鼎所著《七经孟子考文补遗》，但就总体而言，国内学人对日本所搜藏的汉籍，仍罕有知其真正价值者。

近百年来，我国学术界的有识之士，利用中日往来的多种时机，躬亲实践，调查汉籍在域外的流布，特别是在日本列岛的流布。黄遵宪的《日本国志》，杨守敬的《日本访书志》，盛宣怀的《愚斋东游日记》，董康的《书舶庸谭》，乃至傅增湘的《藏园群书经眼录》，孙楷第专访东京汉籍小说等，都曾记录了日本保存于当时的若干汉籍，在中国学术史上功劳至大。②

但是，前辈诸先生在著录日本藏汉籍时，依我的浅陋之见，时时觉得尚有两个方面的不足或欠缺。第一是前辈诸先生虽然是著录了自己眼见的存在于日本的汉籍，却未能把汉籍流布于日本作为一种文化现象加以科学的考察，所以也就未能揭示以汉籍流布作为中间媒体而存在于中日文化关系之中的许多复杂现象及其本质；第二是前辈诸先生对日本藏汉籍的著录，几乎只是囿于东京一地，随手所得，经眼所录，如《日本访书志》著录日藏汉籍125种，盛宣怀氏在日本购书266

---

① 关于此首《日本刀歌》的作者，学术界尚有不少的分歧。一说欧阳文忠公，一说司马文正公，一说他人等等。此处仅依欧阳修《居士外集》卷四录出，不作他论。

② 关于清末在日本从事典籍访问的我国各位人士，依据浙江大学日本文化研究所年轻学者吕顺长先生的考订，还有如缪荃孙，事见《日游汇编》；罗振玉，事见《扶桑两月记》；贺纶夔，事见《钝斋东游日记》；黄嗣艾，事见《日本图书馆调查丛记》等。请参考吕顺长《清代赴日考察官绅日本访书活动初探》，《浙江大学学报》2003年第五辑。

种,傅增湘氏经眼日藏汉籍127种,其余诸先生皆在百种以下。诸先生未能对日本所藏的汉籍做一个总体的有计划的调查、追踪和评估。处在当时的条件之下,是不能苛求于他们的。但作为对一门学术史的反省与审视,我们能够意识到这样的缺漏,正是为了对自己着手进行的日藏汉籍调查建立一个新的起点,并提供更加科学的思路。

我出身北京大学古典文献专业,一向对由典籍传递而造成的诸多文化现象和文化事实兴趣浓厚;又一直从事日本汉学、日本中国学和东亚文化与文学关系这样一些属于比较文学与比较文化范畴的研究。在数十年的学术实践中,深感由于历史的原因,中国学术界在这些领域中还未能积累起基本的学术资料,致使不少的所谓"研究",想象大于事实,意念高于实证,乃至有一部分学术堕落为摩登的表演,为求青睐而整日价追逐时尚,窥看形势而涂脂抹粉,说些不三不四的话招摇过市,垃圾学术便由此而被生产出来。我终于意识到一个从事人文社会学术研究的人,如果他一生没有老老实实地在自己研究的领域内做过最基本的学术资料的收集、整理和分析,那么,他的所谓学术在真实性、科学性与价值意义诸方面,便都是值得人们怀疑的了。正是基于这样的认识和累积在心中的对人文学术的追求与悲哀,我便把对东传汉籍的追踪调查纳入了我的工作范围,尽管这个活动多少带着"业余"的性质,但不断的实践却不断地深化着自己对这样的"业余活动"的认识并坚定自己的信念。

20年来,以这样的文献调查为基础,我先后完成了《中日古代文学关系史稿》(湖南文艺出版社,1987年)《日本中国学史》(江西人民出版社,1991年)《汉籍在日本的流布研究》(江苏古籍出版社,1992年)《中国文化在日本》(新华出版社,1993年)《中日文化关系史大系·文学卷》(浙江人民出版社,1996年)《中日文化关系史大系·思想卷》(浙江人民出版社,1996年)《中国与东北亚文化交流志》(上海人民出版社,1999年)和《比较文学视野中的日本文化——严绍璗海外讲演录》(日文版)(北京大学出版社,2004年)等撰著,构成了以文献实证为基础的、具有基本事实特征的中日文化关系的阐述系统。

东传汉籍的追踪调查,是一个繁难且复杂的工作过程和心理过程。它既充满了历史的感慨,具有文化的韵味,又经常会面对许多难以预见的挑战。20年来，承蒙国内外朋友的热情鼓励和鼎力支持，我先后担任客座教授的日本京都大学、佛教大学、宫城女子大学、国际日本文化研究中心（International Research Center for Japanese Studies）和日本文部科学省（National Institute of Japanese Literature）等机构又提供了支持本课题相关运作的经费，北京大学为这一项目创造了极为宽松自由的学术环境，这一历经二十余载的个人项目现在总算可以告一段落了。我在追踪调查中将自己的所见所闻和所感，随手辄记，连缀成篇，整理成《日本藏汉籍珍本追踪纪实》一种，对访书过程中的人情世故，获得的各种知识，观看到的绝世善本，相遇的趣味故事，以及由此而引发的心灵震动，对历史和人性的反省等，稍稍记录在案，成为中日文化研究的又一种原始档案。我的本意是希欲留待将来老之将至，在清风明月中作无穷之回味。当我陆续地将其中的故事向我的朋友们讲述时，大家执意希望我能把访书过程中由这些甜酸苦辣组成的文化意蕴，一吐为快，供读者共享。于是，先是在中华书局《书品》上刊登过数篇，后来又蒙《中华读书报》的好意，于2000年7—8月间连载9篇。王勇教授主持"中日文化研文库"，便再三嘱咐将此"追踪纪实"编入其"文库"中，于是再加整理，补充材料，使其首尾相应，先后联系，多少能够表现20年间访书的大致历程。读者从中自能得出自己的体会和心得。

　　本稿在撰写完成之际，承蒙章培恒先生为之做"序"。章先生是我国当代名高德重的文学史家。先生以丰厚的知识，开阔的学术视野，光明磊落的人格，谦谦儒者的风范，令我学术后辈，深为感动。先生于学术发人之未发，高屋建瓴，恢宏阔大，却于细微之处，实证解析，论点设定与论证逻辑互为呼应，观念与材料相为表里，在学界遂为不移之论。我自1980年得以拜见章先生以来，近四分之一世纪中，先生与我在以京沪为中心的各地相会相谈，无以计数；然每次晤面，我总为先生在对世间万物的评述中所表达的拳拳之心所感动，总能从先生对学界学事的随意论述处得益弘富。今年3月初，当本书稿决定由上海古籍出版社公刊之际，我请章先生为拙稿赐序，先生慨然允诺。

　　当今学界的出版物上，名人作序的也为数不少。但同为名人，作序的运作却大相径庭。我见到有的名人先生为他人作序，或因为自身太忙，或因为身体不好，或因为觉得无法下笔，就常常让求序者自己做一篇文章，送到名人先生处。名人先生可能改几个字，可能一个字也不动，签上名便交给了求序者。更有的名人先生对求序者说:"你自己写一篇吧,写上我的名字,我不看了,交给出版社吧。"当然,大多数为他人作序的先生,文章还是自己写的,但未必一定翻阅过原文稿,写成之后,总是先要发给求序者一阅,并客气地嘱咐:"你看看,有什么不合适的,你就改吧!"我自己以为,文稿刊出之所以要有序文,主要是为阅读者在打开文本时有一个"导读"的指引;作序之所以要请比自己强的名人高手,是为了让"导读"真的能够起到高屋建瓴的作用。现在社会坊间在作序上的诸种运作,着实背离了文稿要有序文的原意,成为点缀的花边。章培恒先生在接受我的请求后,从接到我的文稿后数月,未曾与我有过任何联络,当他把序文作成后,便自行发往上海古籍出版社。出版社的秦志华先生电话告诉我说:"章先生的序文已经作好了!"章先生也给我打电话说:"序文我已经写好了,我已经寄给出版社了。"于是关于这篇序,章先生没有再多说一个字,我们就谈其他的事情了。直到我现在撰写本文时,也还未曾见到过"章序"的一字一句。我内心对章先生的尊崇,也随即而更加提升。以我们的熟知程度,更体现了先生在学问和人品上的操守自正。"君子之交淡如水",此之谓也。章先生者,真君子也!

在向读者诸君报告自己在这一段工作的体味与心得的时候,我也要向上海古籍出版社表示衷心的谢意。他们承担本稿的出版,为我提供了把自己的心得交予读者诸公共飨的机会。本文稿在交出版社时,其中数篇因为时间匆忙,还有些披头散发的状态,承蒙秦志华先生等诸位勉力有加,细加辨证,才得以现在的面貌呈现在读者面前。

有兴趣的读者,假如能够在本书的阅读中,增加了对汉籍东传日本的文化价值的理解,并能够为你的需要提供相关文献典籍的线索,并若能够体察本书作者二十余年在日本访书过程中的甘苦,那就是本书著者最大的心愿了。

2004年11月16日撰写于

北京市京西蓝旗营北京大学跬步斋

《日藏汉籍善本书录》自序[①]

《日藏汉籍善本书录》历经20年的调查整理和研究编纂，终于呈现在读者的面前。

中国古代丰富的文献典籍，是中华民族悠久而灿烂文化的主要载体之一。自有甲骨文以来，中国的文献典籍便绵亘数千年而不曾中断。秦汉以来，先是由于人种的迁徙，以后更有了文化流通的多种渠道，使中国的古文献典籍得以在日本列岛流传。它一方面向日本民族传达了中国的文化，一方面又为日本民族创造自己的民族文化提供了有意义的材料，其时间之恒久，规模之宏大，构成了东亚文化史上壮丽的人文景观。

从中国文献典籍东传的历史来考察，自公元前4世纪左右起中国便陆续有居住民向日本列岛迁徙。自此以后，汉籍便作为大陆文化的载体，与人种的迁徙一起进入了亚洲最东部的这个岛国。据8世纪成书的日本最早期的书面文献《古事记》和《日本书纪》的记载，大约在5世纪，当时的百济人王仁携带《论语》与《千字文》等，经由朝鲜半岛到达日本，并成为应神天皇的太子菟道稚郎子的老师，由此而开始了有记

[①] 本书由严绍璗著，2007年由中华书局出版。

载的中国文献典籍向日本的传播。这位王仁先生，古日文使用"真名"（此即指与假名相对的用汉字作为记音的文字符号——编著者）写作"和迩"，日本口语读若"wani"，无疑是一位中国籍朝鲜半岛人。当然，从日本平城宫遗址出土的木简与5世纪前的日本原居住民（Proto-Japanese）的生存状态考察，事实上汉籍的东传，一定是要比这两部文献的记载还要早得多。

此后，在19世纪中期之前的漫长历史年代里，日本民族更通过政府使节、宗教僧侣，和以留学生为主干的知识人、贸易商人，乃至平民百姓，他们或则横渡东海大洋，或则经由朝鲜半岛，船运车载，手提背负，历尽艰辛，筑起了汉籍东传的桥梁。9世纪末，日本人藤原佐世以当时日本中央官厅和皇宫内天皇读书处的藏书为对象，编撰了《本朝见在书目录》，著录中国文献典籍凡1568种。我国《隋书·经籍志》著录典籍3127种，《唐书·经籍志》著录典籍3060种。若与《本朝见在书目录》相比较，那么，在9世纪后期，《隋志》著录的50%左右，《旧唐志》著录的51%左右，此即相当于当时中国国内所存的文献典籍的一半已经传入日本了，在当时的文明状态中，一个国家庋藏有另一个国家文献典籍的50%，这在世界文化史上，实在是令人感到惊羡的！至19世纪初，据来往于大陆与日本长崎之间从事书籍贸易的中国商人估计，汉籍总量的70%或80%在当时已经输入日本。①

1500年来，日本在接受汉籍的规模方面，以及在文献典籍的保存方面，在我国汉籍向域外传播的历史上，无疑具有最重要的意义。它既构成了中国文献学的一个特殊的系统，创造了中日文化互动的丰富而生动的场面，对日本古代文化多种样式的发生与发展，造就日本民族本身的话语权力系统，并进而共同创造东亚辉煌的古代文明，起着作为中间媒体的无可替代的催化作用。古代东亚地区以这种文化关系为纽带，造就了中日两国睦邻相处，和平友好的国际环境。

中国学术界留意于文献典籍的东传，大约始于北宋时代。宋太平兴国八年

---

① 本段事实记录见日本《古事记》卷中"应神天皇"，《日本书纪》卷十一"应神天皇"，《本朝见在书目录》《得泰船笔录》卷三。

事实考证参见严绍璗：《汉籍在日本的流布研究》第一章，江苏古籍出版社；严绍璗、源了圆主编：《中日文化关系史大系·思想卷》，浙江人民出版社，日文版见日本大修馆出版社刊本；严绍璗：《日本手抄室生寺本〈本朝见在书目录〉考略》，《古籍整理与研究》总第一期，上海古籍出版社。

（983），日本僧人奝然抵中国，向宋太宗献赠日本保存的中国佚亡书籍郑玄撰著的《孝经注》一卷及越王贞的《孝经新义》一卷。此事着实使大宋朝廷深感震惊。所以，欧阳修便在《日本刀歌》①中说："传闻其国居大岛，土壤沃饶风俗好。其先徐福诈秦民，采药淹留丱童老。百工五种与之居，至今器玩皆精巧。徐福行时书未焚，逸书百篇今尚存。"这或许是第一首中国人咏唱汉籍传日的歌诗。但是，直到18世纪之前，中国国内对日本所搜藏的汉籍，虽然也有零星片段的消息，但罕有知其真正价值者。

18世纪初，日本伊予西条侯儒臣山井鼎，曾利用日本中世纪的汉学中心足利学校所藏的古本《周易注疏》《尚书正义》《礼记正义》《毛诗正义》《论语》《孟子》等，撰为《七经孟子考文》。此书不久即传入中国，被采编入《四库全书》之中。虽然当时还没有人知道关于此书确切的来龙去脉，但《四库总目提要》还是高度评价此书为"足释千古之疑"。18世纪后期，1781年，（清乾隆四十六年，日本天明元年），德川幕府之亲藩尾张藩主家的大纳言宗睦，有感于17世纪初幕府第一代大将军德川家康曾经刊印唐人魏征《群书治要》而未能流布，故而重校再版梓行。1796年尾张藩主家得知此书在中国国内失逸已经数百年，便以五部送达长崎，转送中华。清人鲍廷博于嘉庆七年（1802）编纂《知不足斋丛书》，在《孝经郑注》的"跋"中，鲍氏重提《群书治要》，并曰："其书久佚，仅见日本天明刻本。"鲍氏所见之"天明刻本"，即为尾张藩主家刻本。1799—1813年（清嘉庆四年至十八年，日本宽政十一年至文化十年），日人林述斋，将中国国内失逸而传承于日本的汉籍17种，专辑为《佚存丛书》。如是，我国学术界人士开始注目于东传之汉籍。今《定盦文集补编》中有龚自珍撰《与番舶求日本佚书》一文，亦见当时我国知识界对日本藏汉籍的知识和迫切的冀求了。

但是在近代以前，中国学术界始终没有把流传于日本的汉籍作为学术来加以考察。到19世纪末，此种茫然的状况便有了很大的改观。

从文献学的领域来说，黄遵宪与杨守敬两位是最早把东传汉籍引入这一学术范畴的令人尊敬的学者。黄遵宪在他著名的《日本国志》中著录了他当时在日本

---

① 关于此首《日本刀歌》的作者，学术界尚有不少的分歧。一说欧阳文忠公，一说司马文正公，一说他人等等。此处仅依欧阳修《居士外集》卷四录出，不作它论。

所见的汉籍；杨守敬更有意在日本查访汉籍，汇成专著《日本访书志》。由他们而开始了中国学者对传入日本的汉籍的目录学、版本学、校勘学的诸学科研究。继后有董康的《书舶庸谭》、傅增湘的《藏园群书经眼录》，乃至孙楷弟、王古鲁专访东京等地的汉籍小说等。中国学术界于是始知内阁文库、静嘉堂文库、东洋文库、尊经阁文库等日本大宗汉籍藏书处，并震惊于日本收藏中国文献典籍之巨富。

前辈诸先生开创的这一域外汉籍追踪调查事业，功劳至钜。它拓展了我国人文学术研究的视野，从文献学的层面展示了中国文化深远的世界历史意义，并为后辈的继续研究，积累了相应的资料和提示了入门的途径。但是，从文化史学的立场上考察，前辈诸先生在著录日本藏汉籍的时候，由于学术条件的限制，也还存在着一些不如人意的弱点，有些弱点是带有根本性质的不足。第一，前辈诸先生还未能把中国文献典籍在漫长的历史时代中的域外传播作为"文化现象"来加以考察和研究，因此也始终未能揭示以文献典籍东传作为中间媒体而存在于中日文化之间的许多复杂的文化现象及其本质特征。当然，更未能从东亚文化的相互关系中来阐明汉籍东传的世界性的历史意义。第二，前辈诸先生对日藏汉籍的著录，大都只是随手所得，经眼所录，其中如杨守敬于日本访书125种，盛宣怀在日本购书266种，傅增湘访日藏汉籍172种，其余各位皆在百种以下。始终未能对日本藏汉籍作一个总体的有计划的调查、追踪与评估。处在当时的条件之下，是不能苛求于他们的。但是，作为对一门学术史的回顾，也不能不指出这样重大的学术疏漏。同时，我们还要指出的是，上述所有的从事于日本藏汉籍著录的前辈，他们都是在20世纪30年代之前对日本进行的调查，距今已有半世纪以上之遥。其间，中日两国都已发生了重大的变化。例如，他们都未能目睹日本军国主义者对中华民族文献典籍空前的大扫荡，更未能目睹战后日本对汉籍新的分割、保存与运用等，此外，与此相关的文化学理论在20世纪下半叶也已日臻发展。因此，对日本藏汉籍进行具有总体性意义的学术调查，并把它作为中日文化关系与政治关系的有机组合，在此基础上，进一步阐明东亚文化的内在机制与中国文化的世界历史性意义，已成为当代学术向中国学者提出的刻不容缓的重大课题。

我本人在先师魏建功教授、杨晦教授、邓广铭教授等的教导下，长期从事于日本中国学（汉学）的学习和研究。1974年秋冬，承蒙日本国立京都大学人文科学研究所的邀请，经周恩来总理批示，我和我的同事们首次访问了日本，有机会第一次看到留存于彼国的数量众多的汉籍，激奋和惆怅融合成难以名状的心情，于是便开始萌生了要查明日本藏汉籍诸种状况的念头。十年之后即1985年，我担任了日本京都大学人文科学研究所日本学部客座教授。学术理念的提升，使我对汉籍的域外传播所内具的文化学意义有了新的认识，于是便把我试图较为全面地查考日本藏汉籍的设想开始付诸实施。

我从文化史和现实的文化运作中愈益清醒地意识到，古往今来一切有价值的人文学术，无论是理论阐发或文本解析，几乎在所有的层面上，都必须是也必定是以原典实证材料作为研究的基础。人文学术中的真正的文化巨人，他们无一例外都是从原典实证中站立起来的。一个称之为学者的文化人，如果一生中都从未曾做过关于相关研究材料的发掘、整理与验证的工作，全凭接受各种时世的信号而空口说白话，那么，尽管有时候他也可能迎合某些群体的兴奋点红极而紫，也可能依靠当代愈来愈发达的媒体的无知和卖点而名扬天上地下，但他的所谓学术，在真实性和科学性诸方面上便大可怀疑了，而且命定日后一定会成为文化垃圾，眼看着它们便无寿而终了。对像我这样一个从事东亚文化与文学关系研究的人来说，如果真的要阐明东亚文化的事实，并且从中获得具有科学意义的理性认识，若离开了像对日藏汉籍这样的基本资料的发掘和研究，在相当的意义上或许可以说，这便是无根之木、无源之水，日后也难逃万劫不复成为文化垃圾的命运。正是基于这样的认识和积累在心中的对人文学术的追求与悲哀，我便把对日藏汉籍的追踪和调研作为自己学术的基础。虽然从1989年下半年起我从北京大学古文献研究所转入了北京大学比较文学研究所，这件事情在我总体的时间分布中看起来好像变得有些"业余"了，但在自己的学术观念中，却愈来愈确立了它的基础性地位。

随着我个人学术的推进，我似乎还明白了一个道理，就域外汉籍文献而言，它们的世界性的历史价值和意义，固然有其作为文物的价值，发现一本国内失传的典籍，犹如从国外以千万重金买回一尊鼎那样，让人赞叹不绝、惊羡不已。但是，域外汉籍最根本性的价值和意义，我以为还在于它参与了接受国、接受民族、接受区域的文明创造。它们作为中华文化的载体，参与异民族文明创造的历史轨迹和世界性价值，也只有在双边文化与多边文化关系互动的研究中，才能得到真正的阐述；也只有在这样的学术阐述中，作为文献典籍的学术生命，才能得到真正的展现。因此我在日本藏汉籍的调查与整理中，十分留意考察文本传递的文化语境（Cultural Context），尽量把握汉籍在日本列岛流布的学术图谱，注意日本相关文献中关于此本典籍的历史、文化等多形态的记载，收集由汉籍传入而相应在日本国内产生的文化变异，以及由此出现的"和刊本"和"日人写本"等物化标记，尽量摘记文本上留存的各种手识文，甚至中国商船输入时的卖出价与日本书商收购时的买入价等等。所有这些努力，都是为了描述一部汉籍进入日本列岛而形成的文化氛围，由此而提示东传汉籍在日本列岛文明进程中的地位和作用。我这样做法，与传统的目录学著录就很不一样了，显得十分"另类"。然而，这正是我从事日藏汉籍的学术理念表达。我以20年的时间和精力，追踪调研日藏汉籍，并把它们整理成可以运用的体系，首先是为我自己的学术研究奠定不移的基石。承蒙中华书局的好意，贡献于读者诸君的面前。读者诸君如果能够理解本书编著者这种力图把自己关于跨文化研究的学术理念与传统的目录学研究结合起来的运作方式，并进而能够扩展学术视野，推进跨学科融通，进而能对自己的学术有所提示，这就是我的奢望了。我正是在这样的理念中，开始我的日本藏汉籍善本的调查和研究的。

　　日藏汉籍的追踪和调研，确是一项十分困难的事业。因为这是一个中国人在异国独立进行的一个学术项目。从事这项工作，一是需要对日本自古至今的文化史，包括它的文献史以及中国文献学史有一个总体的把握，对中日文化关系史需要有比较深入的理解。二是需要在日本有相当长的停留时期，一年两年恐怕难以见效。三是需要熟悉日本近百个汉籍收藏机构，这其中有皇家的、公家的（中央的与地方的）、私人的（财团的与个人的）、学校的（国立的、公立的与私立的）、宗教的（佛教各宗的与神道教各派的）等，此事虽然充满乐趣却极为繁杂。四是需要有足够的经费——在日本的许多藏书处观览藏书，包括"国宝"在内，确实都是"无料"（免费）的，但是，复印、制作胶片、收集相关的参考资料，往来于各地的交通与住宿费用等，皆所需不菲。凭我个人的条件与能力，要具备这样四个基本条件，当然是十分不容易。但是，当一个人有了一种明确的理念与目标之后，往往会有连自己都难以释然的精力去面对困难。

　　我这个工作，获得了我的学术领导和很多朋友的理解与支援，也得到了日本学术界许多先辈和朋友的关照。我将在"后记"中深表道谢。

十数年间我在日本对汉籍追访的经历，在个人学术史上留下许多甘苦的回忆。例如，我曾历经多种烦难，在日本国立京都大学名誉教授岛田虔次的提示下，经贝塚茂树教授的介绍，由狭间直树教授陪同，在羽田明教授主持下，终于在大阪武田科学振兴财团的杏雨书屋中亲眼目睹了从我国流转于日本近百年的《说文解字》唐人写本"木部"六叶。这是近代以来我国学者四处寻觅而不得的"国宝"啊！激动之情真是难以自控，虽然年纪不小了，走在路上却也觉得特别轻松。我即刻把这一成果报告了我国著名的语言文字学家——我的老师周祖谟教授，他在得到我进一步的验证之后，便把这一发现写入了他正在主编的《中国大百科全书》的"语言文字卷"了。这对于我来说，无疑是对自己劳碌辛苦的最大安慰了。但是，十数年间，也有许多苦涩曾经动摇过自己的学术信念，记得在东京的御茶之水图书馆调查时，几经周折，约定了观书的日子。每一册善本从库房中出来，都需要我个人承担保险，一天大约在五千日元之谱；中午不能停息，意味着不能吃饭。每天从上午九点钟到下午五点钟，坐在四面被人看到且仅能容纳两人的玻璃书屋中，不吃午饭，也没有水喝，只在洗手间中有自来水。我看一天的书，低一天的头。下午五点整把文献归还，走出大楼的玄关，没入熙熙攘攘的人群之中，在火车站上，迎着夕阳，等待呼啸而来的列车，真是感到身心的疲乏。踏在细石铺垫的小路上，想到自己这样一次一次地踯躅海外，面对茫茫的汉籍，何时了结！心情便变得沮丧起来。但到了晚上，拿出一天的记录，整理一天的所得，心情又豁然开朗，觉得付出竟是如此值得！第二天东方日出，阳光灿烂，不容细想，又踏上了观书之道。

20年的时间匆匆过去，从日本的北海道到冲绳群岛，从太平洋之畔到日本海沿岸，我30余回进出日本，追踪日本所藏汉籍善本的踪迹，已经获得了一万余种文本的资料（包括明代与明代之前的写本与刻本、活字本等。一种文本可能有数种或数十种相关的资料）。此数约占日本藏汉籍善本总数的80%以上。我以《四库全书》的编撰体系，编著成眼前这部《日藏汉籍善本书录》。

20世纪下半叶以来，我国人文学界不知道从何时何地何人肇始，常常会冒出理论研究鄙薄文献研究，特别蔑视原典性实证研究的所谓"学术潮流"，常常会有一些中国文化底子很空洞而外文又识不得几个的先生，以"学术权威"和"理论大师"的架势，呼唤着一帮无知小儿，云山雾罩般地抢占学术主流锋面，他们昨日里高声推销"欧美论说的普世主义"，今日间又高举"发现东方"的大旗，为电视报纸制造出一个个滑稽有趣的版面。我作为一个人文学者，数十年间在不得已而观看这些学术闹剧的时候，除了欣赏他们的演技之外，于学术则深不以为然，并且更加督导自己应该以加倍努力，从事文献典籍调研，致力于显彰原典实证的文化价值，以确保我国人文学术的尊严。20年间，正是在这样的文献典籍追踪调研的基础上，我先后完成了《中日古代文学关系史稿》《日本中国学史》《汉籍在日本流布的研究》《中国文化在日本》《中国与东北亚文化交流志》和《比较文学视野中的日本文化》等研究著作，并与日本文学会会长中西进教授共同主编了《中日文化交流史大系·文学卷》，与日本思想学会会长源了圆教授共同主编了《中日文化交流史大系·思想卷》等。1994年11月7日，日本明仁天皇会见了从事日本文化研究的五位外国学者。我作为中国的人文学者有机会侧身其间，并与天皇陛下就中日（日中）文化的研究交谈了看法，其间，当我讲到汉籍文化对日本文化，例如对《古事记》和《万叶集》的影响和作用时，天皇陛下点头称是。1998年11月9日，我因为参加"中华文化通志"中的《中国与东北亚文化交流志》的撰写，与十数位同行一起，受到我国国家主席江泽民先生的特别亲切的接见。江泽民主席说："你们为人民写了好书，党和人民感谢你们！"

假如这些著作在国内外学术界的相关层面上产生了积极的影响，在特定的学术领域中建立起了中国学者与国际学术对话的通道，那么，这无疑首先来自我的原典实证的学术观念和长时间从事《日藏汉籍善本书录》所获得的成果。

现在，《日藏汉籍善本书录》即将公刊，我对承担本书编辑出版的中华书局要表示深深的敬意。中华书局作为一家名闻世界出版业的具有悠久历史和学术信誉的出版社，以20年的时间，一直支援一项个人从事的学术项目，一直耐心地等待它的成功，表现了高瞻的学术眼光和各位编辑丰厚的学术修养。1985年中华书局的魏连科先生、陈抗先生等听到我正在开始做日本藏汉籍的调查时，便提出可以在中华书局立项，并很快得到中华书局学术与行政领导人李侃先生、郑经元先生和傅璇琮先生的认定。20年间中华书局沧海桑田，高层领导几经变迁，历史编辑室主任也从魏连科先生相继传位谢方先生、张忱石先生、李解民先生、直到现在的冯宝志先生，他们每一位都对本书稿的进程给予了充分的关心，提供了全力的支援，对我数次推迟成稿，给予了十分宽容的理解。我要特别感谢本书稿的责任编辑崔文印编审，近20年间他一直追踪本书稿的进行，无论编著者在国内还是在国外，他始终与我保持着热线联系，从书名、版页行格到内容的著录，他与编著者再三推敲，他用书信、电话与面谈的方式，十数年间留下了无数辛劳的痕迹。他对我提供的这近四百万字的书稿，逐字扒疏，校其错讹，补其缺漏。有时候因为发现了文稿中不可思议的错字（有些是电脑转换中的错讹），他把我找去，拍桌教训，怒不可遏。在本书三校清样校审之后，他又以数月时间通读全稿，核实引文，检出错讹。这种忠诚学术的拳拳之心，使我极为感动。

两年前，当我从中华书局接过二校清样时，看到20年间积累的涂满斑点的文稿已经面清目秀，不由得回忆起从50年代至"文化大革命"时任中华书局总经理和总编辑，同时兼任国务院古籍整理出版规划小组秘书长的金灿然先生的讲话。灿然先生说：编辑工作好比是艺术设计师，比如一个人蓬头垢面进来，经过一番整理梳洗，当他展现于公众面前时，已经是容光焕发、神采奕奕。一部稿子送进编辑室，经过编辑的精心梳理，几校过后，原先稿子上的错讹谬乱、斑斑点点，已一扫而光，展现在公众面前的则是属于我们民族的乃至是属于整个世界的一种精神财富。金灿然先生用这一生动的比喻所表现的对编辑这一职业的真诚的崇高评价，一直深印在我的心中，当本书得以与读者见面的时候，我便是怀着这样的心情感谢中华书局的各位。

当本书进行到一半的时候，我国当代最著名的书法家、我国中央文史馆馆长启功老，欣然为本书稿题书了名签"日藏汉籍善本书录"。启功先生的题签有"竖式"和"横式"两条，说是为了将来出书时封面设计的方便。40多年前我入北京大学之时，启功老曾在"中国文化史"课上为我们授课，先生虽然学识载五车，待人却平易关切如父辈。就像这次先生书写了两式名签那样，毫无名家的摆派，却处处为他人着想一样，指点着后辈的为人之道。

当本书完成初稿之时，我国著名的哲学史家、中国国家图书馆馆长任老继愈先生，应编著者之请，欣然为本书作"序"。我在大学期间，任老曾经多次为我们授课。先生知识的丰富、学理的深邃和谈吐的幽默，开启了当时我们还很年轻和幼稚的心扉。20余年来，在许多文化学术活动中，多次与任老会面，总是惊羡先生思想的博识和敏锐。1996年6月，任老与我同在上海参加中国和日本联合举行的"东方文化会议",便中我把正在进行的《日藏汉籍善本书录》的编著情况告诉了任老,深得先生的鼓励,并答应成稿之后为之撰"序"。现在,先生的"序"文已经撰定,语多奖掖,我把它看成是前辈学者对后辈的殷殷期望。我想,我们这一代人在新时代的条件中,理应不辜负前辈的嘱托。

当本书几经校合,即将正式付梓的前夕,我特别邀请我的老师袁行霈教授为本书作一"序"文。20世纪50年代末叶我进北京大学读书时,听林庚先生讲授中国文学史中的魏晋南北朝时代,袁先生当时作为林先生的助教,与我们亲切相处。他每周必到我们宿舍一次。尽管当时的袁先生还极为年轻,在那样一个高呼口号的时代中,袁先生在谈吐中却处处透露出儒雅的修养,透露出他对于文学中深厚的美的感悟,在随意的交谈中释我疑难,启我心智,给我们以极深的印象。40余年来在时代的风雨中,我们作为师生,共同走过了漫长的道路,无论环境作何种变化,先生始终乐观向上,而待人接物,则谦谦君子也。十数年来,袁先生作为中国文学史论坛的坛主,他对于中国文化的真诚执着之情,令我神往;他又身居我国中央文史馆的领导、国家立法机关常务委员的要职而没有丝毫的架子,也令我感动。记得为了撰写和拍摄《中华文明》中的《中国文化在日本》这部片子,他数次给我电话,言辞恳切使我只能从命。当20世纪80年代《日藏汉籍善本书录》开始启动不久,袁先生即给我无私的帮助,他将自己在东京大学任教时亲手钞录的日藏唐人写本《王勃集》上的手识文提供给我,并给予诸多的鼓励。所以当本书稿付梓之时,我是一定要请袁先生作一"序"文的,除了表示对先生的敬意,更要表达的是学代薪火相承之意。

日本当代汉籍研究的权威学者尾崎康教授也为本书撰写了"序"。尾崎康教授一生致力于汉籍版本的研究,著作宏富。他沉埋于汉籍之中,皓首穷经。在当今的日本学术界,于汉籍版本这一研究而言,恐无有出先生之右者了。作为一位日本学者,他对于汉文化学术的执着,令我肃然起敬。先生一直以极大的关心,注视着我关于日藏汉籍调研工作的进展,始终给予了十分有力和亲切的支持。尾崎康先生为本书所撰写的"序"文,生动地体现了中日两国学者在新的历史条件下的理解与合作。先生在"序"文中对军国主义表示的谴责,和对未来东亚和平的祈求,更令我作为一个中国学者深深地感动。

最后,我要说的是,当本书稿正在编著中时,1987年教育部全国高校古籍整理与研究工作委员会确认它为"重点项目"。1990年我国国务院制定"国家古籍整理与出版十年重点规划"，本书被列为"重点"之一。1995年国家新闻出版署又把它确定为"九五出版规划重点项目"，从而使本书稿的公刊，获得了强有力的国家行政保障。1998年北京大学为执行国家最高领导人关于要把北京大学办成"世界第一流大学"的要求而制定执行"985学术发展规划"，本书稿被列为"发展规划"的重点项目"国际中国学（汉学）研究"中的"文献编"。所有这些认定，不仅是对我个人学术的支援，更显现出了我国文化事业的领导机构和大学教育的学术研究对于新文化事业的高度责任感和在学术上的充分前瞻性。作为《日藏汉籍善本书录》的编著者，我谨向上述所有机构和相应的规划表示深深地敬意。

近20年的寒窗辛苦，在中国和日本两国学术界朋友们的诚意之中，终于结成了果实。可以告慰于我的亲人和朋友的是，我们中国学者，在21世纪最初的年代里，终于把近两千年来流传于日本列岛的我国浩如烟海的汉籍文献，做了一次力所能及的梳理，大致把握了汉籍东传日本列岛的脉络和轨迹，掌握了汉籍善本在当今日本的流布和收藏。诚如日本著名的文献学家大庭修教授所说，"这本来是应该由我们日本人做的事，现在却由中国学者完成了。"我感谢怀抱这样的公正之心所作的评价。从事于中国的、日本的和世界的文化史研究的学者们，假如本书稿的著录，能够确实为他们提供学术所需要的文本线索，建立起认识中国文化和东亚文化历史的悠久性和丰厚性的窗口，并由此而加深对经由文献典籍而实现的文化传递能够沟通不同民族心灵联系的信念，从而更加努力地去创造东亚新世纪的文明，那么，这便是本书稿的编著者所能感受到的最大慰藉了。

1999年7月仲夏之日撰于北京西郊北京大学燕北园跬步斋
2002年3月初春之日修正于日本东京都品川户越一丁目住宅
2005年4月仲春之日定稿于北京西郊北京大学蓝旗营跬步斋

《日本中国学史稿》前言①

阎纯德先生和吴志良先生主编"列国汉学史书系",致力于在宽广的世界文化背景中展现各国研究者关于对中国文化的言说,这在我国人文学术史上还没有学者做过这样的工作,为相关层面的学者和读者所心仪和敬佩。承蒙两位先生的好意,嘱咐我将18年前,即1991年撰写的《日本中国学史》(当时为季羡林、周一良和庞朴三位先生主编的"东方文化研究丛书"之一种)付梓再版。

近50年来我在学界先辈诸先生的教导与鼓励中走向国际中国学,特别是日本中国学的研究领域②,于是有《日本中国学史》的刊出,此书得到不少的肯定,也获过奖项。日本国立京都大学名誉教授、国立京都博物馆馆长兴膳宏先生曾在香港的讲演中回答听众"关于想要了解日本人对中国文化的研究应该读什么书"时曾经说"我觉得还是北京大学

---

① 本书由严绍璗著,2009年由学苑出版社出版。
② 50年来我在北京大学受到先辈先生的教导,诸多经历感人终身,如魏建功、杨晦、邓广铭、任继愈、阴法鲁诸先生引领与督促我建立中国文化研究的国际视野,走入国际汉学与中国学研究领域。有兴趣的读者可以阅读我的回忆文章《未名湖畔的情》,载于《青春的北大》,北京大学出版社,1998年;《日藏汉籍善本书录》"自序",中华书局,2007年;《我的老师们》,载于《寻找北大》,中国长安出版社,2008年。

严绍璗先生的《日本中国学史》比较好。"此书现在不见于市，我常见需要的读者在图书馆整本复印，装订成册，也对自己的劳作具有的些微社会价值感动莫名。但此书毕竟是近20年前的著作了。在我起步的时候，人文学界在汉学和中国学研究层面上还只是极少数人的思考，关于这一学术的基本资料与学理阐述还比较朦胧，《日本中国学史》是那个时期的成果，现在读来，自己觉得有必要做修正和补充。在阎纯德先生与吴志良先生的好意鼓舞下，依据我现时对汉学与中国学学理的理解与把握，对全书内在阐述逻辑做了调整，对阐述的对象做了增删，期望能在日本中国学学术图谱的展现中表述我自己对这一学术的研究心得，定名为《日本中国学史稿》。

本书定名为"中国学"而不称"汉学"，是基于我本人对国际中国文化研究这一学术的一种学理性理解。

本学科从20世纪70年代复兴以来，成果丰厚，但是学术界在汉语文化中如何定义这一学科，在范畴与概念的表述上很不一致。20世纪70年代后期，中国社会科学院出版的我国第一种关于这一学科研究的刊物称为《外国研究中国》，孙越生先生主编"国外研究中国丛书"系列，名称非常直白。我个人参与其间，主张采用"中国学"。1980年我出版的《日本中国学家》和1991年出版的《日本中国学史》都使用了"中国学"的概念。继后，上海华东师范大学出版社出版《海外中国学评论》，朱正惠先生、王晓平先生诸位在他们的著作和表述中也采用"中国学"的范畴，中国社会科学院何培忠先生主编"当代国外中国学研究"，我国国家图书馆的相关机构称为"海外中国学研究文献中心"等等都表明，我国学界相当一部分学者，把这一学术定义为"中国学"。但是，目前我国大学中凡是涉及这一学术研究的机构，几乎都以"汉学"命名，相应的学术会议与新闻媒体几乎也都采用"汉学"的名称，学术界关于这一学科研究的重要的刊物，也称"汉学"，例如：《世界汉学》《国际汉学》和《汉学研究》等。

学术概念表述的差异，意味着我们对这一学科本质的理解与把握还存在着相当大的分歧，而这样的分歧，事实上又表现出我们的研究，在学术史的层次上还存在不少的争议和不够清晰的层面，在与国际学术界的对话中，事实上也还存在着不同学术概念的差异、混乱和讹误。

学术概念的建立与研究内核的确认，来源于学术史事实本身。这是一个庞大的课题，不可能在这里表述我的完整理解。但我希望必须说明的是，学术史上关于国际中国文化研究"所表述的学术内涵,是具有历史进程的时间性特征的,由此而决定了研究的内含价值观念具有不同的趋向性,以及研究内容的能动的增容性特征。国际中国文化研究在世界不同国家与在同一国家的不同历史阶段中,其存在与表现的状态并不是恒定的、并不是凝固的,它是处在能动的多形态的变异之中。确立这一学术的研究概念与范畴,应该充分意识到这种能动性所表现的价值内涵。

例如,欧洲主要国家和亚洲的日本、朝鲜与越南,在近代文明建立之前,他们意念中的中国文化就是华夏以儒学为核心的汉文化,这是他们研究中国文化的基本的、甚至是唯一的对象内容。在一个相当长的时间中,例如在18世纪欧洲思想革命时代之前与革命中的欧洲学界,包括传教士们,以及在19世纪中期之前的日本学界、他们对中国汉文化研究所呈现的最经典特征,就是研究的主流话语不仅把汉文化作为客体研究对象,而且不管是有意识的,还是无意识的,他们还把以汉文化为代表的中国文化作为主体意识形态的相关材料而变异到自己的主体之中。我以为,具有这样的基本文化特征的国际中国文化研究,可以界定为"汉学",对它们的研究当然就称为"汉学研究"了。

一般说来,在18世纪的欧洲,随着启蒙运动的推进,欧洲汉学中把对中国文化的研究从构筑自我意识形态的材料中剥离,这一趋势愈益明显。从孟德斯鸠、卢梭到亚当·斯密和德国古典哲学家们,可以说一直到卡尔·马克思,对这些研究家而言,以汉民族文化为代表的中国文化,只是或主要是作为世界文化的一个类型而存在,即只是作为研究的客体而存在,在近代文化的国别文化研究中,同时并存的还有像印度学、埃及学,乃至日本学等。研究者并不把自己的研究对象作为意识形态的材料吸收,而是在学理上作为认识与理解世界文化的一种学术,并进而利用这样的学术来构建自己本身学术的文化话语。与此同时,由于大航海时代的推进,文化人类学的萌生与发展,以及欧洲殖民主义的扩张,欧洲对中国的认识和研究的内容开始从单一的汉族与汉文化扩展为多元状态,在多种探险、考古与殖民的推动下,在对中国的研究中出现了例如对"蒙古族""满族""藏族"的研究等,这一研究价值取向的多元化与研究内容的增容性复杂化趋势日益显著地发达起来。日本在19世纪中后期也开始呈现了这样的趋势。

面对国际中国文化研究状态这种近代性变异,我以为继续使用汉学的范畴显然已经不能容纳这样的学术内涵,并且会产生而且事实上也已经产生了学术的，以及超越学术的误解与歧义。例如，日本东洋文库的研究系统中，长期把朝鲜研究、满洲①研究和蒙古研究归为东北亚研究，把西藏研究归为中亚伊斯兰研究系统。这种混乱与荒谬的学术设定，当然是一种内含有意识形态的学术政治化运作，这种运作之所以成为可能而学界长期对此不置一词，其中则有我们在国际中国（文化）研究中缺失了对其核心价值的认知，失落了对其研究客体对象的界定，两者是相关联的。②

在这样的学术状态下，我以为面对世界近代化文化网络对我国作为多民族国家的文化展开的研究，使用"中国学"的概念与范畴应该说是很合适的，而且是必要的。我们应该确立"中国学"的概念与范畴，把它作为世界近代文化中对中国文化研究的核心与统摄。汉学是它的历史承传，作为研究当然可以与中国学并存，但作为研究的客体与中国学是不尽相同的，而诸如现在进行的蒙古学、满学、藏学、西域学、西夏学，乃至渤海学等，都是它的分支层面，即中国学的二级学科。本书遵循我自己这样的学理意识，把19世纪后期以前日本对中国文化的研究作为汉学研究，它们是近代日本中国学的前导，以后者否定前者的辩证关系相互连接。本书把日本近代以来对中国文化的研究归为中国学研究，构成本书探讨的主体，其中把日益发达的日本对满洲研究安置于中国学的总摄之下。

近20年来国际中国文化研究逐步汇成学术潮流，我自己愈益意识到作为从事这一学术的研究者，在两个基本层面面上应该培养自觉的学术意识。

一个层面是中国研究者究竟应该怎样为国际中国学学术价值定位。我国学界常常喜欢使用"它山之石，可以攻玉"来评价国际中国学的学术价值。从认识论的一般意义上说，是一个很形象化的比喻。但是，依据我个人粗浅的理解，把国

---

① "满洲"一词原为满族的旧称，《清一统志》将山海关外三省统称为"关东三省"，后简称"东三省""关东""关外"等，民国时正式使用"东北"称呼山海关以外的领土。英国、日本、俄国等一些国家仍使用"满洲"（Manchuria）一词指我国东北地区。为了呈现历史事实和文献原貌，本书中凡涉及日本文献史料中出现的"满洲"或"满"、专有机构名称中的"满洲"或"满"一般不作修改，行文叙述中均用"中国东北"一词。——编者

② 关于日本东洋文库中国学中分割我国多民族文化的荒谬状态，本书著者在1979年发表的《日本研究中国的学术机构（一）》，载于中国社会科学院情报所编辑《外国研究中国》第二辑（中国社会科学出版社，1979年）中已经揭示了此种状态。30年来未见有任何人士653如此分割中国学的状态表述过任何评论，相反，国内学界有些先生还致力于建立独立的满学、蒙古学等，令人不可思议。

际中国学定位为一种学术性的工具，这在事实上可能对国际中国学作为一门具有世界性意义的学术的本体，即对它的真正的学术内涵忽视了或失却了更有效的和更深刻的理解与相应的把握，由此，我们的研究者在这一学术的阐释和表述，有时就难免显得薄弱、片面，甚至出现虚拟的幻影。

当我们把中国学作为"它山之石"的工具论的时候，我们在学术观念上一般把它作为是中国学术研究在域外的延伸。但这仅仅是我们在一个层面上表述了它的价值，如果仅仅只是这样的认识，那我们就多少失去了对中国学作为一门跨文化学科的文化语境的把握，因而也就对这一学术无论是作为学派群体，还是作为学者个人，在种种学术阐述背后支持这些学术观念的文化语境未能有足够的认知，也就未能进行相应的、恰当的研讨和评价。就日本中国学研究而言，大多数的研讨，对他们学术表述的内涵缺失了隐秘的精神特征的解析。

日本中国学它首先是日本近代文化构成中的一个层面，是日本在近代国民国家形成和发展中构筑起的国民文化的一种表述形态，它首先是日本文化的一个类型。

比如，在我们习惯上称之为传统的东京学派的内部，事实上存在着对中国文化很不相同的阐述表现，而我们尚未有对它们的差异性真正的本质进行思想史的研讨。

从19世纪80年代一直到战后，从第一代主持东京大学"中国哲学讲座"的井上哲次郎（Inoue Tetsujirou）开始，大约20年或25年相传一代，经过服部宇之吉（Hatori Unoskichi），到宇野哲人（Uno Tetsuto）等，构成了日本中国学中关于儒学阐述最具有社会影响的体系。

19世纪90年初期，井上哲次郎最先把儒学所主张的"孝悌忠信"阐释为极具现代性价值"爱国主义"，从而使明治天皇颁发的《教育敕语》能够获得最广泛的受众面。20世纪20年代到40年代，服部宇之吉创导"儒学原教旨主义"，即主张对儒学应该"在新时代注入新的生命"，"将对儒学（各派）的崇敬转向对孔子的崇敬"，从而树立"以伦理为核心的孔子教在新时代的权威"，并强调"孔子的真精神只存在于日本"。到20世纪50年代宇野哲人则又重点阐发孔子教的核心便在于"确立大义名分的权威主义"。

他们用70年的时间构建了日本中国学中对儒学阐述的主流话语。我们如果从20世纪国际中国学对儒学的研究考察，日本中国学中这一学派，强调开启儒学在新时代的新价值，他们的一系列阐述或许可以看作是世界范围内新儒学的先驱。

但几乎在相同的历史时期中，东京学派内也形成了以白鸟库吉（Shiratori Kurakichi）、津田左右吉（Tsuda Soukichi）等为首的对以儒学为核心的中国古史与古文化的强烈的批判主义潮流。先期有白鸟库吉等人高举"尧、舜、禹三代抹煞论"，扩展为对中国上古文献的全面怀疑，继而又有津田左右吉以《周易》《论语》《左传》《老子》四部巨著的研究，把中国古代文化评价为是一种"把帝王放置于崇拜中心的人事文化"，是一种"物质性欲求的文化"，是一种"权力阶级的文化，也是保护权力阶级权威的文化"，是一种"尚古主义的文化"，从而把数千年来作为东亚文明的主体，特别是在两千年间滋养日本文明的中华文化一笔勾销。

我们的研究者在运用这些学术资源的时候，往往只选取了其中一些片段性的结论，便作出这样和那样的评述，似乎没有注意到造成他们对于中国文化这样和那样表述的基本的文化语境，即他们是为适应日本近代国家的国民精神建设的需要而提供了一种学术性产品。他们对于中国文化的阐述，与中国文化本体的本源性意义并不相处在同一层面中，他们只是依据他们的需要来理解和阐发中国文化。或许甚至可以翻过来说，中国文化在相应性的层面中只是他们阐发在自己生存的文化语境中形成的某种潜在性意识的学术性材料。这些潜在性的意识，才是日本中国学内蕴的基本价值观念。两种看似对立的观念，都具有极为深刻的同时代日本文化语境的本质特征。

依据我个人的认识，所有这些迷离不清的与中国文化相关联的现象，都必须与日本社会总体的文化语境相连接给予理解和阐述。日本中国学中的新儒学，一般而言，是以特定的亚细亚主义为其发生的文化语境；而作为新儒学对立面的激进批判主义，一般而言，又是以特定的"脱亚入欧论"为其文化语境。无论是亚细亚主义还是脱亚入欧论，130余年来一直到现在，它们是构成日本近代社会主流话语的最基本的意识形态层面。两个几乎完全对立的中国学学派，在总体上却出源于同一文化语境的两个侧翼，这或许是意想不到的。由此而得出的必然的结论是，一个具备研究资质的研究者，他在具备本国文化素养的同时，必须也是一个对象国文化的研究者。不具备这样的素质，纯粹的所谓国学家其实是做不成这一门学问的。

另一个层面是，在我们审视和接纳日本中国学的学术成果的过程中，我们应该把日本对中国文化研究，放置在相关的世界性文化视野中考察。

世界近代进程的一个显著特征，便是文化的世界性网络的形成，国际中国文化研究本身就是一门世界性的学科，那么，我们只有在逐步把握各国中国学之间相互精神渗透的过程中，才能更加准确与清晰地把握对象国中国学的本质特征，日本中国学毫不例外，也许我们只有在理解它与世界文化的关系中才能更加确切地把握这一份资源的价值。

19世纪中期之前的日本汉学时代，学者们的治学之道，几乎完全依靠从中国传入的文献，他们伏案读书，皓首穷经，偶有所得，则撰写成篇。他们之中几乎没有人到过中国，更遑论其他。其视野所及就是以中国文献所提供的文化框架，再融入以神道为核心的本土文化，依凭个人的积累与智慧，自成一家之说。

日本中国学作为日本近代研究世界文化的一部分，从这个学科形成的时候开始，主要的、重要的学者相应地都逐步养成了把自己对中国文化的认知和研究与世界构成融通的状态。

日本中国学体系中某些主要观念与方法论的形成，不仅取决于日本本土文化语境，而且也是他们接受欧美文化，特别是欧洲文化而变异的结果。

例如，我们体察到一个可以思考的线索，日本中国学中新儒家学派的主要学者，几乎都在德国学习和研究过，他们几乎都热衷于德国俾斯麦、斯坦因、盖乃斯德等的普鲁士国家集权主义学说[①]。而白鸟库吉的"尧舜禹抹煞论"则与他接受法国哲学家皮埃尔·拉菲特关于人类文化进程三阶段的理论密切相关。

---

① 著者在关于日本近代国家主义思潮的研讨中逐渐意识到除了基于本国的文化语境外，它与德国社会思潮中的普鲁士国家极权主义具有相当的联系。例如在被放置于日本靖国神社中的由远东军事法庭判决的14名甲级战犯的亡灵神牌中，东条英机，1915年日本陆军大学毕业，出任日本驻德国使馆武官。后任日本内阁总理、陆军大臣、参谋总长。1948年11月12日被执行绞刑。梅津美治郎，1910年毕业于日本陆军大学，出任驻德国大使馆武官，归国后任参谋本部德国班班长。后任日本大本营统帅部参谋总长。1949年1月8日在东京监狱死于癌症。白鸟敏夫，1913年东京帝国大学法学部毕业，进入外务省，出任日本驻德国大使馆任书记官。后任大政赞翼会总务，1949年4月死于东京狱中。木村兵太郎，1914年日本陆军大学毕业，出任驻德国大使馆武官。后任缅甸派遣军总司令，1948年11月23日被执行死刑。东乡茂德，1912年东京帝国大学德文专业毕业，进入外务省，出任驻德国大使馆参事官，后任驻德大使，最后为日本外务大臣，1950年死于监狱。35%以上的甲级战犯皆出任过驻德国的武官、驻德使馆书记官与驻德大使等职务，熟知德国国家主义的历史与基本内涵。

皮埃尔·拉菲特是法国实证主义哲学家，孔德指定的他的实证主义学派第一继承人，他认为，人类起始的文化是物神偶像崇拜文化，其特点是创造偶像。由此进化到神学理论阶段，这一时期的文化便是社会开始具备抽象性的观念。文明社会的文化则是实证主义文化，人类能使外界的经验与内心的经验达到统合一致，出现高度和谐。

白鸟库吉从拉菲特这样的文化史观中，获得了他批判儒学的近代性话语。他把中国古史和儒学定位为人类文化的第一阶段，即物神偶像崇拜阶段。他认为，尧舜禹崇拜所表现出来的偶像性的观察是显著地发达的，尧舜禹崇拜缺乏有价值的抽象理论，这是文化蒙昧的必然结果。

白鸟库吉的中国古史观具有特定时代的近代文化所具有的批判性。这种批判性，使白鸟库吉事实上重新审视了传统的儒学的史学的观念，试图重新看待中国历史和评价中国文化。但是白鸟史学从一开始就以日本国粹主义的精神状态表现出对中国文化的冷漠和蔑视，从而夸张了中国文化的滞后性。这一观念他又从法国皮埃尔·拉菲特的社会学理论中获得了表述的话语逻辑，构成白鸟库吉的中国文化观，并被遗传而成为日本东洋史学的一支强有力的学派，并在相当的层面上影响日本中国学对中国文化的表述。由此我们或许可以更加接近本相地把握白鸟中国文化批判观念的理论本质，并可以明显地区别它与我国"五四"新文化的批判精神在价值内涵中的本质性差异。

我相信在国际中国学研究中，把握各国研究的世界性文化联络，不仅对研究日本中国学具有意义，而且在总体的国际中国文化研究中也必然具有积极的价值意义。关于这一层面的思考，意会到对中国学的研究，涉及研究者广泛的知识结构，他必须具备以原典为基础的文化大视野，缺失了这样的教养，常常会陷于虚影而失去了对实体的感知，造成阐述的表面化。

半个世纪以来，我对中国学学理与方法的认知与感悟，是一个漫长的对自我学术观念的"思想改造"过程，也是补充自己学识缺陷的过程。尽管如此，此本《日本中国学史稿》在表达自己的认识方面仍然是不充裕的。当年引领我登堂入室的诸位先辈，都已乘鹤西去，每当想起他们，愧疚之情萦绕于心中而不能释怀。现在，在阎纯德、吴志良二先生的坚持、鼓励与耐心的等待中，本书得以献予读者诸君，敬祈共勉。

2009年9月12日于北京西郊北大蓝旗营跬步斋

《魏建功文选》前言①

魏建功先生(1901—1980)是我国20世纪杰出的人文学家,是在五四运动精神中在北京大学成长起来的超越世纪影响的一代学人之一。

魏建功先生以自己毕生的真诚与勤奋、智慧与热情,在20世纪中国文化的伟大进程中,几经磨难,造就了自己的人品和杰出的学术。当我们今天来阅读和品味这位老人的精神遗产的时候,我们不仅仅要领会他的学术精粹,透过这位老人一生的经历,更应该体验到他与时代的搏动、文明的跃进息息相通的人格精神。1996年3月,时已90高寿的我国杰出的语言学家周有光先生在为《魏建功文集》而作的"序文"中,开首和结尾有如下的表述:"魏建功先生是我的师辈,他是我心目中最值得崇敬的学者和语文改革家。不仅我如此崇敬他,我的许多同辈也如此崇敬他,因为他是一位始终坚持'五四'精神的伟大学者。……我从他的言行中看到了一个真正革命家的品格。"②

魏建功先生1901年出生于江苏如皋,1919年18岁时进入北京大学英文预科,1921年20岁时进入北京大学国学门(中文系前身),受业于

---

① 本书由严绍璗、张渭毅选编,2010年由北京大学出版社出版。
② 《古音系研究》"周有光序",《魏建功文集》第一卷,江苏教育出版社,2001年。

钱玄同、沈兼士、沈尹默、马裕藻诸位名师，并受陈独秀先生推进社会改革思想影响甚深，1923年在"五四"精神的直接感召下，22岁的魏先生在北大加入中国共产党。在专业研究之余，积极参与创造新文化、创造新中国的社会活动，他对学生社团，例如"戏剧社"的演出、"民间歌谣"的收集等等，尤为热心。1925年中国爆发"五卅运动"，魏建功先生为抵制帝国主义文化侵略，与朋友一起创立"黎明中学"，同年8月，鲁迅因为女师大学潮而被北洋政府免职，魏先生专程到鲁迅宅第拜访，诚邀鲁迅到黎明中学任教，对逆境中的鲁迅给予全力支持。1926年鲁迅到厦门大学任教，委托魏建功先生为他的《唐宋传奇集》进行校对。鲁迅在信中特别致谢说："给我校对过的《太平广记》都收到齐了，这样的热天做这样麻烦的事，实在不胜感谢。……"后来在《唐宋传奇集》的"序例"中又再次点名致谢。1925年1月大学毕业前，业师钱玄同、黎锦熙先生创办《国语周刊》，邀约魏建功参与编辑，一个北大文科的学生成为该刊的主要撰稿人之一。1926年，魏建功先生在北大国学门毕业，留任为北京大学教师，开始了他以北京大学中文系作为基本学术基地而进行多层面的学术活动。1928年，国民政府教育部建立教育部国语统一筹委会，魏建功时年27岁，在音韵学研究中始露头角，与蔡元培、钱玄同、黎锦熙、胡适、刘复、周作人、赵元任、林语堂、钱稻孙、马裕藻等学界名人同为该筹委会委员，并被推举为该会常委，负责编审《国语旬刊》，由此而奠定了他此后从事推广"国语"的基础。1935年，34岁的魏建功先生出版《古音系研究》一书，在音韵学研究中具有划时代的意义，被后世评价为"从传统音韵学通向近代音韵学的桥梁"①。据说，当时北京大学中文系有三门被称为最有特色的概要课程，此即胡适先生的"中国文学史概要"、沈兼士先生的"文字学概要"和魏建功先生的"声韵学概要"。抗战爆发，魏先生奔走于西南联大与内地各大学之间，对于处于困厄中的陈独秀先生竭尽全力予以帮助，并在陈先生作古后筹划《独秀文存》的编刊，为保存中国新文化运动巨匠之文萃，功劳至高。1945年，抗战胜利，台湾光复，魏建功先生受当时国民政府之委派，任职台湾省国语推行委员会主任，与同道何容先生等一起，在被日本军国主义殖民50年之久的台湾全省，特别是在中小学教育中，强制取消日语，限制闽南语，

---

① 此为1956年中国科学院对授予魏建功先生为"哲学社会科学学部委员"的评语。材料见北京大学保存的"魏建功档案"。

推行"国语",其彪炳业绩,惠泽今日。魏建功先生同时参加取缔日本台北帝国大学,参与创建台湾大学,出任台湾大学中文系首届主任。1948年年底,在华北战场隆隆的炮声中,魏先生以迎接新中国诞生的满腔热情,再次越过台湾海峡,返回北京大学。1949年3月,魏建功先生奉命出任当时刚刚解放尚在恢复中的北京大学中文系系主任。不久受命任职新华辞书社主任,主编惠泽普世的《新华字典》,同时兼任北大中文系教授。1956年成为中国科学院哲学社会科学学部学部委员。1959年在高等教育部和北京大学支持下,出面组建北大古典文献专业,设置于中国语言文学系。1962年出任北京大学副校长。魏建功先生是20世纪中国主要的民主党派——九三学社的主要创始人之一、全国人民代表大会第三届、第四届代表。1973年末至1976年秋季,由当时的中共中央主要负责人指派,担任"梁效大批判组"顾问。魏建功先生以自己一生对民族和国家的忠诚,光明磊落的胸怀,不倦的努力与奋斗,历经磨难,在自己钟情的学科诸领域内树立了一代风范,创造了不仅属于当时而且也是属于未来的杰出业绩。他的学术属于中国和世界,他的磨难属于时代。

魏先生一生撰著有500余万字的著作存于世上,并有篆刻墨宝上百件光耀艺苑。2001年7月,魏建功先生百岁寿辰之时,江苏教育出版社刊出《魏建功文集》五卷,约计250万余字。文集由北大中文系古典文献专业首届学生,严绍璗的同窗吴永坤先生主其事。此次北大中文系百年华诞,编辑20位学术巨匠之"文选",然永坤学兄不幸已驾鹤西去,绍璗虽为不肖门生,但深感责无旁贷,故简陋上场,邀约学弟张渭毅,努力为之。然从500余万字中选择近30万字表现先生学术之业绩,万般思索,难解其惑,勉力为之,条分缕析,试图从音韵学研究、文字学研究、文学研究、民俗学研究、在台湾推行"国语"的理论与实践研究、人物志(人文学术史研究)和大学语文教学研究凡七个组类,选取近30万字,聊为蜻蜓点水,希望能够借此展示其凤毛麟角。

"文选"第一组是魏先生的音韵学研究业绩

音韵学是魏先生学术生涯中用力最勤、著述最丰和成就最大的研究领域。

他发表了论文41篇，有专著8部（其中2部与他人合著，3部生前公开出版，5部生前未公开出版，收入《魏建功文集》），共计400余万字，内容翔实，研究范围广泛，涉及汉语语音史、音韵学方法论、上古音、《切韵》系韵书和韵书史、中古音、近代音、国音研究、方音学、中国音韵学史和对音研究等多个方面。限于篇幅，本"文选"仅选录并导读其中较具代表性的论文三篇①：（1）《研究古音系的条件》（节选），（2）《论〈切韵〉系的韵书》（即《〈十韵汇编〉序》），（3）张洵如〈北平音系十三辙〉序》。力图初步展示魏先生深厚的学术功力、卓越的学术创见和鲜明的学术特色。

《古音系研究》成书于1934年除夕，1935年由北京大学出版组出版。1996年中华书局重排重印此书，2001年收入江苏教育出版社出版的《魏建功文集》第一卷。全书分前序、正文、附录和后序四个部分。本书不仅是魏先生的音韵学代表作，也是集中体现20世纪二三十年代中国音韵学成长历程的高水平代表作。它的问世，奠定了魏先生在音韵学界和中国语言学界的地位，20世纪30年代末日本桥川时雄编著的《中国文化界人物总鉴》就收了魏先生的条目。本"文选"选录了第五章"研究古音系的条件"以窥斑知豹。在导读本章之前，有必要阐述贯穿于全书各个章节的三个特点，即时代性、独创性和建设性。

（1）时代性。20世纪二三十年代，以瑞典汉学家高本汉为代表的一班国外学者，将历史比较法和内部拟测法引进汉语音韵学，取得了突破性进展，尤其是高氏的《中国音韵学研究》（1915—1926年陆续发表）以及他的一系列古音学论著，引起了中国音韵学在观念、方法、材料和工具等方面的革命，开启了现代音韵学的新时代。引进、学习、翻译、批评和借鉴高氏的学说和体系，成为那个时期中国音韵学的主要特色。②当时国内音韵学界有所谓"旧派"和"新派"，两派学者的学术理念和治学方法不同。此外，还有综合旧派和新派之长的"古今中外派"，以钱玄同为代表。古今中外派既能够不故步自封，大胆地接受现代音韵学新方法，用国际音标具体讨论声韵音值，打破传统音韵学古音、今音、等韵的

---

① 本"文选"原计划还选录魏先生的上古音研究代表作《古音学上的大辩论——〈歌戈鱼虞模古读考〉引起的问题》（见《魏建功文集》第三卷，第91—160页），并加以导读，看清样时惜为篇幅所限，删去。

② 何九盈：《中国现代语言学史》，广东教育出版社，2005年，第234页。

界限,积极跟外来新学说的潮流接轨;又能够从善求真,不妄信盲从国外学者,立足于中国传统音韵学的既有成果并加以光大,反对把形体、音韵、训诂割裂拆散研究。在对待旧派和新派学术的态度上,钱先生主张"章(太炎)得高(本汉)而益彰,高因章而更高!"[1]钱先生长期在北京大学中文系兼职讲授音韵学课程,魏先生是钱先生最得意的入室弟子之一,他秉承和发扬古今中外派融贯古今中西学术的精神,经过十余年的读书、思考、研究和实践,写成这部30余万言的著作,列举按断成说,敢于批评争论,洋溢着浓厚的时代气息。堪称20世纪二三十年代"音韵学乃至语言学领域最富推陈出新、时代气息、战斗精神的"[2]总结性著作。

(2)独创性。作者不满足于当时语言文字研究的现状,提出了"不做应声虫,不做和事佬"的学术口号,以"'古今中外'之说必须成立,一方面有摧拉腐朽之用、一方面有变化神奇之效"的学术魄力和勇气,[3]锐意进取,大胆创新,"于古音之历史与对象,纵横搜讨,论列详明,能将前人贵古贱今重文轻语之积习一扫而空。"[4]这种强烈的学术个性,在本书中表现为观念、方法、材料和结论等方面的独创性。正如"罗常培序"所说:"这是一部能够表现自己的书——做人要有个性,作书也要有个性。凡是根据自己的观念,运用自己的方法,组织自己的材料,而不因袭别人的,无论如何也算得是一部好书。"[5]

(3)建设性。本书的宗旨即卷首《开宗明义》(引言与总纲)所指出的:"对于如何担负完成中国语音语言史工作使命的讨论和报告。"为此,作者系统地提出了建立中国语音史和语言史的理论和见解。这就决定了本书具有很高的不同于一般音韵学通论和教材的学术品味,正如"罗常培序"所说:"这是一部能提出问题的书——真正能启发读者兴趣的著作不在乎有很多武断的结论,而贵乎提出一些新颖的问题,并且指出它们的解决方法。所以一部攫举成说毫无识见的书,只可以勉强为初学指示门径,而不能给受过相当训练的人作研究指导。这部

---

[1] 参见《魏建功文集》第二卷,江苏教育出版社,2001年,第467—481页。
[2] 此引文见鲁国尧:《魏建功〈古音系研究〉的科学精神》,《南通师范学院学报》2001年第3期。
[3] 魏建功《古音系研究》"自序",《魏建功文集》第一卷,江苏教育出版社,2001年。
[4] 《古音系研究》"沈兼士序",《魏建功文集》第一卷,江苏教育出版社,2001年。
[5] 《古音系研究》"罗常培序",《魏建功文集》第一卷,江苏教育出版社,2001年。

书的前五章提出好些解决问题的方法，举了好些处理问题的实例，最后在第六章胪列出二十个实际问题，供读者们参考，真正聪明的人，一经启发，随便就可以拈出一题去作精邃的研究。"①

本书前四章讨论了古音系的分期、内容、材料和方法，这也是古音系研究工作的基本内容，如何才能够使古音系研究工作落到实处，还需要研究者树立正确的学术观念，具备优越的研究素质和科学的研究条件，第五章"研究古音系的条件"从三个方面论证和阐发。

一论"知难"。古音系研究有"三因两难"，一因去古远，二因缺音标，三因汉字形音义相纠缠。造成两难：即语言系统难明，语言变转难知。由此学者很容易产生困惑，要先知难而后理惑。

二论"理惑"，即处理古音系研究中的疑难问题。古音学属于语音学范畴，不仅要探明语音演变的原因，还要探求古音的实况，建立古音系统。为此作者提纲挈领举出了十条原则：（1）审音声韵须兼顾；（2）材料取舍轻重须精确；（3）书音语音须等视；（4）方言凡通语须分别；（5）现象之常变须辨识；（6）引证时代须审察；（7）事实因果须明了；（8）研究方法采用之先后须知缓急；（9）形音义须求贯通；（10）立论解释须为通则。凡不符合这些原则的，就是研究古音系的困惑所在。

三论"持衡"，即要有全局观念，统筹兼顾，方能合理持论，解决问题。古音系研究在"知难"的基础上"理惑"，很容易矫枉过正，持论偏颇过激。因此，作者提出"按部不离大经，开言能恰在行"，这个"大经"，其实就是上一节"理惑"的十条原则。为了纠正古音研究的偏颇，作者结合自己多年思考和研究的实例，用十四小节的篇幅精辟论证了独到的见解，综合起来，有以下十点。

（1）讨论字音的演变不能忽略声母的关键作用，古音研究"只论韵是靠不住的，而必须讲声"。

（2）研究上古音不能死守等、呼条件，要以主要元音为先决条件，必须兼顾声母与韵母的结合关系。因为等呼只是等韵时代的等呼，不能推断和解释谐声系统的上古音值。

（3）研究古音除了探寻音变的轨迹，还应该注意语根的关系，音义并

---

① 《古音系研究》"罗常培序"，《魏建功文集》第一卷，江苏教育出版社，2001年。

重，既看到文字的音的方面，又得兼顾义的方面。这个"义"不是"音训"的"义"，而是文字形体中所含谐声字声符（作者叫声母）的"义"。

（4）研究古音单凭单个汉字的类析是不够的，还要重视连语的探求。所谓连语，作者指由两个意义相关、相对、相成或相反的字合成的、语音上有一定规律的复音词。戴震、程瑶田称为"转语"，王念孙、王国维归在连绵字。

（5）研究古音要重视方言的调查和整理，要先下工夫搞清和解决汉语方音本身的问题后，再做同语族语言的比较研究。如果要做古音与同族语言的比较研究，必须注意同族语言声韵变化的历史，要做"对等"的研究，即搞清同族语言材料的时代、语音的来源和变迁以及跟汉语词语的音义对应关系。对于古音跟非亲属关系语言的比较研究，不能取声音上的偶合之例，而必须注意非亲属语言所受汉字的影响和所保存汉字读音的变迁。

（6）研究古音引用例证，要重视时代的准确性，不能搞乱了时代界限。

（7）研究古音不能只注意《切韵》读音的推测和假设，要重视韵书韵目的衍变，从韵目分合的变迁来论证谐声关系和谐声系统。

（8）研究古音要兼通汉字的形音义，不能只做纯粹的字音研究。还要打破汉字形音义的束缚，注重汉语的语音和同族语语根的研究，以语言为中心研治音韵训诂，使得语言中的语音与汉字所表的音义互相贯通。

（9）寻找古音演变的条理，确定音变规律，应该同时兼顾不同的原则，不能死守一个原则，因为横向的音变和纵向的音变所适用的原则不同。

（10）古音研究要破愚祛妄，懂得音理。

本文又是一篇充满鲜明的学术个性的音韵学理论批评之作。作者"纵观古今通塞，尚论群贤得失"，对于群贤的著名论断，能够做到不"尼守陈言"，不"骛效新说"，敢于批评论争，按断是非，被批评的当时的著名学者有：章太炎、马叙伦、胡适、郭沫若、林语堂、高本汉、王静如、徐中舒、方壮猷、马宗霍、潘尊行、曾广源等。作者在严格的学术批评中树立和完善自己的学术见解，体现了"新音韵学的朝气蓬勃、充满创造力的特色"[①]。

作者提出的一些古音研究的理念和见解，如：等韵时代的等呼不能决定等韵时代以前的字音，不能用等韵的标准决定《切韵》音，再由此上推上古音，上

---

① 此引文见鲁国尧：《魏建功〈古音系研究〉的科学精神》，《南通师范学院学报》2001年第3期。

古音不能全部从《切韵》找解释；对待古音与亲属语言比较研究的态度，应该是首先要搞清自家语言的实际，不能"专俟族语（亲属语言）"，要"先理方言，再对族语——换言之，且慢骛外，请先治内！"必须了解亲属语言声韵变化的历史，做到"半斤对八两"——以语言对语言，以字音对字音；古音研究要音义并重，重视音变与语根的关系；研究音韵必须兼通文字训诂，研究文字和语言必须兼通文字音韵等等，至今还有非常深刻的现实意义。

20世纪初，陆法言《切韵》的唐写本和增订本残卷在敦煌和吐鲁番发现，引起了国内学者整理和探究《切韵》系韵书的热潮，形成了专门的学问——《切韵》学。1921年，王国维先生最先把斯坦因劫去的三种《切韵》残卷（《切一》《切二》《切三》）照片手录抄印，公之于世，并首先考证了《切韵》系韵书的源流。此后，中国学者做了大量的卓有成效的整理和研究工作，代表人物有王国维、罗振玉、罗福苌、刘复、姜亮夫、魏建功、罗常培、丁山、董作宾、方国瑜、唐兰、陆志韦等，王国维、魏建功用力最勤。其中1936年出版的《十韵汇编》，是当时所能见到的《切韵》系韵书材料的总结集，可以看作全面反映《切韵》系韵书搜集和整理工作成绩的代表作，至今还有无法替代的重要的学术价值。由刘复、罗常培和魏建功合编，成书的经过如下：刘半农先生留学法国期间，在巴黎国家图书馆抄录了104种敦煌写本，分为三集：上集文学史材料，中集社会史材料，下集语言史材料，定名为《敦煌掇琐》，1925年作为中央研究院历史语言研究所专刊之二、北京大学研究所国学门丛书之一刊行。其中下集辑录了王仁昫《刊谬补缺切韵》残卷（P2011）和一些韵学资料。1932年，刘先生把所集三种唐写本《切韵》残卷（即《切一》《切二》《切三》）、两种唐写本王仁昫《刊谬补缺切韵》（即《敦煌掇琐》本、故宫藏项子京跋本）、唐写本《唐韵》（吴县蒋斧藏）、五代本《切韵》（即P2014、P2015）和古逸丛书本《广韵》等八种韵书排比剪贴，定名为《八韵比》，后来改称《八韵汇编》。1933年秋，魏建功先生提议增加两种韵书，即日本大谷光瑞藏唐写本韵书断片一种和柏林普鲁士学院藏唐写本韵书断片一种，《八韵汇编》就改名为《十韵汇编》。1934年夏，此书写定待印，刘先生去世。于是由罗常培、魏建功整理遗稿，补制凡例，重新抄写各种残本，每页按时代早晚从上往下排列，《广韵》用原书剪贴，排在最下面，便于读者对照排比各韵书韵字，比较异同。编辑工作历时两年半，三易其稿，1935年秋成书，罗常培、魏建功先生分别作序，魏序居卷首，1936年由北京大学出版组出版。魏序又以《论〈切韵〉系的韵书》为题，发表在1936年《国学季刊》第五卷第三期上。

本《文选》所录《论〈切韵〉系的韵书》（即《〈十韵汇编〉魏序》）是魏先生研究《切韵》学和韵书史的代表作，也是中国音韵学史上的重要文献。该文把当时新发现的《切韵》系韵书残卷和一部分韵学材料置于中国音韵学史和语音史的大背景之下，详细阐述了韵书的产生、发展和体制演变的历史，考订了《切韵》系韵书的源流、系统及其音变，论述了以下七个问题。

（1）先有反切，后有韵书。反切出现在东汉末年，中国儒者用反切注音分析音素的知识受到了梵文传入和佛经翻译的影响。

（2）最早的韵书《声类》和《韵集》以"五声命字，不立诸部"。宋、齐以来的韵书以"四声"分字。"五声"与"四声"不同，各有意义，不能直接对当。李登、吕静以五声分别字类，大约与声调无关，不一定是以韵和四声分字。

（3）魏先生遍检史籍著录、称引中带"音""声""韵"字的书名，分类罗列了一百六七十种可能存在的韵书，实在完整存在的韵书不过十来种，中古韵书只有一部《广韵》。

（4）魏先生详细介绍和描写了20世纪前三十几年新发现的隋唐以来十一项韵学残缺材料，包括《十韵汇编》纂辑的除《广韵》以外的九种韵书残卷和另两种韵学残卷（即唐写本韵书序二残卷和写本守温韵学残卷一种）。对于这些新材料，作者力图窥瞰韵书体制的演变，钩稽韵书源流的脉络，判断韵书系统的划分，在辨析前贤时彦论断的基础上，系统地阐述了自己的新见解，主要创见有：

第一，上虞罗氏印秀水唐兰仿写本《刊谬补缺切韵》（即学界所谓"王二"），是参合陆法言《切韵》和王仁昫《刊谬补缺切韵》两部韵书的混合本，既非王书，也非陆书。此书的四声韵目次序自成系统，有其自身的价值。

第二，隋唐韵书名称相袭相重屡见不一，我们不能因为知道王仁昫有刊谬补缺之作，遇有刊谬补缺的韵书时就认为王仁昫遇缺即补。《刊谬补缺切韵》不止王仁昫一种，唐兰仿写本王韵和《敦煌掇琐》本王韵不同。P2014和P2015是两种五代刻本韵书，也不与那两部王韵相同。

第三，日本大谷光瑞所藏唐写本韵书断片不一定是长孙讷言笺注本。

第四，德国柏林普鲁士学士院所藏唐写本韵书断片不一定是陆法言原本。

第五，"反""切"两字含义不同，"反"是两字相切之音的名称，"切"有名、动两义，作名词指声母，作动词是拼切之义。反、切初有名、动之别，后改动词作名词，废弃了原有之名，"反"改称"切"，"反切"成为一词。

（5）魏先生论证了这些新材料在音韵学史和语音史研究中的价值，指明了研究方向，即利用这些新材料做声韵学史的研究，跟一般做版本目录研究的注意点和侧重点不同，不必找著者的主名和论断韵书之间的关系，应该务其大端，有四点：即由音类的分合情形论证声韵的演变和音值，从韵中收字反切之穿错考定韵类分合的变迁并构拟音值的同异，由谐声系统的分布状况窥测文字音读的变迁，从系统不同的韵书里统计增删文字和考证音读的变迁。这也是韵书系统分类的标准。

（6）魏先生提出韵书音类分类的五个标准，即声调标准、音尾标准、韵呼标准、音符标准和反切标准。反切是总标准。

（7）魏先生从韵书体制、分韵和韵次的角度透视韵书系统自六朝、唐代到宋代的差异和语音变化，指出《切韵》前韵书和唐代韵书跟陆法言原本的音系有差异，最显著的差异是阳声韵和入声韵的韵次移动，阴声韵没有什么变化。《广韵》的格局虽然经过若干次移动，但这些变化"也许毫无音值改估的意义"。

20世纪20年代，兴起了以研究《中原音韵》系统韵书所反映的近代汉语北方话的语音为主要内容的新学科——北音学。《中原音韵》的语音基础问题和《中原音韵》跟现代国语的关系问题，构成北音学的重要内容。当时民国教育部已经颁定北平音为国语标准音。这个北平音，指北平音系而言，不包括北平土话的读音。现代北平音的来源是什么？是否来源于《中原音韵》？北平音为什么能够成为现代国语的标准音？北平音系是怎样形成的？这些问题成为当时北音学和国音研究关注的热点话题。所谓十三辙，指明清以来北方戏曲、曲艺等通俗文学押韵用的十三个韵部。"辙"大致相当于韵部，"合辙"就是押韵。各地流传的十三辙，辙名和次序不一致，北平的十三辙有目无书。1933年张洵如首次编定《北平音系十三辙》，又名《北平同音小字典》，以十三辙为韵目，分十三卷，每卷一辙，汇集普通常用字，凡同音字类聚在一起，用注音字母注音，除注声韵调外，还标识轻声字，加注释义，由魏建功先生参校，1937年中华印书局出版。该书是在魏先生的指导下写成的，对当时的戏曲研究和国语统一运动起到了推动作用。卷首有"黎锦熙序""罗常培序"（《中州韵和十三辙》）、魏建功的《张洵如〈北平音系十三辙〉序》和"自序"，并在卷首转载魏建功1933年发表的论文《说辙儿》。

本"文选"选录的《张洵如〈北平音系十三辙〉序》，是魏先生从事近代音和国音研究的代表作。该文的中心内容是探讨北平音形成的历史过程，下面结合魏先生的相关论文《说辙儿》，把本文的要点总结为六点。

（1）今北平本属古幽州地界，魏晋以来才形成一个比较宽泛的"幽州人语系"。936年，幽州和其他十五个州同时被石敬瑭送给了契丹人，第二年契丹人把幽州设析津府作了"南京"，因此成了华夷杂处的大都会，到现在整整一千年了。原来的"幽州人语系"逐渐消灭，变成了另一个新的语言系统，这就是中国语的标准系统，称为"北平语系"。按魏先生的这种说法，北平音作为标准音的历史最早可以追溯到辽朝。

（2）北平自建为都会以来，经辽、金、元、明、清乃至民国，中间除了明太祖和建文帝时期30多年，算到1928年国民政府迁都南京，一共957年，是中国建都历史最久的地方。中国历史上形成了五种标准语，即秦语（咸阳、长安）、豫语（洛阳、开封）、宁语（金陵）、杭语（杭州）和北平语（平语）。现代官话分两大支，一支是北平音系的正则官话，另一支是南京音系的蓝青官话，以上五种标准语与这两支官话的关系正表现北平语成长发育的状态，早在一千年前的北平语系，正则官话就有了它的骨架。

（3）从五代至北宋，辽国人跟汉人的关系密切，契丹语和汉语并用，契丹人使用着一种汉语，辽代的北平音系统应该是被俘获以及依附的汉人的方言的混合。这些方言的混合，与南京（按即北平）设置以后的都会语言的成立多少有些关系。作者大胆假定这大部分汉人方言的混合就是今天北平语系的雏形。

（4）魏先生根据他1936年发表的论文《辽陵石刻哀册文中之入声韵》和白涤洲1931年发表的论文《北音入声演变考》，指出辽国当时（1031—1101）北平汉人的入声字读音已有后来《中原音韵》"入派三声"的现象，他们所作韵文用的入声字系统就已开了《中原音韵》的先河。北平语系至少建设了一千年。现代北平音入声的演变从辽宋时期大体上已成定局。

（5）魏先生反对北平音系受外族语言影响的说法，主张北平音系是中国标准语自然演变最晚出的结果。

（6）魏先生列表展示《中原音韵》（1324）、《韵略易通》（1442）、《韵略汇通》（1642）、《五方元音》（1655）和现代北平音（1918—1934）的声类、韵类和入声字归属的演变，旨在说明从《中原音韵》到《五方元音》的音变大势，跟现代北平音系的现状大致差不多，去掉时代问题，只是略有出入。北平音系自《中原音韵》演变而来，北平音系十三辙经历了《中原音韵》到《韵略汇通》的建设，是元到明的产物，是按着习惯自然的分配，口耳相传、自然而然发生的。

"文选"第二组是魏先生的文字学研究业绩

魏先生在文字音韵训诂学的课程中曾教导我们：汉语语言以文字为其载体，文字以其形象和语音释义。先生的音韵学研究，自然地与他对汉字的感悟、理解与把握相关，由此构成先生的文字学研究业绩。魏先生的文字学研究，可从他撰著的《汉字形体变迁史》《文字学概要绪论》《文字类纂》《中国语言文字学专书选读——〈说文〉》《论六书条例不可适用于甲骨文字责彦堂》《文字音韵训诂》（讲授提纲），以及关于"字例释疑"的众多论著作为代表。本"文选"在这一层面中选取了三篇文章，具有编选者领悟的某些特殊的意义。

其中《读〈帝与天〉》是一篇不长的读书笔记，是著者在阅读刘半农先生的文章后引发的感想，并补充顾颉刚先生的观点。这篇文章的意义其实是提示了三位先生"释字"的基本逻辑，此即把握"上古文献原典文本"、注意"特定时空文化语境"、关注"声韵学相关联系"，成为他们释疑"帝"字本义即系当时人对死后权威的尊称，此字具有神格化的意义。魏先生则又由此而引出了"帝"即是"天"的释义。这一"释义"对理解中国思想史（包括当今继承历史精神遗产）具有根本意义的提示价值，在一个基本的层面上可以说成为"释字"的一种范本。

魏建功先生作为文字学家，当然十分关心汉字形体的历史变迁与发展的趋势，其中令学界乃至万民关心的则是汉字形体简化的大事，这是一个争论已久的大问题和老问题。魏先生继承他的业师钱玄同先生的见解，主张"汉字简化论"，1952年2月起，他出任中国文字改革研究会委员，兼汉字整理组副主任。本"文选"选入的《汉字简化的历史意义和汉字简化方案的历史基础》一文，从精神意义和学术表述诸层面中表达了魏先生主张汉字形体简化的本质性思考。这一思考实质上包含两个层面。此即第一，按照世界文字发展的规律，简化是一个基本精神，汉字形体发展就是它的简化过程，其实质是在谋求记录语言方法的简化。魏先生在这里强调的"汉字形体简化"是"世界各种文字发展的普遍性规律"，他认为汉字的形体发展也在这样的普遍性规律之中。依据魏先生在《文字音韵训诂》的长文中的阐述，他认为"概括古今（汉）文字，可分五目，实为四体，此即篆体（含"古文字目"及"大小篆目"）、隶体（含"隶书及真书目"）、草体（含"草书及行书目"）、楷体（含楷体简体目）。依据汉字字体的这一发展轨迹，任何一个汉字的笔画都是从繁复向简便演变，所以汉字简化不过是循此规律的发展。第二，魏先生强调汉字形体变化的最基本的原则就是"约定俗成"，就是继承千百年来经过人民大众实践应用的所谓"俗字"——人民大众自己常用的字体，使其从"不合法"取得合法化的资格。这就是阐明了汉字形体简化不是主张者的随意行为，而恰恰是遵循文字发展的普遍性规律，重视人民智慧的成果。无论汉字简化中有什么样的主张，具体运作中有什么样的复杂的个案处理，魏先生阐述的两个本质性思考，无疑构成为前瞻汉字形体变化的历史基础，它展现了魏先生作为一位在近代人文学术中成长起来的文字学家的理性精神。

自20世纪50年代以来，学界一直把魏建功先生誉为"字典之父"，这是由于他主编的《新华字典》已经成为全世界印数最多（1998年统计约3.4亿册），受众面最为广泛（从小学生到大学教授，从国内到国外）的汉字释义工具书而获得的美誉。《新华字典》多次修订，一版再版，但先生高风亮节，始终未取过一分钱的稿费。[1]魏先生关于汉字工具书的编纂，在选词（字）、释义、注音、体

---

[1] 有关出版方面以魏建功主编之《新华字典》获利已至过亿钜富，无人算计，也为当今世界出版史上之奇观。

例等多个层面有过系统丰厚的论说，大约有70余万字的论著。本"文选"选择了1972年魏先生就《新华字典》的修订写给当时北大中文系相关负责人曹先擢先生的两封信。当时北大依据周恩来总理的建议，组织专门小组修订《新华字典》，魏先生因为受当时最高层之命，调往"林彪专案组"从事"辨认林彪笔记潦草字体"的工作而中途退出，但他时刻关注《字典》的修订，惦念之心见于信中的字里行间。通读全信，有两个层面可谓感知最深。一是字里行间可以读出魏先生对"修正"中的《新华字典》的诸多方面不甚满意，对修改中的缺憾提出了体系性的批评。这些批评基于先生的文字学修养，他从文字学的立场上，对于《新华字典》的编纂，从选字、释义、注音一直到字、到词、到词组的三级释义体系的组成方式，做了相当详尽和示范性的阐述。这些阐释虽然是对修订中的《新华字典》的建言，但事实上，它是对汉字字典的编纂学理论做了既是基础性的又是理论性的表述，无疑构成为字典学的基本内容。二是透过这两封信的纸背，可以感知先生高扬的学术人道精神。他明确地反复表述，字典应该以适应群众需要和群众能运用为原则，所以他明确地不赞成"形式上注意了思想性，实质上滋长了随意性"的意识形态倾向；也不赞成"在汉语史上把现代和古代分得过死"的学术关门主义。它无声地表述了一个杰出的人文学者心中包蕴着对广大的国民和群众的挚爱。

"文选"第三组是魏先生的文学研究业绩

大凡语言学家都很关注文学的研讨，但他们对文学的关怀与文学研究家的着重点未必相同。魏建功先生在他的许多论著中都表现了对文学很大的兴趣，像《中国纯文学的形态与中国语言文学》《从"说"到"唱"》《关于戏文》《谈"文"翻"白"》《谈何容易"文"翻"白"》《元代搬演南宋戏文的唱念声腔》《快嘴李翠莲话本中的"快语"》《略论〈西游记〉的结构形式和语言工具的成就》《释张协状元戏文中诨砌谈论》《关于〈南戏拾遗〉的一封信》等等，都为我们提供了一个杰出的语言学家关于文学精到的思考。本"文选"选择了《〈邶风·静女〉的讨论》和《论文学体制所以演变之原则》两篇论文，读者可以感受魏先生关于文学研究的基本思路，以及透过具体个案研究表达的文学主张。

《〈邶风·静女〉的讨论》一文，是魏先生为阐释对《诗经》的理解给他的师兄顾颉刚先生的信。信一开头就直言："要解决古书中问题，我想最好用两条办法自然可以表示得清清楚楚：第一，各人依自己的见解加以标点；第二，各人依自己的见解译成今言。……凡古书中之所以有难解的地方，不外今言古语的差异，这标点和对译便是惟一无二的上法。"这里提示的则是魏先生自己的经验，此即文学研究是以真正读懂文本为论理阐述之本。此信先从《伐檀》说起，讲到学界对"不素餐兮"的阐释竟然南北顶背，他举例有人把此句解释为："君子啊，是不白食其禄的"，他自己则与胡适之先生的见解一致，魏先生此句今译成："唉——那些混账王八蛋，无菜不下饭"。研究者只要展示个人读出的今言，对文本的阐释就跃然于纸上。据此，《静女》的解释也是如此，古今文意对译，了然于目。魏先生在这里主张的便是读懂文学文本便是文学研究的入门起始。回想在我们当学生的时候，先生反复教导的是"要弄懂人文这门学问，根本的就是要会念文章、多念文章"。初听起来以为是老先生的过时之论，但在自己的一生实践中，现在可以说的，这才是真正的安身立命的根基。眼下的学术界，躁动嚣张氛围甚浓。此时重温先辈教导的文学文本的入门途径，是何等的亲切。一个人如果要想讲谈古代文学，当然必有言谈所本的文学文本；手拿文本就应该以真正读懂为开口的条件。何以判断你真正读懂，魏先生说，请你先做了标点和对译这门功课，然后再论坛纵横也不迟。其实，一百年学术史上的北大中文系，因为有了与魏建功先生及其同道的诸位先生这样的文本主义，它的辉煌才能坚持到今日！

《论文学体制所以演变之原则》一文，展现的是语言学家观察文学史的发生和发展的新视野。魏先生提出了文学体制所以演变之基础的三原则：第一，文学随语言而变之原则，即语言变，文学亦随而变；第二，语言变而文字不变，文学随语言变，而复随文字不变，即文学随文字而不变之原则；第三，文字与语言日趋合一，则文学之为文字所牵制而不得随语言变者复归其始，即文学随语言文字而同变之原则。魏先生认为，此三原则者……文学史之所由生也。语言学家所感知的文学问题，其本质是揭示语言文字不仅与文学密切相关。而且是作为基础而存在。这样的文化视角则又常常被文学研究者所忽略。然而从20世纪世界文化史的全景观察，一百多年来文学的演进与流派的演绎，却真的常常与语言学的思潮的兴起与调式密切连接在一起。从这样的意义上说，魏建功先生的文学观，本质上不仅是很基础的，而且也是很前卫的。

"文选"第四组是魏先生民俗学研究的业绩

19世纪后期起始，东亚主要国家开始了近代化的历史进程，传统学术为之一变，学者们不再仅仅以"大学堂""国学院"的学问为唯一，有些学者摆脱经学的道学的束缚而把民间文化纳入研究范围，是学术近代转型的标志之一。[①]魏建功先生从在北大读书时代开始，就开始关注经学之外的文化存在，例如他参加北大实验戏剧社，男扮女装出演自己喜欢的戏剧，又在歌谣研究会从事民间歌谣的收集和整理。在成为北大教师后，又进行现在称为田野考古的文化社会调研。魏建功先生对民俗学的兴趣和所作的努力以及由此而获得的业绩，多少表明他在20世纪初青年时代开始，并不是一个安分守己的庙堂知识分子，而是个在学术上有着激情的追求的人。魏建功先生在民俗学领域中论著甚丰，例如《歌曲之辞语及调谱》《歌谣表现法之最要紧者》《变物的情歌》《"耘青草"歌谣的传说》《杞梁姓名的递变与哭崩之城的递变》《姜女庙之朝鲜人记录》《歌谣采集十五年的回顾》《〈歌谣〉四十年》《〈歌谣〉发刊四十年周年纪念》等。本"文选"选择《收录歌谣应全注音并标语调之提议》和《吴歌声韵类》两篇论文作为范文，从中可以体味出魏建功先生从事民俗学研究，目的可能有三：一是他十分强调中国文学除文人文学之外，还存在着许多熟语、各地老百姓自己的文学，

---

① 把民间文化纳入研究范围，本来是各民族文化的本源活动的主要内容。例如华夏民族上古的采风，以及各个时代被记录的山歌等等，但是随着文明的自然进程，大众的民间文化逐渐被排除在主流文化之外，同时又以主流文化的基本价值观念规范和阐释民间文化，使它们从大众文化变异为贵族文化的材料和成分。近代人文学术的一个显著的特征，则是把被规范和阐释的民间文化在本源的意义上回返它们的本来面貌，使它们成为总体文化的一个层面而成为阐释的对象。

歌谣是其中最活跃的部分；二是他以民间歌谣为材料，研讨民间歌谣对提升文人文学的价值；三是以民间歌谣作为推进音韵学、文字学等学术研究的有价值的材料。

在魏先生民俗学研究的业绩中有一个层面是不能忽略的，此即1927年至1928年，魏先生在朝鲜所作的许多相关调研和实地现场记录，主要的文章有《侨韩琐谈》《榛子店养闲的》《鲜史拾零》等。本书因为篇幅所限，未能录入，实在是件憾事。这一部分有两方面的记录，应该是极为珍贵的。一是魏先生对朝鲜的民风琐事、特别是"活着的民心"作了有文化价值的观察和记录，对朝鲜历史和文化的认识极有价值；二是对清乾隆年间朝鲜人朴趾源的《热河日记》，依据魏先生实地感受作了相当深刻的读评。此本《热河日记》就是被称为《燕行录》的一种。近十余年来，国内东亚研究中有若干篇关于《燕行录》的博士论文和博士后报告，若以我们读到的论说与魏建功先生70余年前的同类研究比较，当代研究中眼光的呆滞，真是无可名状。以我的经验可以断言，当代的博士和博士后一定没有人阅读过他们的先师魏建功先生的关于这一主题的论说，使人唏嘘万状！

"文选"第五组是魏先生在台湾推行"国语"的理论与实践研究的业绩

作为音韵学和文字学家，魏先生终生主张"一个统一的民族必须使用统一的语言"，从学生时代起他就致力于"国语运动"。1925年，24岁的魏建功先生就以"打倒国语运动的拦路虎"为标题，抨击高坐堂皇、舞文弄墨的国学家对注音字母的攻击，魏先生在文中指出汉字只有有了注音的符号，才可能有统一的发音，而注音字母正是出于经学中的小学，正是出于太炎先生所定的纽文和韵文。先生在这篇檄文中满怀激情地说："咱们的国语运动，就好比唐僧取经，没有磨难显不出法力，不受磨难修不深道行。……咱们只希望同志们个个身体刚强，武艺精练，都来做十万八千众齐天大圣，一心保佑师傅——国语——平安到那极乐世界！"①通读魏先生的论著，他把"国语"英译为"National Language"。年轻的魏建功先生对于统一祖国语言是何等的激情！他一生中彪炳千古的贡献与推行"国语"的伟业之一，则是1945年我国收复了沦为日本殖民地的台湾后，他出任台湾省行政长官公署国语推行委员会主任，大声疾呼："台湾光复了以后第一件要紧的事情，是推行国语！"他在台湾创办《国语日报》，建立"国语电台"，发表了一系列论说，终于使在当时71%左右使用日语的台湾地区把"国语"变为主流语言，为我国未来的大统一创造了基础性人文条件。台湾广大同胞今日大多与祖国大陆同胞语言交流没有障碍，魏建功先生之功绩当永远铭记！但是，今天不要说广大民众，就是我国学术界能够明白这件对祖国未来具有决定意义的千古大事者，能有几人！2004年我们的师兄、北大中文系1955届学生、南京大学教授、我国著名的语文学家鲁国尧先生在台湾地区对"国语运动"进行了考察，其考察报告《台湾光复后的"国语"推行运动和〈国音标准汇编〉》一文已经在同年《语文研究》第四期刊出，堪称凤毛麟角。希冀欲明白台湾地区发展史的诸位，务必阅读此文，并可以把它作为理解魏建功先生在台湾推行"国语"的理论和实践的导论。

魏先生有关这一层面的成文的论说，大约有40余万字，其中如《何以要提倡从台湾话学习国语》《国语运动纲领》《国语的四大涵义》《怎样从台湾话学习国语》《台湾语音受日本语影响的情形》《谈注音符号的教学方法》《中国语文教育精神和训练方法的演变——〈国语说话教材及教法〉序》等等，都是魏建功先生为使刚刚光复的台湾地区民众能够尽快摆脱日本殖民主义文化奴役在语言说话层面回归祖国而贡献的精神力量，也是中国语言学界不能忘却的历史遗产。本"文选"选收了《"国语运动在台湾的意义"申解》和《"国立"台湾大学一年级国语课程旨趣》，从中透露出魏先生主政台湾"书同文，言同音"的深邃理论思考和最终的目标，以及切实的行动步骤。1946年2月初，魏建功先生到达台湾，即在台湾电台发表讲演，表述"国语运动在台湾的意义"。"文选"选录的《"国语运动在台湾的意义"申解》一文，是魏先生对自己在电台的讲演做的进一步的解释性阐述，他就"台湾光复了以后第一件要紧的事情，是推行

---

① 见《打倒国语运动的拦路虎》，原载1925年8月30日《国语周刊》第12期，收入《魏建功文集》第五卷，江苏教育出版社，2001年，第433—434页。

国语"的基本主题,做了层层深入的解析,提出推行汉语为"国语",是国家统一的象征,他指出语言文字是"(民族)共同表意的标识","文化进步而组织健全的国家,没有不是确用一个标准声音系统做国语的","我们要仔仔细细地坦坦白白地再把敌人(日本人)搅乱过的语言组织方式,——在全台湾返本还原起来!"他说,我们采用共同的标识是表现中华民族联合的一致,这也是"恢复台湾同胞应用祖国语言声音的自由!"文中充溢着先生的爱国热情。由此深入,魏先生从语言学层面上解释了什么是汉语的"国语",他界定为北平社会受过中等教育的人日常应用的话,它的沿革就包含了很多的民族兴衰的回忆,魏先生认为,北平话是经过一千多年培养,二三百年应用,几十年政府提倡的声音系统,当然应该切实推行。先生由此进入从声韵学的学理层面阐释台湾地区的人究竟应该怎样学习"国语"。关于这个层面的研讨,还可以参见"国语推行委员会"编辑的《国音标准汇编》。本文可以看作魏建功先生在台湾推行"国语运动"的纲领性表述。本"文选"又选入的《"国立"台湾大学一年级国语课程旨趣》一文,旨在使读者诸君理解,魏先生推行的"国语运动"有一个依托的重要的基地——大学。本文是他为台湾大学的"国语"课程所作的设置,请务必注意,它不仅仅是台湾大学中文系或者文科的"国语"设置,而且是魏先生为台湾大学全校一年级设计的"国语"课程,是进入台湾大学的台湾优秀知识青年必须要接受的祖国语言教育。魏先生这样的安排,显然是把大学作为国家民族语文复兴的基地,是大学应该承受的历史之重!特别有意思的是,作为全校大学生这一必修课程的阅读文本,魏先生开列了赵元任、罗常培、叶绍钧、老舍、曹禺、丁西林、梁启超、蔡元培、鲁迅、落华生、胡适、冰心、巴金、朱自清诸位的作品。这就是说,在我国政府收回台湾主权后,魏建功先生首次以台大全体学生必读的方式,把20世纪上半叶祖国新文化中优秀杰出的作家和作品以整体的而不是零星分散的方式送给台湾社会,培育台湾年轻的一代。严绍璗自20世纪90年代初期以来多次访问台湾,与老先生们交谈,不少先生说到他们知道大陆的近代作家都是从当时的"国语读本"上学得的。魏建功先生出任台湾大学首届校务委员兼任中文系主任,在台湾推广祖国新文化新文学功劳至大矣!

"文选"第六组是魏先生的人文学术史研究业绩

魏建功先生作为钟情于人文学术的先辈,在自我学术研究中,十分留意于学术史的状态,这无疑是人文学者最可宝贵的性格和精神状态。一个学者如果忽略了对于学术史的理解和把握,就像我们有时候可以看到的那样,研究者的精神便会陷入要么狂妄、要么自卑的失常状态中。魏先生对学术史的把握大都是以学者个案的方式表现。他写过不少师友的传记、回忆录、纪念文等等,构成鲜活的学术史线索。本"文选"收录了《胡适之寿酒米粮库》《十年来半农先生的学术生活》《回忆敬爱的老师钱玄同先生》和《忆三十年代的鲁迅先生》四篇学者叙说,叙事朴实而感情真挚,使我们感知作者生活在以胡适、刘半农、钱玄同、鲁迅为代表的学界耆宿中的诸种状态,他们彼此默契而勤勉,各有独特的秉性而又开诚磊落,他们共同组成了特定时空中国学术史的一个层面,20世纪中国的人文学术,如果缺漏了这样的层面,不就显得残缺了吗?

"文选"第七组是魏先生关于大学语文教学研究的业绩

自1919年进入北大英文预科,魏建功先生开始了他60余年的大学生活,从留存的由他筹计的许多语言文学"教学提案"与"教学大纲"来看,例如从本"文选"录入的1925年魏先生还是学生的时候撰写的《致中文系教授会书》,到本"文选"未录入的1959年他为新设立的"古典文献专业"设计的《五年课程计划书》,他的一生对于在大学这样的教育机构中如何造就相应的学术人才,可以说殚精竭虑,思索有加。今天来复习这些提案和大纲,猛然间觉得我们现在天天在讲的教育改革,不是我们的先辈们已经想过不少的么!

《致中文系教授会书》是魏先生24岁毕业前夕写给他的老师们关于中文系究竟应该怎么办的建言。魏先生说,他致书的目的是因为"这两年来,国文系在社会上的地位很显得责任的重大。在这样重大责任之下,最易招人猜忌。我们惟有切切实实把组织整理完密起来,教他们知道(国文系)不是他们所想象得到的那样简陋或纷杂"。魏先生描述的当年国文系面对的形势，好像就在我们的眼前。他提出学生究竟希望上些什么课程，他说："学生听讲的要求是要知道每科学问的门径，及其本身价值的批评，……三四年级专修科目宜注意课外读书报告，作为单位之若干分加以考虑，从今年起就试行起来。如此，我敢说能令进国文系的学生知道他自己的责任，……自然国文系的成绩就有进步。"魏先生还说："师生隔阂这件事实是北京——尤其是北大——方面的最大弱点。我们处处不能不受政治环境影响，有些教人不能不留神……。"听着魏先生这样说，好像他就在我们中间一样！魏先生为中文系教授建言，全系设立语言文字学讲座、纯文学讲座、国学讲座三大讲座，下设十个分讲座。据说，中文系教授会议接受了魏先生方案的基本内容，并于当年秋季开学时对课程进行了调整。这正是一件极具"北大性格"的佳话——一个学生竟然能从办系宗旨到教学课程理念提出一套方案，一个教授会议竟然能从善如流接受学生的大部分建言而重新布置全系的教学，只有北京大学才能有这样如诗如梦般的学术氛围——这就是"北大神圣"的精神，这就是我们今天仍然需要阅读20世纪北大先哲遗留给我们的精神财产的根本之点。

魏建功先生，中国新文化中培育出的语言文字学家，他在一般人看起来远离火热生活的声韵文字学的领域中，也永远是和中国大众在一起的。中国人文学者的真善美与假丑恶不是以学术领域来区分的，而是以学者自己的心来显现的。

读者诸君若能屏息静气、慢慢读来，从录入本"文选"的片羽吉光中，也一定会感受到这位世纪老人的学术智慧，一定会触摸到他在相关领域中举步行走的踪迹，或许，我们还真的能由此而入径，受到魏先生学术智慧的沐浴与他永远向上磊落光明的人品的熏陶。

严绍璗　张渭毅
2010年9月于北京大学

人物纪、访谈录

好人阴法鲁先生①

各位：

今天，我们以一种沉痛的、沉重的，同时也还是满怀希望的心情，在这里怀念我们学术界的一位真诚的学者，一位可以在任何时候都称得上是"学界好人"的老先生——我们尊敬的阴法鲁教授。感谢北京大学古籍整理国家研究基地，也感谢北京大学古文献研究所，为我们提供了这样一个机会，组织了这样一个可以表达我们对阴先生追思的集会。我借用这个有意义的集会和这个神圣的讲坛，与各位一起，怀念我们与敬爱的阴法鲁先生在一起的，而现在已经失去了的日子，回忆他的人品、人格、学业和他对我们孜孜不倦的教诲。

说是沉痛的心情，因为一年前，我失去了阴先生这样一位慈父般的导师。阴法鲁先生与我的父亲恰恰是同庚。我在1959年告辞我的父亲，来到北大，我在我父亲他老人家身边，只生活了18年多一点。阴先生1960年应魏建功先生的邀请，来北大古文献专业任教，我在他的身边，接受他的教诲却有40多年。我从他的一个学生，到在同一个专业教研室中共同任教；从担任他作为专业主任的助手，到接替他担任专业主任，

---

① 2003年4月6日在阴法鲁先生追思会上的讲话。

40年间，阴法鲁先生以他自己高尚的人品，和精湛的学业，教育和影响着我。这种教育和影响，不是我们今天在学术界，在各种各样的出版物和新闻媒体上，乃至在我们的课堂上常常可以见到的那种夸夸其谈的自我张扬，更不是那种故弄玄虚的噱头，而是以他默默的精神和默默地行动，慢慢地渗透到我的精神和血液中，使我懂得应该怎样做人和怎样做学问。

阴法鲁先生是20世纪我国音乐史研究的杰出的学者，早年毕业于西南联大，从事以解读宋词曲牌为中心的乐谱复原的研究，成绩卓著；对解读敦煌曲谱，也有诸多的贡献。1962年是我国敦煌文献发现60周年纪念，阴先生在北京大学组织和主持了"敦煌发现60周年纪念文化系列讲座"，为时三个月。这是当时全国唯一的一个极高水平的学术系列。70年代德国出版的《东洋学学者辞典》中，收入的研究中国音乐史的中国学者，只有阴法鲁先生一人。请注意，这部"辞典"与80年代下半叶开始的，依靠出钱买名的商业辞典是完全不同的。这无疑是中国学术界的光荣和骄傲。80年代初，我国向世界开放之后，他是最早受到美国哥伦比亚大学邀请，出任人文学科客座教授的中国文化史学家，并受到当时伊朗王国政府教育部的邀请。他也是中国文化书院的发起人和创办人之一。作为著名的中国音乐史家，阴先生在80年代担任了可以说是誉满全球的大型歌舞《丝路花雨》的艺术顾问，并出任北京音乐家协会主席，北京市政协委员。1994年我参与《中日文化交流史大系》十卷本的副总主编的工作，曾经与"艺术卷"的主编、日本著名的艺术史学者上原昭一先生协商该卷的撰稿人。上原教授提名一定要我们协助，邀请中国杰出的艺术史学家阴法鲁教授参加。上原昭一说："贵国在东洋艺术史的研究方面，我以为有两位先生最具名望，一位是常任侠先生，一位是阴法鲁先生。可惜，常教授已经去世了，现在健在的只有阴法鲁教授了。"

是的，阴先生以他自己的研究，在中国文化史领域中，以自己的智慧与不懈的努力开拓了新的领域，建树了永存的业绩。

阴先生是一位朴实无华，踏实诚恳的长者。他从来不张扬自我。我可以肯定地说，今天在座的我们各位，接受过他教育的这么多学生，乃至他工作了几十年的北京大学和这个大学的各级领导，究竟有几位？有几个人知道他的创造性业绩？究竟有多少人知道他为国家和民族所赢得的这样的荣誉！

现在的学术界，从年轻人到老年人，不管是有业绩的，还是没有业绩的，常常热衷于标榜自己是"国内第一人""国际第一人";就是在我们学术传统和人文精神如此丰厚的北京大学,也总有一些先生,张扬声势,造作名位,把北大作为他们的名利场,把那些无知的年轻人,搞得心浮气虚,利欲熏心。

记得王瑶先生曾经对我说过这样的名言:"北京大学是有由两种人组成的。一种是他靠北大出名的人,一种是北大靠他出名的人。"话虽然尖刻了一些,倒是一针见血。

我们尊敬的阴法鲁先生,40年来,他就是为北大出名,而默默劳作;他就是为中国的学术出名,而默默劳作;他就是为我们民族文化的奋起而竭尽全力的默默无闻的"北大人"!

熟悉阴先生的各位,和他切实共事过的各位,我们一定都能够体会到,先生从不夸夸其谈,更不做秀——朴实无华,踏实诚恳,默默劳作,光明磊落是贯穿在先生整个血液中,也流淌在他的整个生命的过程中的!

鲁迅先生当年曾经写作了著名的记事性散文《一件小事》。他在喧嚣烦恼的大千世界中,从默默劳作的一个普通劳动者身上,从一件似乎是微不足道的小事中,他感受到了中国人的精神,发现了支撑着我们民族生命的脊梁。

我们这些生活在阴先生身边的学生,40年来感受先生高尚人格的小事情,不仅仅与鲁迅先生的体味相同,而且多少已经超越了鲁迅先生所体味的这样的一件小事的精神!

在我自己的学习、学术生涯中,时时得益于先生热忱无私的教导。记得70年代的末期,当我刚刚开始涉足东亚文化关系史课题的时候,我曾经就日本的能剧和日本的猿乐,以及猿乐和唐代散乐可能的联系,多次请教阴先生。阴先生就唐代散乐给我很多的教导,并且把他收集的有关中国音乐史的,由他自己装订的6册资料全部交我阅读。1979年5月,日本能剧团首次访华,只演一场,连续两天。阴先生特地从音乐家协会为我争取一个席位,观众只有40余人。先生一直对我说:这方面的课题非常有意义,我们没有人研究,你一定要坚持,做几年就一定会有成果的。直到今天,我常常回忆起当年刚刚踏进学术之门的时候,先生以自己对后辈的满腔热忱,以宽阔无私的胸怀,引领他的学生。

先生的教导是热忱无私的,但同时也是严格的。记得1974年冬,我第一次从日本回来,在本专业教师的集会上讲到在日本京都宇治市有一座万福寺,它是日本临济宗中的黄檗（bo）宗的总本山。当时，我把黄檗宗说成了黄檗（pi）宗，完全是望文而定"声"，以为它与"劈材"的"劈"形近而同声，其实是不认识这个字。第二天，先生在路上特意叫住我，说："老严（阴先生称我们这些小辈，都是老字头的），你说的京都的那个寺庙，应该叫黄檗（bo）宗，不是黄pi宗。有一种树木，就叫黄檗。"先生还说："古文献出身的人，这个字可要认识。"我真的一时脸红，先生又宽慰说："不过，陌生的字很多，平常留心就可以了。"阴先生真是用心良苦。他不在现场指出我的错，完全是顾及我的面子；但是，他一定觉得他是有责任必须告诉我，"这个字念错了！"而且他也一定认为，一个古文献出身的年轻教师，念错这个字是不应该的。所以，他在路上单独把我叫住，纠正我的错字。每念及此，我真是对先生有十分的感激。

在阴先生的精神世界中，他总是把学术的真实与坦诚的胸怀结合为一体。就在我请教他关于唐代散乐与日本中世纪戏剧的可能的联系的时候，先生表现的学术的真实令我非常敬仰。他说：我知道唐代的散乐传到了日本，他们的宫廷舞乐中，有很完整的《兰陵王》，也称《罗陵王》，我们这里不全了。他们在宫廷大典中要演奏《万岁乐》和《太平乐》，他们称为"雅乐"的，都是从唐代传入的。但是你说的日本能乐，我听说过这个名词，但是，不知道是怎么表演的；你说的猿乐我也不大明白，不好随便说它们与散乐的关系。

先生在他的学生面前，表现出的这种对于学问真实的坦诚态度，不是令我吃惊，而是令我深深敬仰。我们知道，阴法鲁教授早年撰写的《从音乐和戏曲史上看中国和日本的文化关系》一文，与常任侠先生撰写的《唐代传入日本的音乐与舞蹈》一文，共称20世纪论述中日两国艺术文化关系的"双璧"。但是，阴先生在他的学生面前，不摆权威的架子，更没有倚老卖老，绝对不作不懂装懂的模样，而是"知之为知之，不知为不知"。这是学问的真实，更是人格和人品的真实！

在我几十年的生活中，接触过许许多多的学术权威，在我的生命史上留下了各种各样的印记。当我今天，在本门学科中也多少有了点发言权的时候，我常常以阴先生和其他诸多的先生为榜样，训诫自己，一定要学问真实，人品真实，心怀坦荡，朴实无华。

阴先生是一位学者，他的人格力量当然首先表现在学术领域中，但是，熟悉他的人几乎都能够感到，在生活的各个细节中，他的人格力量是一以贯之的。

我接任北大古文献专业主任的时候，阴先生已经70高龄了。但是，学校或者系里布置的各项公益工作，例如卫生大扫除，他每次必定躬身参加，扫地、擦桌子，甚至还会爬到桌子上去擦玻璃窗。我们放眼望去，每一次在现场，就连那些三四十岁的年轻人也未必前来参加，更有哪位年近70的老先生还来大扫除的？还有哪位大先生前来扫地的？我不是责怪大先生们不来扫地，而是更加敬仰来参加扫地的阴先生！这样的事，不是一次，也不是两次，而是每次阴先生一定都来的。他是为名吗？先生不需要名！他是为利吗？这样的大扫除能给先生什么利！我体验先生是把它看成是一种对学校、对社会的一种责任感。

先生的社会责任感是与他朴实的心连接在一起的。我担任专业主任之后，有时候难免要请一些来往的客人吃饭。这当然是一件特别头疼的事情——因为吃饭没有公款，那当然是谁请客谁出钱。而不请人吃饭，我又觉得北大和我，都没面子了。我当时工资70来元，一顿饭十五六元或者20元，弄多了，就有些不胜负担。当时阴先生已经不担任主任了，古训云：不在其位，不谋其政。但是，只要先生知道有饭局，他总会塞给我一些钱。记得有一次请日本著名的中国文学研究家小川环树吃饭，阴先生出了40元钱，在当时不是一笔小数目。其实，这顿饭和阴先生真是没有什么关系。因为小川与当时古文献专业的另一位大教授同为1937年的同班同学。这位教授提出，他要以他的名义请正在访华的小川先生吃饭。我当时是小川访华的联络人，这位教授示意，这顿饭局是应该是以他的名义请客，而饭钱则应该是由专业，其实就是要由我来承担，使我有点为难。阴先生知道后说，"饭是要请的，这是体现他们的同窗情谊，是两国的面子。定个五六十元钱的饭，我出40，余下的就请他出了。"阴先生的这个决定，使我在感动之余，也很为难，因为我觉得，这是不公道的。面子和名声是别人得的，掏腰包的却是阴法鲁先生。我请示中文系的领导，主管的一位副主任说，就这样吧（即让阴先生出40元，大先生出余下的钱），到时候我也会来参加的。事后，在阴先生为了国家的面子，为了他人的同窗情谊，无端地支付了这些钱之后，我们的那位大教授，却不愿意支付为他建立了名声的余下的十七八元钱，由我垫付到今天。

是的，这些确实都是小事，但它展现的却是先生的心灵世界——阴先生对于公众事业的责任感，与他的学术的人格力量一样，令人敬仰，令人心碎。

当此刻我们在这里追思阴先生的时候，回想与先生在一起的日子，先生"进不求于闻达兮，退不营于荣利"，"文质彬彬，然后君子"也。先生的一生，朴实无华，踏实诚恳，默默劳作，光明磊落——这无疑是我们今天的时代最需要呼唤的民族脊梁和民族精神！

今天，当我们面对阴先生的永存业绩和"朗如日月，清如水镜"的人品和人格的时候，我们的心情是沉重的。这种沉重，是来自于我们深深的愧疚。我们今天在这里追思先生，是对自己的愧疚之心补救于万一。

我们对不起先生——我认真地这样说。

阴先生作为几乎与20世纪同龄的学者，尽管他有独特的学术贡献，尽管他有这样高尚的人格力量，尽管他在校外和在世界上被学界认知，但他在北京大学，在北京大学中国语言文学系，竟然未能担纲现在几乎每个教授都能够担任的博士生导师，到现在，在北大茫茫的上万名员工中，竟然没有一位阴先生学术的直接传人！他最优秀的学生许树安先生，无论我们怎样的努力，有关方面也总以各种借口始终未能把他安排在北京大学最能发挥专业特长的学术岗位上！我甚至觉得不可思议的是，在当今包括北大在内敦煌研究的谱系中，怎么会对阴法鲁先生的"敦煌曲谱复原研究"以及由他主持的1962年当年全国唯一的时间长达半年的"敦煌发现60周年纪念文化系列讲座"，只字不提。这个讲座是在那样的年代里，由阴先生组织和主持，并有向达先生、王重民先生、启功先生参加的。坦率地说，现在被称之为"敦煌权威"的有些人，当时连敦煌学的门也还没有入呢！作为后辈，我们怎么会这样的健忘？作为从事人文学术的研究者，我们怎么会这样地没有学术史的概念？怎么会这样地没有历史感呢？或者说，我们怎么会这样地无知和狂妄呢！

是的，我们已经把阴先生忘记了！

当年，由北大人事处发出的阴法鲁教授退休的文书，是经由我的手送达阴先生本人的，退休文书上清清楚楚地写明"退休待遇同司局级"。当时北京大学校长在行政上是等于部级的，我想阴先生退休后，可以得到比校长们略略低一点的待遇，心里也是一种安慰！但事后的一切都让人感到无比的遗憾。

这使得我们在追思先生的时候，心情显得格外的沉重。

有人说，在现在的生存潮流中，老实和好人便是无用的代名词。这多少使人有点不寒而栗。去年，尊敬的阴先生离开了我们，当时我正在国外，听到这一噩耗，心中有无比的悲伤；然而，接着我就听到了一个更为可怕的消息，说送走先生的那一天，现场只有11个人。我仰望苍穹，唏嘘再三——先生就这样默默地走完了他的一生。他的生命旅程，与他的人格一样，不事张扬，朴实无华。先生的生命精华，凝聚在无限的苍穹之中，滋养着我们的心灵和精神！

今天，可以告慰于先生的是，生活和学术本身都没有忘记阴先生。我们今天在这里集会，再次显示了他的学生们对先生人品和学术的敬仰，显示了我们大家向这位20世纪的"学界好人"表达的敬意，更是先生崇高的人格力量向活着的人们的生存世界再次显示了它永存的生命力。

当先生还在病中的时候，他的学生们便筹划着要出版先生的"文集"，商务印书馆的任雪芳女士已经开始具体筹办，只是由于先生的情绪波动，这件事情便延宕至今。现在，中华书局崔文印先生又启动了这一编纂。我们都是先生的学生，但愿我们先生的业绩永存。

今天，我们在各自的岗位上，鞠躬尽瘁，为民族的振兴尽自己的绵薄之力，正是成就着先生的事业和他的理想。

正是在这样的意义上，我们今天的追思会，尽管是这样的沉痛和沉重，但是，它内涵的精神，与先生的意志和愿望一脉相承，从而透露出它积极向上和乐观愉快的精神。

阴先生，他的事业和他的精神，会永远地存在！

北京大学比较文学研究所创始所长乐黛云先生纪事[①]

展现在各位面前的这部规模宏大的论著是国内外比较文学研究者为祝贺北京大学乐黛云教授七十五华诞而共同编纂的纪念文集。数十年来，乐黛云教授在以比较文学为中心的人文学术研究领域中建树了卓越的业绩。这部厚重的文集结集刊出，生动地表现了我国学术界与国际学术界对乐黛云教授真诚的敬意和美好的祝愿。

我国的比较文学研究，自20世纪70年代末期应时代之需要而得以甦醒，在近30年的时间里从星星点点的个体研究和个别表示，终于发展成为今天这样一个具有完整体系的学科，并且构建起与国际学术界对话的平台，成为国际比较文学界不可或缺的重要力量。在30年间艰苦曲折却又是满怀喜悦充满生命力的学科创建历程中，乐黛云教授以她对学术的忠诚和对学术的敏感和智慧，以她坚忍不拔的献身精神和充满信心的乐观主义，始终高擎着比较文学的学术大旗，引领着这支队伍的前进。

---

① 本文原载于杨乃乔、伍晓明主编：《比较文学与世界文学——乐黛云教授七十五华诞特辑》，北京大学出版社，2005年。

我可以这样说，中国比较文学30年间发展成今天这样的规模和气势，乐黛云教授具有擎旗之功。当然，中国比较文学假如没有乐黛云教授的参与，在这30年间顺应时势之需要也会发展起来，但我也可以肯定地说，30年间没有乐黛云教授参与的中国比较文学，一定就不是今天展现于世界学术界的这种生动活泼的现状了。这并不是为了贡献于乐先生七十五华诞而作的一个随意性的说法。我相信不抱偏见的学者，不管是赞成乐先生学术理念还是与乐先生的学术思路尚有商榷之处者，都会与我具有同感，一定会赞成我这一结论的。

现今，作为具有完整体系性的中国比较文学学术，是以它在大学中建立起了具有系统性的研究人才的培养机制，在国内外研究成员中形成了既是广泛的又是有机的学术联络，以及公刊了足够体现本国研究业绩的研究论著，出现了由国内外学术界认定的学术领导人作为其标志而展现于世人面前的。一般说来，这四大系统的状态也正是国际上考察学术是否构成独立体系的基础性标准。30年来，乐黛云教授正是以中国学界急切期盼的献身精神，执着顽强又乐观通达地活跃在比较文学领域的各个层面中，作出了必定会记载于我国人文学术史的贡献。

1981年1月，北京大学出现了我国比较文学史上第一个学者同盟——北京大学比较文学研究中心。同月23日北京大学第40次校长办公会议批准了这一研究中心。尽管它是一个虚体建制，但可以说这是一颗引发后来30年间中国比较文学鲜花盛开的伟大种子。因为后来最早建立的作为我国培养比较文学学术人才的实体性机构即北京大学比较文学研究所，以及后来作为中国比较文学界研究者的广泛学术同盟即中国比较文学学会，都是由这一颗种子绽开的花朵。乐黛云教授以"知天命"之年担任了这一学会的秘书长，辅佐季羡林先生和钱锺书先生，从事研究中心的实际工作，开始主编"北京大学比较文学研究丛书"，走上了她在比较文学领域中思考学术理念、培育稚嫩幼芽、结集研究队伍的第一步。

乐黛云教授多次鼓励我说："季（羡林）先生是到70岁才开始真正进入学术写作的，我50岁走上比较文学之路，你40岁跨入这个学科，应该更有作为啊！"她描述的是三代人进入这一学术殿堂的不同年龄段，典型地体现了20世纪70年代末80年代初期中国人文学术的时代特征，背后隐藏着的则是多么深厚的却又是难以一言解明的文化语境。本文不讨论上述三代人以不同年龄段却在同一个时间段中层次不等地触摸到比较文学学术的复杂文化语境。其实，熟悉乐黛云教授的人都能体验到，她对于我国人文学术的忠诚和执着，并不是从这时候才开始的，而是深深发自于内心且一以贯之于生命之中的。20世纪50年代中期，她完全有机会走上新中国外交事业的道路，成为一名女外交官。这并没有什么不好，时至今日也仍然是许多知识者所向往的处所。乐黛云教授之所以在当时没有接受有关方面这样的好意，完全在于她对于中国人文学术的憧憬和对于我国国民精神的人文主义关怀。这二者对于她来说，具有作为她生存理念和生存方式的本质主义价值。如果我们探讨她在1957—1958年的反右派斗争中所遭受到的严重冲击，其人生哲理的根源其实也在于此，即是她内心的此种本质主义精神形态与当时的主体意识形态以及相应的主流话语之间的矛盾和冲突。其后20年间的政治冲击和动荡无定的生活，并没有磨损她内心的憧憬和追求，只是以更加深沉的形态沉积在心灵的更深处。此种沉积抑郁一直到了中国当代史上一个伟大时代的来临，此种人生哲理便在她的心中以30年的积蓄喷薄而出，构成为巨大的精神能量。在我的记忆中，从这一刻起，她就永不知疲倦，永远有追求，理性与热情浇注着她的全身，承接老一辈的智慧，启迪下一代的心扉。

我自己当时是小乐黛云教授近十岁而一直生活在北大圈子里的一个知识青年，受到乐先生精神的鼓舞，萌发对于人文学术新精神的向往，从她那里第一次听到了比较文学的概念，参加了由她主编的《国外鲁迅研究论集》的翻译（北京大学出版社，1981年），兴趣勃发，并以《中日禅僧的交往与日本宋学的渊源》和《日本古代小说的产生与中国文学》两篇论文作最初的试探，试图涉足比较文学这一新的学科，受到乐黛云教授极大的鼓励。她对我说："你做的这些就是比较文学！"我欣喜之极，茅塞顿开，便把自己正在从事的日本中国学渐渐地纳入比较文学的序列中，由此走上了不归路。

1981年夏天后的三年，对于乐黛云教授的比较文学观念的进一步认定和扩展，或许是具有重要意义的。她作为中国第一名派遣前往美国哈佛大学研修的学者，到达了半个世纪前为我国人文学界造就过"哈佛三杰"的学术重地。历史进程总是具有内在的自我意志，显示出内聚的庄重性和严肃性。它的进程在一个短时期内人们或许会觉得不可理解，但是，从它的总体推进中人们终究会意识到它有序的特征以及一时不能解明的因果关系。人们称之为的"巧合"，事实上就包孕在历史自我的进程中。20世纪20年代中国学术界有被称为"哈佛三杰"的陈寅恪、汤用彤和吴宓三位学者，他们曾受学于美国新人文主义的旗手，又是哈佛比较文学创始者之一的白璧德教授（Prof. Irving Babitt）。三位先生回国之后，在中国学界创导"昌明国粹、融化新知"，为中国文化与欧美文化的汇合开辟了一个具有新意的学术空间。透视乐黛云教授的人生哲理与学术理念，她与新人文主义和"哈佛三杰"创导的"中西融化"观念有着内在的承传关系和表现出隐秘的痕迹，并且与她自己生活的时代文化执拗地纠缠在一起，发而为对人文学术的忠诚追求甚至有些狂热，发而为对国民精神的人文主义的关怀甚至有些固执。这可能是她的家学渊源和她师承关系的双重层面，与中国人文广阔的学术场相互作用反复渗透的结果。意想不到的是历史继续推进着这些联系与撞击，由隐性的关联发展为日益彰明。当乐黛云教授进入哈佛大学开始她的学术研究的时候，当时几乎没有人意识到这种学术巧合将会产生什么样的思想力量，几年后它却以生动的形态展现在中国比较文学的发展轨迹之中了。

当小农思想仍然作为社会普遍的思维内容和思维形式的时候，留洋（哪怕是由国家派出的留洋）常常会遭遇到现今的人们匪夷所思的猜测和评价。我认识的一位年轻朋友在1990年到国外去读研究生课程，办理手续时，大学的共青团委竟然当着他的面把他的团员证撕得粉碎，扔到了写字台旁的垃圾桶里，作为"叛徒"被清除了。何况乐黛云教授是在1981年就出去留洋了呢！不知道从什么时候起，学界的一角忽然传出了"乐黛云一去不会归来"的各种消息。当时，我正受乐先生的委托在处理她主编的《国外鲁迅研究论集》后期出版的一些杂务，感到莫名惊诧。在此之前的15年间，即从1966年起，我与乐黛云教授一起迎接了20世纪中国政治史上最强劲的狂风暴雨，在"工人阶级占领上层建筑"和北京大学处于中国人民解放军"军事代表"控制下的时候，我们被分配在同一个"红卫兵班"上接受"清理阶级队伍的审查"；在江西鄱阳湖畔全国血吸虫病最高发生的区域——百里无人的鲤鱼洲"五七干部学校"中，面对着龙卷风和大洪水、遭受着热浪与寒潮的阵阵袭击，我们在同一个连队中背朝苍天、面向黄土、战天斗地；我们又被编制在同一个小分队中经受了从鄱阳湖到井冈山数百里徒步行军的战斗洗礼，在井冈山顶的茨坪住进人民币三分钱一天的茅草屋共同迎接"红太阳"的升起，在"金色的草棚"中共同创建"社会主义的新大学"。依凭在这样漫长的革命生涯中我对她的理解，我深知社会普遍的物质生活匮乏并不使她感到十分痛苦，她内心企盼和忧虑的是如何真正地成为对国家和民族有用的人，乐先生正是这样的充满东方古典主义的女性，她为此而焦急，为此而努力。现在稍稍年轻的朋友听我说这样的信念，有时候觉得不可思议，甚至会觉得矫揉造作。那是因为你没有经历那样的时代，因为你与她不是同一种生存经历。读过乐黛云教授的自传 *To the Storm*，你就能明白这种精神的真实。当那些谣传发生的时候，尽管熟悉她的人觉得很是无聊，但谣传却以"更加真实"的形式展开了。她所在单位里的一位教授要到美国去开会，领导嘱咐他说："你看到老乐，对她说，只要回来，一切就不谈了。"这好像老乐真的"有事"了，只是领导的"宽大"与"开恩"，就一切"不谈了"。等那位教授归来，询问他执行任务的情况。他说："我碰到老乐了，看到她很开心的样子，她说了她的很多收获，我觉得这个问题不存在，我就说你安心做你的研究吧。人家好好的，我怎么能说那样的话！"他们两个人在会见时体现的正是同一种精神。我不明白我们有些朋友为什么老是习惯于用猜度他人是否具有爱国心来表现自己的爱国热度。我不好用诸如心理病态或性格缺陷之类的概念来对他人定性，但我想这些朋友一定是把外面的世界看得比中国好吧，于是便用自己可能产生流连忘返的神秘之感，去解析他人的生活模式，真是一种懦弱的趣味！其实，他们很不理解乐黛云教授的生活信念。乐先生对我说："我最能产生思想、最能写作的地方，就是自己家里的那间书房里的那张桌子和那张椅子。"这是把20世纪中国知识分子内心最炽热的感情做了最朴实的表达。1984年夏天乐黛云教授从美国回到北京，带着她对于人文学术特别是对比较文学的许多新思考和希望回来了。但是，当她意识到自己可能正面临着某些语境作用的时候，她立即把她的企盼和希望转移到中国社会转型的前哨——深圳，在深圳大学允诺下建立了"深圳大学比较文学研究所"，以实践自己的学术理想。乐黛云教授在深圳大学比较文学研究所走出了推进这一学术切实的一步则是主编了"比较文学丛书"，共有12种。这是这一时期中国比较文学研究最早的具有体系性的成果。记得深圳大学校长罗正启先生后来对我说："老乐他们来的时候，深圳大学还是推土机轰鸣的时候，学校像又一个'五七干校'，老乐他们来这里想搞一个'比较文学研究所'，我欢迎一切对国家有利的新学说新思想，我也愿意协助老乐实现她的理想。"这是我国大学史上第一个称之为研究所的比较文学的研究机构，当然遗憾的是它还与北京大学的比较文学研究中心一样，也还只是一个虚体建制。这一举动很典型地显示出乐黛云教授的性格和学术观念，它内在地具有义无反顾的勇往直前的特征。

80年代中期的中国文化学术界，出现了一种国民在摆脱了"镣铐""枷锁"之后全民跃进的文化狂欢。各个层面上的民众对于文化、知识、理论、思想的渴望，可以说是如潮涌般地升腾。就是像我这样一个名不见经传的人做一个讲座，听者常常也会数百上千。记得我作为中国文化书院的讲师在南京大学和中国科学技术大学作文化讲座，江苏省和安徽省各地的听众会自己乘火车汽车赶来。讲课者不作疯子般地挥舞拳脚，听课者也不摇头晃脑狂呼乱叫，数小时的讲课在偌大的厅堂中一片肃穆，显示出民族要求启智开窍，要求接受人类智慧，要求走向文明世界的一片至诚。这样的全民族的文化升腾，为中国比较文学学术新的崛起，创造了最适宜的文化语境。或者说，正是这样的文化语境为中国比较文学作为一门学科进入人文学术领域提供了合时的条件。当然，从70年代后期开始从事中国比较文学研究的老中青三代学人的奋进，本身就是这一文化语境的重要成分。1985年教育部正式批准原北京大学比较文学研究中心改建为独立建制的实体性研究机构，定名为"北京大学比较文学研究所"，同时国家学位委员会批准该研究所为"（比较文学）硕士学位培养点"；同年，国家体制改革委员会发文批准成立"中国比较文学学会"。乐黛云教授被北京大学任命为比较文学研究所所长，同时在深圳举行的中国比较文学学会第一届全国大会上被选为副会长兼任秘书长（当时，杨周翰先生任会长，1989年杨先生去世后，乐黛云教授接任会长至今）。这是中国比较文学史上具有划时期标志意义的两件大事——中国的比较文学从此正式进入了大学的讲堂，列入了国家学位序列，而分散的研究者开始结集成学术同盟。乐黛云教授自然地被学术的浪潮推举到了顶峰层面，由此而为乐黛云教授实践自己的学术理想提供了一个宽阔的空间。20年以来，乐黛云教授正是依凭这一学术空间，引领众多有兴趣的研究者在艰难曲折又充满乐趣的奋斗中把中国比较文学建设成具有体系性的学术，并把它推向了世界。

这20年历程中，乐黛云教授为未来的中国比较文学史留下了许多可以彪炳后世的业绩，而其中有些经历我以为是必须载入本学科的史册中的。第一件必须记录于史的是关于我国比较文学学科中第一个博士培养点的诞生。这倒不是因为我是北京大学40余年的教师而对此特别钟情，实在是乐黛云教授在这个过程中表现出的对中国比较文学的热爱与忠诚，让所有明白这个过程的人士都为之感动。

我国大学学科建制在20世纪80年代初期开始确立学士、硕士、博士三级学位制度，以确认相关研究成员的学术水平资格，为此便在相应的教授中建立起"导师"制度。其中最为瞩目的便是博士培养点的确立和博士导师的认定，成为展现与识别一个学科和一位教授水平的最显著又是最简单的符号。乐黛云教授从20世纪50年代初期起师从王瑶先生，于中国现代文学造诣甚深。北大现代文学专业在80年代第一批获得博士培养点资格，本来，乐黛云教授完全可以在这个博士点上评定为博士导师。事实上许多人也都劝她先在这里评个博士导师，再慢慢地申请比较文学博士点。这完全是合情合理又合法的。但乐黛云教授坚持自己与比较文学博士点同时上的决心。她认为自己如果先当上了现代文学的博导，必将影响比较文学学科申报的力量，延晚比较文学博士点的建立，对学科发展不利。作为这一事件的见证人，经历了在她引领下为创建比较文学学位点奋斗进取的整个历程，我深深地感受到她对学科的执着和期望是深入心扉的，感到她精神的深处真的具有"与比较文学学科同存亡的决心"。学者们大多很留意于自己外在的名声，随着社会的转型和市场观念的泛化，更有为数不少的学人开始了对自己的夸张性包装，琳琅满目的头衔五花八门无奇不有。而乐黛云教授却对我说："如果在我这一辈子中比较文学评不上博士点，我就一辈子不做博士导师。"乐黛云教授就这样年复一年地不求个人闻达于诸侯，只求学科建树成规模。在学科基本队伍的组成层面上，她在严家炎教授的协助下，邀请了法国巴黎第四大学比较文学博士孟华和美国康奈尔大学文学博士张京媛到北大比较文学研究所任教，构成为文学的国际关系研究领域和诗学理论研究领域的中坚力量，由此而把这两个领域中的课程教育和学术研究推进到了本学科的前沿。在学科研究层面上，她在1987年主编出版"比较文学丛书"12种、"北京大学比较文学丛书"10卷的基础上，又主编了"中国文学在国外丛书"6种、以及"中外比较文化丛书"9种。她本人还公刊了《比较文学与中国现代文学》（北京大学出版社）和《比较文学原理》（湖南文艺出版社）两部著作，不难想见这其中倾注了多少辛劳，显示了新兴学科中所蕴藏着的新兴学术力量。我虽然不把这样的意志力表述为"可歌可泣"，但我确实觉得这在我们学术圈子中实在是称得上铿锵的言辞和切实的行动。1993年国务院学位委员会以公正之心评审通过了北京大学比较文学研究所为我国第一个博士学位培养点，乐黛云教授成为我国比较文学学科中第一位比较文学博士导师。接着，乐黛云教授终于率先在北大比较文学研究所完善了从硕士到博士到博士后这一培养比较文学高级研究人才的三级系统。由此至今，有35位研究者在本研究所的这个博士学位点上获得了文学博士学位，有2位研究者在本研究所博士后流动站获得了出站证书。今天环顾四周，大学中几乎遍布了比较文学博士点。我国比较文学高级研究人才的养成终于成为全国学界的共同事业。然而每当念及当年乐黛云教授为创建第一个博士点的情景，透过星星点点的场面，她对学术的执着、对困难的耐心以及为此而做出的个人付出和牺牲，总是使我肃然起敬，深感自己不能企及的羞愧。

第二件必须记录于史的事情是北大比较文学研究所在乐黛云教授的策划和组织下，在1995年10月承办了由34个国家参加的国际比较文学学会（ICLA）第十四届理事会。这次理事会是以"文化对话与文化误读"的学术研讨为中心主题，同时穿插着许多工作会议和工作小组活动。这次会议的规模和内容，超越了以往的双边研讨和国内大会邀请外来学者的穿插研讨。这次是国际学界以整建制（理事会）的阵容参与对话，新颖有致，别开生面。开会之日，国家教育委员会主任朱开轩先生还特地到会致贺，这是中国比较文学史上首次真正意义上的国际研讨。北大比较文学研究所是一个规模不大的研究所，它经历了十年的学术磨炼开始具有了与国际学术同行进行学术对话的能力，并且具有了把世界主要国家这么多的比较文学家邀请到本土本所展开多层面学术对话的能力，实在是令人振奋。从实质上说，它不是北大比较文学研究所一个所的业绩，这无疑表明了中国比较文学学术的整体素质已经展现于世界面前，已经有能力建构相应的学术平台与如此众多的国际学者就共同感兴趣的有价值的学术课题进行广泛而又生动的学术对话，它显示了中国比较文学学术正在发展成长为国际学术的一支重要力量。

在我国比较文学学术与国际学界相互认知的过程中，乐黛云教授始终承担着沟通双方的学术桥梁的作用。她从开始进入比较文学学术以来，就十分关注这一学术在国际间的沟通和对话。我国人文学界至今仍然在不少的学科部类中把国际交流当作是装饰学科的花边。乐黛云教授从学科本质出发，把比较文学的国际沟通和对话看成为学术本体的内容。她多次对我说："比较文学的基本立场就是跨文化，它的研究对象存在于跨国界和跨民族的极其广泛的文化之中。这个学科如果失去了国际间的联系，就好比人停止了呼吸一样。"在乐黛云教授的学术观念中，比较文学的国际沟通正是学术表现的一种生命形态。

国际比较文学学会是创建于20世纪50年代中期，它体现着比较文学学术的主流话语。乐黛云教授在1988年继杨周翰先生之后成为第十二届ICLA的理事，继后在1991年的日本大会上当选为第十三届ICLA副主席，1994年在加拿大大会上连任ICLA副主席。这是中国学者在ICLA获得的最高学术领导职务，杨周翰先生与乐黛云先生在这个历来以欧美学者为主体的学者同盟中担任副主席，开始发出了中国学者的声音，冲击着ICLA中长期存在的西方霸权话语。乐黛云教授有一个心愿是把ICLA的理事会安置在中国进行，从而使ICLA直接感受中国学术和听到更加广泛的中国学者的声音。在1997年乐黛云教授连任两届副主席后，我国孟华教授又以她的学术和在国际学界广泛的人气，在乐黛云教授的支持下，继续在ICLA担任理事。她们这样不懈的努力而构筑起中国比较文学学术的广阔天地，产生了广泛的国际影响。最近，日本文部科学省国际日本文化研究中心一位教授在评价北京大学比较文学研究所的时候说："有的学科的研究者，头顶的只是自己的天，脚踩的只是自己的地。北京大学比较文学研究所与此不同，他们的背后是一片世界！"我不评价这如诗一般的评语，我只是把这位日本教授所说的"北京大学比较文学研究所"一句解读为"中国的比较文学学术"，那么我很感谢他已经意识到中国的比较文学事业已经与国际学界连接在一起了。在这样一件宏伟工程中，我们不能忘记乐黛云教授20余年来铺路架桥的不朽业绩。

第三件必须记录于史的事情是2004年8月国际比较文学学会第十七届国际比较文学大会在我国香港召开。这是在中国的土地上第一次召开世界比较文学大会，有四十几个国家的近千名比较文学家云集我国香港，而中国学者第一次成为世界比较文学大会上的集团主力。但是，在这展示我国比较文学学者多维度学术见解的盛大集会背后，我们许多人其实并不了解乐黛云教授和孟华教授为此进行的艰难的斗争和付出的辛劳，不明白个中极为复杂的经历。

国际比较文学学会在20世纪90年代之前所召开的所有国际比较文学大会都是在欧美举行的，典型地表现出"西方文化中心论"。1991年第十三届大会在日本举行，引发了中国学者的思考。1994年在加拿大举行第十四次大会时，乐黛云教授与我国学者商量争取在20世纪结束之前，能够在中国本土举行一次世界比较文学大会，使中国比较文学学术融合于中华民族文化复兴与崛起的伟大潮流之中。此事一操作就遭遇到了"西方文化中心论"的狙击。1997年在荷兰举行的第十五届国际比较文学大会上，乐黛云教授代表中国提出的议案受到多种挑衅，孟华教授代表中国给予了严厉和猛烈的批驳。这一场申报虽然比不上申办奥林匹克运动会的复杂，但事实的本质意义其实是相同的——西方主义者、殖民地怀旧主义者们把学术作为政治牌来打，他们联合起来就是不让在20世纪的最后时刻相关的各种世界性大会在中国举行。

在荷兰大会申请失利之后，在南非第十六届大会上，经过复杂的磋商，终于决定第十七届国际比较文学大会在中国香港举行。国际比较文学学会会长川本皓嗣（Kawamoto Koji）先生在会后专门访问中国，在北大比较文学所举行的"全国大学比较文学研究所所长和研究中心主任新世纪学术恳谈会"上特别表示"美丽的香港是中国的领土，我们为第十七届国际比较文学大会能够在中国举行感到十分的高兴。它表明中国比较文学的研究已经成为国际学术界的重要的力量"。他还说："我特别要感谢乐黛云教授和孟华教授，这两位女士在为中国举办第十七届国际比较文学大会的工作过程中表现出的勇气和决心，表现出的理智和聪明，使我们十分感动。"

此时乐黛云教授因为在ICLA连任两届副主席已经退职，但她仍然是以满腔的热情关注香港会议的准备进程，诸如大会主题的设定、成员的配置、国内与会者经费的筹措等，都倾注了心血。直至2004年8月大会的前夕，她与孟华教授还特意把香港大会的组织者岭南大学的欧阳桢教授夫妇请到北京，亲切慰问百般叮嘱，令我这个在场的非当事人也十分感动。2004年8月在骄阳似火的香港，第十七届世界比较文学大会正在热烈地进行，参与者正全神贯注地投入。我望着湛蓝的天空，深深地吸一口气。世界比较文学学术的主流学者，此刻几乎都聚会在这里，乐黛云教授和孟华教授为此几乎付尽了生命的能量，她们终于实现了让国际比较文学研究的主流阵营移师中国。此刻，离中国比较文学事业的复兴再生，恰好为四分之一个世纪。

历史的进程终于成就了中国比较文学事业的兴旺发达，这是数代学人在同一个时间中奋斗的成果，同时，也是乐黛云教授以自己最忠诚的信仰和毕生的力量引领这一学术所达到的境地。历史是大众创造的，而大众是需要有引路人的。在我们庆贺乐黛云教授七十五华诞的时候，我总是忆起这一最朴实的历史辩证法的法则。

当我以这样冗长的篇幅讲述我个人对中国比较文学事业的发达与乐黛云教授的个人之间相关意义的时候，我偏重的是我对于整体学术事业的感悟，偏重的是在30年间，乐黛云教授作为这一学术的引领者和带路人，她作为学者本身，在学术理念的建树和研究成果的表述方面所显现的高度睿智和重大成果。正是她的这些业绩构成为作为学术引路人的精神品格和学术力量，这二者的融合才铸造出了乐黛云教授比较文学较为完整的形象。

我从乐黛云教授的学术发展的基本逻辑体验到，她走上比较文学之路至少是在两个学术层面上受到了广泛和强烈的文化刺激。一个层面是乐黛云教授长期从事中国现代文学研究。作为中国现代文学的发生和发展，存在着极为广阔的文化语境。其中古今中外文化观念的极为复杂和生动的冲突和融合，成为此种文化语境的核心内容。事实上不少作家文人在他们众多的作品和文谈中，透露出他们对于文化多样性难题的许多复杂思考，并且以艺术的形式表现出来。我想乐黛云教授以她独到的聪明和睿智，从中汲取到许多智慧，从而造就她观察文学和文化多层面的宽阔视野。这一层面对她学术观念和学术视野的冲击，可能已经存在很长的时间，并积累着很多的思考了。另一层面是在自20世纪20年代以来，欧美比较文学学术作为学科已经在清华大学等陆续开设成课程，并有相应的教材成为读本，在30年代法国比较文学的代表性学者如Frédéric Loliée（罗力耶）的《比较文学史》、Paul Van Tiegham（保罗·梵·第根）的《比较文学论》等已经被翻译到中国学界。我相信乐黛云教授一定受到这些论说的影响，而在70年代末期和80年代初期，在新时期文化潮流的推动下，以钱锺书先生的《管锥编》为首，人文学界的诸大元老如宗白华、杨周翰、季羡林、金克木、范存忠和王元化等，从各自研究的侧面，以比较文学和比较文化的视野，展现自己的研究观念和业绩。这一文化现象极大地刺激了乐黛云教授的学术思考，激发了她的学术智慧，把她多少年来沉积在中国现代文学领域中的思索调动到了比较文学的层面上加以深究。

我个人作为乐黛云教授的学术伙伴，我体验30年间乐先生的比较文学研究具有先后相承彼此相关的三个展开的层面。

1981年乐黛云教授在《北京大学学报》上刊出了作为她走上比较文学研究的

具有标志性的论文《尼采与中国现代文学》，产生了相当强烈的社会学术效应。我把它称为"乐黛云教授比较文学的第一层面"。假如我在这里表述的学术逻辑基本准确的话，那么，乐黛云教授比较文学的学术研究的这个层面，有三个基本点是非常值得注意的。第一，她开始从事比较文学研究，是以在中国现代文学领域中长期的学术积累和学术思考为基础的。因此，她在起步时期的学术业绩就表现为具有"厚重性"特征；第二，乐黛云教授在比较文学研究起始的时候，已经对比较文学的基本论说例如法国学派的理论，以及先辈学者的相应的研究有相当的把握，因此，她在处理自身研究对象时具有相当的"稳重性"特征；第三，乐黛云教授在涉足比较文学领域的时候，就像作为她的标志性论文《尼采与中国现代文学》以及1987年出版的大著《比较文学与中国现代文学》那样，是以广泛意义上的"文学关系"作为她的研究的出发点，是从众多的原典性文本中提纯自己的理论见解。有人把乐黛云教授仅仅作为比较诗学研究者，实际上忽视了乐黛云教授自身的学术轨迹。这一轨迹正好表明了文学关系研究是在最本质的意义上构成比较文学领域中所有学术层面的研究基础。

以乐黛云教授所具有的学识和智慧，她的研究当然不会仅仅局限在文学关系层面上。她在研究"尼采与中国文学"关系的同时开始主编《国外鲁迅研究论集》。此书编译美国、日本、捷克、荷兰、澳大利亚、加拿大和苏联共20位学者关于鲁迅研究的论文。乐黛云教授自己说："我在这些论文中真像发现了一个新天地……使我初步预见到对并无直接关系的不同文化之间的文学作品进行平行研究的可能性。"1988年乐黛云教授出版了大著《比较文学原理》，由此而开辟了广泛意义上的比较诗学研究。

以我浅薄的学识体验到的乐黛云教授从事比较诗学研究的本体目标，则是一直致力于建构中西诗学对话的学术平台，致力于打通中西诗学对话的学术通道，致力于使西方学术界能够理解中国诗学原理。以她为主要力量编纂的《中西诗学大辞典》，则在使中国学者理解并把握西方诗学范畴和概念，在对中国传统诗学范畴作出近代性阐述等层面上提供了具有整体规模的学术导航，并相应地撰著了一系列著作。作为乐黛云教授比较诗学本体目标的基础，她一直非常注目于对中国文化经典的新解读，她以极大的精力指导她的博士生如张辉、刘耘华、王柏华、张沛等诸位前仆后继持之以恒地沿着这个方向努力，鞠躬尽瘁为中国比较文学学术养成诗学研究者，时至今日他们已经成为我国比较诗学研究行列中以经典解读为基础而各有成就的学者了。

20世纪90年代是乐黛云教授在比较文学学理上实现重大提升的时代。她在此前将近15年到20年学术实践的基础上，以她生存的全球时代作为综合语境，把比较文学研究全方位地推进到跨文化（乐黛云教授特别强调的是"非同一体系文化"即"异质文化"）视野中的文化研究层面上。乐黛云教授提出比较文学的本质意义在于"在相互交往的全球意识正在成为当代文化意识的核心这种形势的推动下，各民族多在寻求自身文化的根源和特征，以求在世界文化的对话中，讲出自己独特的话语而造福于新的文化转型时期"。（《读书》1991年第2期）。在此基础上，又经过十余年的学术实践和思考，乐黛云教授把比较文学的范畴界定为"比较文学的根本特征是以维护和发扬多元文化为旨归的跨文化的文学研究"。（《比较文学发展的第三阶段》，载于《跨文化研究：什么是比较文学》，北京大学出版社）这是在我国比较文学界学人们关于比较文学的定义、内涵、范畴无休止的争论中发出的超越传统意义上关于对比较文学理解的最深刻的再思考，也是最具有乐黛云教授自身人文意识特征的学理表述。这一学理定义，对中国比较文学界甚至国际同行来说，确有振聋发聩之效。我以为这是乐黛云教授从事比较文学学术在第三层面的，也是目前她的思考的最具有综合性特征的表示，具有这样几个特别明确的特征：

第一，大约自90年代以来，乐黛云教授把比较文学学术自觉地放置于全球文化与文化的全球化的总体语境中加以思索考量，从而使比较文学突破了囿于文学的范畴而以人类总体文化作为研究材料和研究对象。

第二，乐黛云教授把全球文化置于比较文学研究的视野中，其学术目标在于寻求表述各民族文化的根源和特征，以求在世界经济一体化进程中，捍卫各民族文化的独立和保持各民族文化的多样性风格特征，具有明确和强烈的批判"西方文化中心主义"的价值观念。

第三，在面对当前由于各种利益矛盾而引发的各种文化冲突面前，乐黛云教授主张以跨文化的基本视角，既反对"文化霸权主义"也反对"文化原教旨主义"。她承接中国古代哲学智慧中"和而不同"的价值观念，促进文化多元化的发展，加强人类生存中的理解与宽容。

第四，基于以上对于比较文学理念的思考和对比较文学学术目标的设定，乐黛云教授对比较文学学术的前途充满信心，她认为只要学术界能够在这样的层面上理解比较文学并沿此学理展开研究，那么，（比较文学）必将在消灭帝国文化霸权，改善后现代主义造成的离散、孤立、绝缘方面起到独特的重要作用。

第五，乐黛云教授认为，法国作为比较文学的起始国而成为比较文学第一阶段的中心，美国在欧洲文学传播研究和文学影响研究之后，创导文学平行研究而推进了比较诗学的发达，构成为比较文学的第二阶段的中心，那么，随着我国比较文学的研究把比较文学的根本学理和目标推进到"以维护和发扬多元文化为旨归的跨文化的文学研究"的层面，构成为全球第三阶段的比较文学，其学术的中心点则便会聚于中国。

乐黛云教授积近30年对比较文学学理的思考和在世界范围内的学术实践，以高屋建瓴、雄视全球的视野，对传统的比较文学的范畴和概念做了一个具有创新性的颠覆。从乐黛云教授关于"第三阶段"比较文学学理的思考，我们可以深深地感觉到她对于人类命运最深沉的关怀，感觉到她把对人文学术的忠诚与对21世纪世界前途的注视结合在一起。正如我前面所说的，这二者本来在她的生命中是一以贯之的。乐黛云教授在学术中表现出的这种极为炽热的民族意识和国家意识，或许正是当代我国人文研究中需要积极创导的精神。她关于比较文学"第三阶段"学理的论说，是一种展现于学坛不久的理论，可能会有所研讨，但其中所具有的人文关怀、深邃思考和深刻的逻辑表述，可以概述为乐黛云教授在比较文学学术研究中的最核心的业绩，它也向国际学界展示着作为中国比较文学学术引路人的乐黛云教授的精神意识。

乐黛云教授喜临七十五华诞，她的学生们相聚而议，作为对乐黛云教授的祝贺，莫过于在这个喜庆的时刻向辛勤哺育自己的老师贡献一份小小的业绩，于是有杨乃乔博士、刘耘华博士、王柏华博士及海外伍晓明博士诸位倡导编辑一本纪念文集贡献于先生。我在其中是年龄最大的一人，因为虚长了数十岁，大家推举我做篇"前言"。我真是惶恐万分，我与乐黛云教授虽然相识已经30余年，也时时受她的精神与思想的启迪，在我的心目中，她的思想与学识，总不是我所能企及的。虽不是把乐先生作为巍巍乎高山，也实在是我最尊敬的先辈之一，所以踌躇再三，万难动笔，生怕由于我的文字而损害了我心中的长辈。我现在只是依据我所感知的乐黛云教授，托事写实。在写作的过程中，30余年来的往事又历历展现，在无限的情感中涌现出悲壮的过程。我希望以自己的感知向读者朋友讲述我国人文学术中一位杰出的学者，讲述她对中国比较文学所怀抱的情感、作出的牺牲和获得的成就，希望学界记住中国比较文学创业的维艰和永恒不朽的业绩，从而以更加踏实的步履开创未来。我想这应该是对乐黛云教授七十五华诞最适宜的庆贺了吧！

是为"前言"。

严绍璗
2005年7月酷暑撰于
北京西郊北京大学蓝旗营跬步斋

贾植芳先生的比较文学观

（按语：2008年我国著名学者贾植芳先生去世，《中国现代文学研究丛刊》委托李楠女士就贾先生杰出的人生道路与学术价值采访了学界相关的人士。采访内容以《活出来的真正知识分子》为总标题刊登于同年《中国现代文学研究丛刊》第五期。严绍璗先生在接受采访中的谈话由李楠女士以"多元整合的学术思想"为小标题将其主要表述归纳其中，内容如下。）

严绍璗接受采访时说："中国比较文学在20世纪70年代末80年代初复兴的标志是北大和复旦于1981年同时招收国内第一批比较文学硕士研究生。北大的领军人物是英文系的杨周翰先生，复旦是中文系的贾植芳先生，这是两面旗帜。现在活跃于国内比较文学研究界的中坚力量，大都是在他们的感召下成长起来的。"

他一再赞叹贾先生学术思想的前瞻性和先锋性，他说："贾先生经历了那么多苦难，但学术思想一直很前沿。80年代初，比较文学刚刚开始，贾先生谈起来就好像很多年前就思考过、关注过比较文学。"其实，应该说贾先生在50年代初，给章培恒、范伯群、曾华鹏上课时，就已经渗透着当下比较文学学科倡扬的学术思想。

严绍璗详细分析和论述了贾先生的学术思想和对于比较文学的开拓性贡献。他认为，贾先生在比较文学研究的关键问题上发人先声。他关于中国现代文学的论述、关于外国文学的论述，其中都贯彻着跨文化的宏大视野，而且还有不少属于比较文学本体论的论述。

严绍璗说：近十年来，随着比较文学研究的深入，我们终于明白了比较文学的真正含义。比较文学是从国别文学、民族文学推进到跨文化、跨国度，进而多元化的文学研究学科。贾先生很早就有这种观点。他在1984年"江苏第二届瞿秋白学术讨论会"上的讲话中，谈到"国外学者研究中国文学，与我们站在本国研究中国文学相比，有着不同的角度和方法、理解与认识。一般说来，由于他们有着一般西方文学或本国文学的传统素养以及作者自己的社会实践，他们在研究中国现代文学时，比较注意中西文学的比较研究，或本国文学与中国文学的比较研究。换言之，他们一般总是以先入为主的西方文学或本国文学的眼光，来认识和评价中国现代文学。且不说那些专门研究中国文学与外来影响的专著专论，即使是一般中国文学的研究，也常常自然地注意到西方文学或本国文学的比较。这无论在方法上或角度上，以至材料运用上，都能给我们以一定的启发和借鉴。"[①] 这段论述其实道出比较文学研究的重要观点：阐释背后的文化语境不同。

关于中国比较文学学术史的问题，严绍璗认为，贾先生实在是"很前卫"。严绍璗说，我们至今还没有一部中国比较文学史，而贾先生注重中国自身比较文学学术的发展。20世纪80年代比较文学学科刚刚诞生的时候，许多人都认为这是一个新生事物。贾先生在《范译〈中国孤儿〉中译本序》[②]中介绍了比较文学在中国的发展：早在"五四"新文化运动早期，即1920年，我们就通过译介日本学者本间久雄《新文学概论》，输入了这一名词，并介绍了两部主要的比较文学理论著作波斯奈特的《比较文学》（1886）和洛里哀的《比较文学史》（1904）的内容；翌年，我国学者吴宓著文介绍了这一学派的主要要点。故友范希衡先生早岁负笈欧陆，就学于比利时鲁汶大学，专攻法国古代、近代文学和比较文学。

---

① 贾植芳先生的这次讲话，后来以《瞿秋白对中国无产阶级文艺理论和文艺批评的开拓性贡献》为题，刊载于《江海学刊》1985年第四期。

② 贾植芳：《范译〈中国孤儿〉中译本序》一文，收入孙乃修编《劫后文存——贾植芳序跋集》，学林出版社，1991年。

1932年，以15万言的比较文学性质的论文《伏尔泰与纪君祥——对〈中国孤儿〉的研究》获得鲁汶大学的博士学位。从我国比较文学发展史的角度看，如果说，范先生1932年在鲁汶大学的博士学位论文《伏尔泰与纪君祥——对〈中国孤儿〉的研究》，算是中国学者首次在欧洲用欧洲文字对中外文学影响做了实践性的探讨努力，为中国比较文学事业的发展作出了自己独特的贡献；那么，这篇完稿于1965年现在却作为遗作得到发表的"译序"，则应该是范先生对历经劫难又重新崛起的我国比较文学研究事业的一个崭新的高质量的贡献。贾植芳先生在这里所说的"译序"，是指范希衡先生写的《赵氏孤儿》与《中国孤儿》一文，这是范先生把它作为当时自己翻译伏尔泰的《中国孤儿》的"译序"。严绍璗强调，读了贾先生的文章才知道自己曾经的无知，懂得了比较文学在中国不仅早已有之，而且前辈学者已经为这个学科作出过突出贡献。

严绍璗谈到贾先生的现代文学研究时说，贾先生关于中国现代文学的研究，同样贯穿着比较文学的学术思想。比如，在谈到现代都市小说时，贾先生认为"在20世纪20年代末到30年代中期，出现了一个从事现代都市小说创作的作家群。这些作家"外文好，中国古典文学的底子又厚，可谓学贯中西，博古通今，每个人身兼几职，有几副笔墨，又搞外国文学翻译，又搞中国文学创作，又搞学术研究，又办杂志，又开书店。"因此，要研究这样一群作家和作品，就必须具有"古今中外的文化涵养"。①

严绍璗的结论是，贾先生无论是研究现代文学，还是比较文学，始终都坚持自己的学术思想，贯穿着整合多元文化，采用世界性眼光观照自己的学术理念。这是贾先生几十年来的学术自觉意识，而不是有意去迎合比较文学这个看似年轻的学科。严绍璗说，贾先生的比较文学学术定位一开始就抵达本质，契合了比较文学作为文学本体论的精神。接着，他又把贾先生1996年6月赴台北参加"百年来中国文学学术研讨会"时提交的论文作为例子，进一步阐释贾先生的学术思想与比较文学学术定位的一致性。这篇文章曾经在中国台湾的报纸上发表，题目是《中国近现代留日学生与中国新文学运动》。贾先生的文章不是一篇研究留日学生对中国近现代文学影响的报告，而是以日本、欧美文学为源头文本，探讨日本、欧美的文学思潮，以留学生为中间媒体传递各自的文化材料，从而促使

---

① 贾植芳：《与查志华谈"现代都市小说"》，载《文学角》1989年第3期。

中国现代文学这一变异体的生成。并且就这一变异体内各自的状况又做了比较研究，认为留日学生在吸收外来影响方面是相当庞杂的、混乱的，也可以说是多元化的，着眼于文学思想观念的改变；而留学英美学生在对外来文学的选择上，态度是保守的，或者是暧昧的，更注意新文学形式的探索。贾先生还进一步阐释，中国现代文学变异体的生成，经历了两次组合的过程。在组合的过程中，受到民俗、媒介、人物、思想、时代、历史、哲学等诸多因素的作用，这所有因素共同整合的结果方才造就了中国现代文学今天的面貌。贾植芳先生的看法，是为比较文学研究中文学的传递和发生，提供了一种模式。此种模式是当今比较文学借助于发生学、阐释学、符号学等理论的指引才完成叙述的。而贾先生于1996年已将这种模式完整地概括出来，这不能不令人叹服贾先生的学术前瞻性。不仅如此，他还把比较文学的多元视角、多类综合文化作为出发点，这是最前沿的学术思路。总之，贾先生留给我们的遗产是丰富的，中国现代文学界、比较文学界都不能忘记他。

严绍璗说，20世纪八九十年代，中国比较文学论坛上的主潮流被言必称希腊的欧美话语势力所笼罩，当许多言说者自己都不明白自己在说些什么的时候，贾植芳先生在此种学术话语迷雾中始终引领学术研究从自己民族文学文本出发，以文本细读与解析为阐述的基础，在诸多文学现象中以实证表述文学事实，从文学事实的梳理中引导出理性阐述。作为一个学术后辈，在从对贾先生的比较文学观念的思考中意识到，对一个人文学者来说，学术犹如人品，人品铸就学术，眼观学坛四方，这样的判断大概不错的。作为一个学术研究会者，应该把对贾先生的敬仰与怀念，内化为自己人品与学业，追随先生成为一个"真正活出来的知识人"。

中西进教授的学问
——贺《中西进全集》刊出[①]

中西进教授是当代日本最杰出的学者。他对日本古代文化与文学的研究,以其丰硕的成果,构筑起了丰厚的"中西古代学",在日本和世界学术界堪称权威。

近20年来,我在中国和日本与中西进教授有着长期接触,深感他思想的敏锐、视野的宽阔和学识的丰厚,给我以深刻的启示。1994年承蒙中西教授的好意,我在国际日本文化研究中心担任客员教授,与中西教授朝夕相处,更受到直接的教导。

一般说来,对古代文化的研究,学者常常会囿于自身设置的文化氛围中而难以实现与现代的接轨,更难以与世界文化交汇融通。中西教授最杰出的研究业绩,便在于他一方面以丰厚的学识解读了日本最主要的古典,尤其是对于《古事记》和《万叶集》的诠释,已经成为中西神话学和中西万叶学,构成中西古代学的两大基础,对推进日本古典研究具有不可磨灭的贡献。另一方面,中西教授又以日本古典为基础,缜密地

[①] 本文原载于2010年《中西进全集》"月报",本文在《中西进全集》中所刊发的原文为日本文,此处是依据原日文稿译成的中文稿。

阐释了古代日本文化与现代日本文化的联系，进而更加阐释了古代日本文化与世界文化的联系。这两个层面的汇合，组成了"中西古代学"的最辉煌的基础。中西古代学是日本文化通向现代世界的桥梁，它无疑是当代日本人文学术研究中最杰出的代表。

作为日本当代人文学术界最杰出的学者，中西教授对曾经推进了日本文化发展的各种域外文化，包括中华文化在内的人类多元文化的价值，始终怀抱真诚的态度。学术界有些国文学研究者常常有意或无意地在自己的研究中，把日本文化阐述成自古至今是由海洋抚育而形成的独特的文明，中西进教授则以极为丰厚的学识，以学者的宽阔胸怀和学术的公正立场，在他的一系列的著作中，科学地阐释了日本文化（文学）在漫长的历史进程中所呈现的诸种复杂的现象，深刻地揭示了辉煌的日本文化与域外文化，特别是与佛教文化、中华文化的内在隐秘的联系，揭示了这些域外文化在日本文化形成与发展中的价值意义。以我对文化研究和文学研究的体验来说，我感到文学研究者如果不能把握作为他研究的对象与"世界多元文化的历史联系"，如果对他所研究的对象在人类总体文明中的地位与价值缺乏认知，那么，他的文学研究与文化研究的状态其实是不健全的。正是在人文学术研究的这样一个最为深刻的层面上，中西进教授阐明了古代日本文化与世界文化的各种内在联接，特别是致力于揭示与中华文化的悠久、持续和深刻的内在联系，从而也就是在更加本质的内蕴中揭示了日本古代文化的真正价值，显现了日本文化与日本文学在世界文明中的荣光。

1992年，中西进教授创议中日两国学者合作撰著《日中文化交流史丛书》（中文名《中日文化交流史大系》）10卷。这生动地表现了中西进教授关于日本文化研究的世界性观念。中西进教授担任日方总主编，中方由周一良先生担任主编，我本人担任副总主编，并与我共同编辑"文学卷"，我从中西教授处得到许多有益的教导，成为自己终身的学术财富。《日中文化交流史丛书》（《中日文化交流史大系》）10卷本于1996年出版以来，受到读者特别是大学师生们的欢迎，这是中西进教授推进日中文学与文化研究的重大贡献。

值此《中西进全集》的刊出，将中西进教授对日本文学与文化思考的毕生智慧集合在一起，读者一定能够从中获得自己所需要的极为丰富的教养，一定能够从中西古代学中获得足够的心灵深处的启示，从而能够在更加广阔的领域中引领和加深阅读者对日本外文学和日本文化的认识。

谨此庆贺!

严绍璗

2010年2月12日 撰写于香港大学

我的老师们
——北大在于斯、北大存于斯[①]

1959年秋初的一个夜晚,未名湖上空升腾起了艳丽多彩的礼花,把湖面、水塔、石舫、古钟,还有全校欢乐的人群,照得通体鲜亮。正是从这一个辉煌的时刻起,我踏入了北京大学的校门。在我的记忆中,北京大学在此后的近50年中也只有这一次为庆祝共和国诞生10周年并欢迎我们59级的新生,才有如此灿烂的礼花。马寅初校长在东操场大会上欢迎我们,他用浓重的宁波、绍兴一带的普通话说:"各位,兄弟今天代表学校当局,欢迎诸位来北大念书,成为未来国家的栋梁……"这使我们兴奋无比,好几天都不能自已。

时光匆匆,当年我迈进北大的时刻,她的年龄比我现在的年龄还要年轻。倏忽之间,我在她的怀抱中经历了"而立之年""不惑之年",达于"知天命",而越过了"耳顺之年",终于快要进入可以"从心所欲,不逾矩"的境界了。49年间无论是在春日明媚的阳光下,还是在冬日严寒的雪花中,每一年的每一天,只要我踏进北大的校门,总有一种肃穆又神圣的感觉。从那一年的夏末我从浦江之畔来到燕园,经半个世

[①] 本文原载于钱理群主编《寻找北大》,中国长安出版社,2008年。

纪而这种感觉不仅未有丝毫的减退，反而随着年龄的增长而愈发体味到它的庄严性。是的，北大给了我做一个中国人的精神，给了我报效生养我的民族、社会的本领，北大给了我面对整个世界的生命的力量！

年轻的一辈常常困惑，他们正在寻找的富含在北大这个神圣躯体内的养育了一代又一代人的"精神""本领"和"力量"究竟是什么呢？它们究竟存在于哪里呢？近50年北大生存的经验告诉我，构成这种"生命之力"的，是许许多多北大生活的碎片，它们组合在一起，造就了我一生精神形态，对我的人生与学识具有决定性的影响，永远在记忆中，作为自己的生命之源！

我在北大认识的第一位教授就是我的专业主任魏建功先生。1959年当我们这些新生到学校不到一周的时候，魏先生到32楼来看望大家。在102室那间住着12位同学的凌乱的房间里，魏先生和我们围坐一起。当时，魏先生是北京大学一级教授、中国科学院学部委员（即现在的院士），传闻中据说先生有12个头衔。在我们的心目中，魏先生是巍巍乎赫赫乎仰之如泰山般的权威。一见面，先生竟是这样地和蔼可亲，他方正慈祥的面容，亲切的笑容，平和的讲话，使大家顿时觉得眼前的权威竟如自己的父辈一般。后来我在学术界生活，终于明白了真正意义上的权威，实在是最没有架子而朴实无华的，那种说话拿腔拿调端着架子自以为是"权威"的，其实都是些空心萝卜，糟糠得很。魏先生在问过我们20余名同学的中学背景后，慢慢地介绍我们考入的北大这个刚刚建立的古典文献专业的来龙去脉。原来的"招生介绍"上说，"经高等教育部批准，北京大学设立古典文献专业。这是我国首次建立的培养又红又专的中国古文献研究整理人才的专业学科"。可是魏先生讲的却与"介绍"上说的有点不同，他说当年蔡元培先生51岁到北大担任校长，主张"凡大学必有各种科学的研究所"，从1917年开始，北大的文理法三大学科筹办研究机构。1921年建立了"研究所国学门"。由沈兼士先生出任主任，先后聘请刘半农、黄侃、陈汉章、钱玄同、沈尹默、马裕藻、马衡、胡适、林语堂等为导师。魏先生说，"我就是他们的学生，今天各位就读的古典文献专业，其实就是北大研究所国学门的直接继续。"这一下大家觉得眼界突然开宽了，原来，我们并不是"全国第一次"，也不是"全国唯一的"，我们只是继承着北大的学术传统在前进。这个讲话，与后来魏先生在他的文字音韵训诂学课上授课时大凡讲一个观点必定要说清楚它的渊源，对我们的教育都是极为深刻的。例如，他在讲授"帝"与"天"上古同义的时候，就特别强调了他是从老师刘半农先生和学兄顾颉刚先生那里受到启示，他们两人的见解又微有不同，而自己是加以辩证和推进。我受魏先生教育20余年，他从不说自己的观点见解是"学界第一次""世界首次"等的言辞。然而他的著作《古音系研究》却被学术界誉为"是架起了从传统研究到近代研究的桥梁"。我正是从魏先生的谈话与表述中明白了任何学术都是有渊源的，在学术面前必须要有敬畏的精神，必须要有足够的作为前提的知识量，不要盲目自称"第一次"。后来进入了研究领域，常常想起魏先生的第一次见面所引发的思考，逐步养成了对任何学术问题的观察必须具有学科史的概念。

北大中文系的老教授，我的先生们当年都很有文化的国际眼光，与一般人意念中掉书袋的文人迥然不同。1960年大学二年级期间，我刚修完了强化班的英文，当时魏建功先生对我说："你再去学日文吧。日本人搞了我们很多东西，将来，我们总要有人去翻动它们的。"他以中国学者的国际眼光，启示了我幼小的心灵。一位北大的一级教授、中科院学部委员，却亲自为一个本科生设计应该修学什么样的外语课，应该把学术的眼光投注在何处，竟是这样的亲切、平易和感人！这个设计的成果，就展现为我后来的道路。直到1971年我从"五七干校"回来，在未名湖边的花神庙，偶尔碰上了老系主任杨晦先生。他问了我许多事情，突然问我："你那个日文没有丢吧，英文还能看书吗？这些将来都是有用的，最好再学点德文，外文到时才方知少呀！"这个时候，杨先生还顶着"反革命修正主义分子"的，可是，他瘦小的躯体内，燃烧的是对民族复兴的信念，是对中国将来走向世界的信念，也是对中文系一个年轻教师未来命运所给予的希望。

在我们三年级的时候，魏建功先生出任北京大学副校长。他与我们还是特别亲切，他对我们说，"前几天，中共中央宣传部部长陆定一同志召见了翦伯赞先生和我，对我们说中央决定你们两位担任北大的副校长，陆定一同志还特别谦虚地征求我们的意见。"这时我们才知道魏先生1924年毕业于北京大学并任教于此，1945年台湾光复回返祖国后，他出任了台湾"国语教育委员会"主任，致力于在台湾各级学校中消弭日语与闽南语方言教学，努力推行"国语"（普通话）。台湾同胞现在普遍使用"国语"与大陆无语言障碍地交流，最初就是得力于魏先生领导的"台湾国语运动"。1946年在组建"国立台湾大学"时魏先生又出任台大中国语言文学系第一任主任，并兼任台湾师范学院院长，为在台湾建设中华文化而竭尽全力。他本来完全可以在台湾发展自己，却在1948年年底托词到上海采购器物而秘密进入北京，迎接中华人民共和国成立，出任中华人民共和国成立后重组的北京大学中国语言文学系第一任系主任。一位教授肩负民族的责任、对光明的向往，深深地震撼着我们这些年轻人的心扉。①

在我读书的时候，中国文学史的"先秦两汉"部分是由游国恩先生讲授的。游先生与魏先生一样，也是北大的一级教授、中国科学院的学部委员。游先生一直讲，人要有中气，学问要有底气。学问和人是一样的，要有"气"才能活。这本来是中国古文论上的一个命题，可是游先生有自己的见解。他多次说："我说的这个'气'，讲的是底气，不是花里胡哨的气。没有500篇古文打底，你就不会有这个'气'，人文学科不论你专业是什么，这个底气是重要的。500篇古文打下去，好比是造房子，就做了一个钢筋水泥的地基，再加上现代的知识，你才可以做学问。不然你就是'嘴尖皮厚腹中空'，你就是墙头草！"

当时，彭兰先生配合游先生为我们讲授中国文学史史料学。彭兰先生是闻一多先生嫡传子弟，她说闻先生能背诵整部《诗经》，游先生能背诵整部《左传》，于是就要求我们背出《诗经》150篇，背诵《左传》中相关的80多个年代。1963年冯友兰先生为我们讲授中国哲学史史料学，同样要求背诵《老子》的全篇……那时候，未名湖边，书声琅琅。我们的洪子诚教授写过一篇很漂亮的很有名的散文，发表在当时的《前线》上，记叙当年北大中文系的学生在未名湖边的朝阳暮色中，苦苦读书，寻求把握我们民族的智慧！

游国恩先生这个"学问要有底气"之说，随着我的年龄的增大，和学问多少有点长进，愈益体验到这是学问的基础，而且也是人文学术中颠扑不破的真理。可惜，现在认可它的人并不很多了。这几年我们比较文学研究所的硕士入学考试题，都有一道经典文本默写题，前几年我出的题中有默写《论语》一段，这是脍炙人口的一段，并不难。全文是这样的：

子曰：贤哉回也，一箪食，一瓢饮，在陋巷，人不堪其忧，回也不改其

---

① 2002年北京大学举行"魏建功先生诞辰100周年纪念会"，台湾大学有8位教授专程前来参加纪念会，表达台湾大学同仁对魏先生的心仪与纪念。

乐，贤哉回也！

这既是经典，而更加是基本的知识和关于人品的修养的解读。

当年32个考生中，只有一个人默写成功。这就是没有底气啊！我确实为这些考生感到悲哀。我查了一下这个默写出来的同学来自何方，什么学校出身。一查，我又特别的高兴。她的名字叫严裴文，本科毕业于北京大学中文系。我深深地吸了一口气，北大呀，你到底是北大！

1963年五年级的时候顾颉刚先生为我们讲授中国经学史。当年的顾先生70余岁了，他是20世纪我国古史辨派学术的魁首。虽然，现在有时髦的学者提出要重新估量顾颉刚先生的学术观念和学术成果，胡说"要走出疑古的时代"，不管这些人现在的新闻价值如何，他们的学术是不可能与顾先生的学术等量齐观的。顾先生多次对我们说：年轻人，聪敏，有想法，赶快把你的想法记下来，很多的想法连起来，就是论文了。写好文章，不要发表，放在抽屉里，时时读读，年年修正，有心得就补充进去，不要去赶什么热闹。他特别说："听清楚了，25年后，再发表出来，那才是真知灼见，那才是有用的东西。"

现在的学者，假如听到顾先生这样的说法，真是要胆战心惊，很害怕了。顾先生说的"25年成功一篇文章"，时间长了点，但是，他反复表达的是人文学术的文章，既需要火花和激情，更需要积累和沉淀。这确实是千真万确的吧。这就是"锻造的精神"，让你在研究的思路上、观念上、方法上，慢慢地就"范"，你的学术的生命力、创造力，在这个过程中，得到提升，慢慢地成熟，就得到了最大的发挥。正是遵循先生这样学问不要急功近利的教诲，我用22年的时间编著成了近400万字的《日藏汉籍善本书录》，得到学界许多的鼓励与奖掖，于我自己则觉得这是一个北大的后生多少可以告慰于前辈先生的。

1964年北大依据中央主管文化工作的领导的意见，要找一两个年轻的助教，乘着当年美国"燕京—哈佛学社"中中方老人还在，动手整理封锁在北大的这一机构的原始档案。副校长魏建功先生和系主任杨晦先生把我留在北大做这件事，这是我第一次真正接触到早年美国对中国古文献的一种处置状态。这是我第一次真正直接接触到被称为sinology这一经典学术的原典材料。但是，在当时的政治形势中，有人对派遣我这样一个"资产阶级的子弟"做这样的所谓"国际性的文化工作"很有微词，北大党委常务副书记兼组织部部长张学书先生和中共中文系党的总负责人程贤策先生出来说"出身不由己，道路自己选，政治标准重在个人认识"。北大党的组织对一个年轻人表现出的这样宽阔的心胸、真诚的信任和人性的关怀，它决定了我个人在北大一生的学术道路和生存环境。

1965年开始，政治学术环境变得恶劣了，有人在上级的指示下批判我们的老主任杨晦先生，说他修改马克思主义文艺理论。在批判会上，作为被批判对象的杨先生，常常用包袱皮包一包书来。这是些什么书呢？马克思著作的德文版、俄文版，当然还有中文版。批判者批判他怎么怎么歪曲了马克思的理论，杨先生总是非常镇静地把德文本、俄文本、中文本打开，告诉各位，你引用的是中文本的马克思著作，中文本是依据俄文本翻译的，见于俄文本几卷几页，俄文本是依据德文本翻译的，见于几卷几页。俄文本在翻译的时候，曲解了德文本的意思，中文本从俄文本翻译过来时，又有所变动。所以，你们说的马克思说什么什么，其实是不对的，马克思并不是这样说的，有德文本在么！

杨先生真是一位杰出的学者，这种对于信念的忠诚，对于理论的执着，对于原典文本的追寻和诚心，那绝对是中国知识分子的典范。尽管这样地执着，杨先生仍然被定为"反革命修正主义分子"。

从学理上说，杨先生这种不屈不挠的精神品格，来源他的原典文本的实证主张。他坚持理论是不能瞎说的，理论必须从原典文本中提出，这是中国知识分子也是我所知道的国际人文学术界最优良的学术传统和学术品格。正是因为有杨先生这样的教导，我自己在中国比较文学界，特别是在东亚比较文学界，倡导研究的原典实证的观念和方法论，20年来得到不少人的认同。但是与杨先生这样的执着相比较，我们还有很长的心理上的道路要走。

北大先辈教授们对学问的执着，是深深融化在他们的血液中的。1974年我第一次访问日本回来，在教研室讲到在京都宇治市有一座万福寺，它是日本临济宗中的黄檗（bo）宗的总本山。当时，我把黄檗宗说成了黄檗（pi）宗，完全是望文而定"声"，以为它与"劈材"的"劈"形近而同声，其实是不认识这个字。第二天，阴法鲁先生在路上特意叫住我，说："老严（阴先生称我们这些小辈，都是老字头的），"他说，"老严，你昨天说的京都的那个寺庙，应该叫黄檗（bo）宗，不是黄pi宗。有一种树木，就叫黄檗。"阴先生还说："古文献出身的人，这个字可要认识。"我真的一时脸红，先生又宽慰我说："不过，陌生的字很多，平常留心就可以了。"阴先生真是用心良苦。他不在现场指出我的错，完全是顾及我的面子；但是，他一定觉得他是有责任必须告诉我"这个字念错了"，而且他也一定认为，一个中文系的年轻教师，念错这个字是不应该的。所以，他在路上单独把我叫住，纠正我的错字。每念及此，我真是对先生有十分的感激和敬仰。同样的事又发生在15年后，1987年我出版了《中日古代文学关系史》一书，国内和日本学界都有很好的评价，季羡林先生也说，如果学术评奖，我就投这本书了。好心先生鼓励我说，你应该申报教授了，我当年虽然已经40多了，却仍然拿不住自己，不知道对学术的敬畏，1988年我就申请破格提升教授。这本书的审定者是我的老师周一良先生。周先生说，这本书确实是20世纪第一本较为系统地研讨中国和日本文学关系的著作，其价值是无可怀疑的。但是，书中有4处在引文的时候，出现"其曰"，应该为"其文曰"。作为一名中国文学系的教授，如果不能把握"其"作为代词的用法，我觉得是不合规范的。[①]先生的批评，于细微之处表现出对知识的高度尊重，一个人文学者，虽然是洋洋大观，高谈阔论，但是如果你连读书识字都还成问题，北大的教授是不能这样的！当年我当然就落选了，我只有反躬自问，心服口服。如果现在有一篇博士论文，因为其中有4个"其曰什么"，就不通过，或许人家会和你拼命。但对我来说，我以为受到这样的教训是应该的，从那以来将近20年，我对遣词造句，就非常用心了。我觉得这就是"锻造"，就是"就范"。一个北大人就应该如此！[②]

1983年的秋天，历史系办公室给我口信，说邓广铭先生要我去见他一次。

---

① "其"字的用法是很难的，2007年读于丹教授著《于丹〈庄子〉心得》一书，第一讲标题为"庄子何其人"。此句中使用"其"字，从而使此句于逻辑上无解。

② 现在，有所谓的大牌学者，因为他们本身就是疯狂速成的。他们有一套奇怪的逻辑。例如2006年7月22日，中央电视台（CCTV3）播出的一个"演员小品"比赛，一个男青年说了一个故事，说北京门头沟有一个山村，叫"潪（huo）先寨"。这个"潪"字他不认识，一直读作"郭"。由此而闹出了一个笑话。知识评委是个当今红极一时的大牌。说"你这个故事编的还不错，可是你拿读错一个字来编一个故事，实在是小题大做了。中国字那么多，我们都会读吗？读错几个字，又算得了什么呢！"这位大牌又说："不要像孔乙己那样，追究'茴香豆'有几种写法，咬文嚼字太可怕了。大家咬文嚼字了，中华文化怎么普及呀。"依照这个先生的说法，大家不认识字，反而就可以普及中华文化了！这样荒谬绝伦的言论发表在具有国家身份的电视评论中，堂而皇之被媒体捧为"文化大牌"，这就表明，中国人文学界中实在应该召唤阴法鲁先生、周一良先生诸位"魂兮归来"，实在应该再树起北大先辈先生对像我这样的学生的教导精神来！

我和邓先生并不很熟，学生的时候他教过我们宋史，已经过去20多年了。我寻找到邓先生家里，他对我说，"我看了你近来发表的一些东西，觉得很有意思。我找你来没有别的事情，就是要对你说，你要把这个工作，这个研究，好好地搞下去，坚持十年，必有成效。现在没有什么人做，十几年后一定会有很多人做的，你要坚持！"邓先生说的我发表的"一些东西"，指的是当时我的两篇文章《中日禅宗僧侣的交往与日本宋学的形成》和《关于"徐福东渡"的传说与史实的考订》，还有在《国家古籍整理与出版简报》等内外刊物上的一些小文章，如《日本对〈尚书〉的研究》《日本对〈诗经〉的研究》等这样一些翻译和整理的学术情报和学术资料，这些竟然受到邓先生这样的看重，并且从中意会到一个新的学科发展的可能性。我深深地感到，前辈先生对学术的关注、对学术前沿的敏感、对新学科成长的热情，是构成他们重大成就的学术观念的核心。

1999年北大启动"985"学术规划。当时副校长也是我的师兄何芳川先生数次到我家里，建议我把手中的项目纳入"985"规划中，他说："你的研究是跨世纪和跨国界的，是一项非常重要的基础性研究，研究成果将对中国、日本以及整个东亚文化历史研究工作产生非常深远的影响。"他把项目的性质与价值提升到了"多边文化"研究的新学科的建立和发展的层面上，提升了我对自己的工作的价值意义的认识，从而获得了学科观念的自觉。

到2001年吴志攀教授接任北大文科主管副校长后，他对学术和对教师的敬重一直让我感动。2006年4月，他在勺园看到我编著的《日藏汉籍善本书录》第四稿的校样，非常急切地对我说，"你现在的主要任务是把这部书弄好，这部书的价值很大，一定要有保证。研究所所长的工作找一个副手来帮忙。"他立即与各方商量怎么选择一个副手，并且对我说："你们选好了副手，如果他有不明白的地方马上叫他来找我，我教他怎么一步一步工作。你就集中精力修订稿子，所里的事情，就只要出主意就行了。"一个主管校长对一个教师学术的关心比他本人还要焦急，校长们对学术的关注与忠诚甚至超过了我本人。

我们大家常常在说北大的传统、北大的氛围。什么是北大的传统？什么是北大的学术氛围？就是这些我的先生、我的领导，他们一直以来对民族文化的忠诚、对学术与教师的敬重，以极为宽容的学术心态、以深邃的学术远见，支持着由前辈们开启的一代又一代的人文学术研究。这种精神升华为北大的"人文学术的符号",融入每个人的躯体而成为精神。这是我切实感受到的真正北大的传统和永远存在的人文力量。

支持我学术的生命力的北大的"碎片"还有很多很多。这里我附录一份我当学生时的讲课老师的名录,可以看出当年的北大为她的学生推出了什么样的教师阵容,这样的阵容将可能造就出什么样的后辈来,代代相传,北大的精神在于斯,北大的品格存于斯!

中文系古典文献专业第一届(五年制)修学课程表
(1959年9月—1964年6月)

1959年9月—1960年1月(一年级上学期)

中国古代史①	张政烺 先生主讲
中国文学史①	游国恩 先生主讲
中国文学史史料学①	彭 兰 先生主讲
现代汉语(语音编)	林 焘 先生主讲
古文选读①	吴小如 先生主讲
科学共产主义①	李 普 先生主讲
英语(严绍璗、吕永泽课,其他人俄语)	赵先生主讲
体育	

1960年2—6月(一年级下学期)

中国古代史②	田余庆 先生主讲
中国文学史②	林 庚 先生主讲
中国文学史史料学②	彭 兰 先生主讲
现代汉语(语法编)	朱德熙 先生主讲
古文选读②	吴小如 先生主讲
科学共产主义②	李 普 先生主讲
日语①(严绍璗、吕永泽课,其他人俄语)	魏敷训 先生主讲
体育	

1960年9月—1961年1月(二年级上学期)

中国古代史③　　　　　　　　吴宗国、邓广铭 先生主讲
中国文学史③　　　　　　　　冯钟芸 先生主讲
现代汉语（语法编）　　　　　朱德熙 先生主讲
古代汉语①　　　　　　　　　赵克勤 先生主讲
古籍整理概论①　　　　　　　吴竞存等 先生主讲
语言学概论　　　　　　　　　陈松涔 先生主讲
中共党史①　　　　　　　　　梁　柱 先生主讲
日语②（严绍璗、吕永泽课，其他人俄语）魏敷训先生主讲
体育

1961年2—6月（二年级下学期）
中国古代史④　　　　　　　　袁良义 先生主讲
中国文学史④　　　　　　　　赵齐平 吴组湘 先生主讲
古代汉语②　　　　　　　　　王　力 先生主讲
目录校勘版本学①　　　　　　王重民 先生主讲
专书讲读·论语研究①　　　　王效渔 先生主讲
中共党史②　　　　　　　　　梁　柱 先生主讲
古籍整理概论②　　　　　　　吴竞存等 先生主讲
日语③（严绍璗、吕永泽课，其他人俄语）魏敷训先生主讲
体育

1961年9月—1962年1月（三年级上学期）
中国文化史①　　　　　　　　郭沫若 吴　晗
　　　　　　　　　　　　　　侯仁之 席泽宗 先生主讲
　　　　　　　　　　　　　　启　功 聂崇岐
古代汉语③　　　　　　　　　王　力 先生主讲
目录校勘版本学②　　　　　　王重民 先生主讲
文字音韵训诂学①　　　　　　魏建功 先生主讲
专书讲读·孟子研究②　　　　王效渔 先生主讲

政治经济学①　　　　　　　　萧灼基 先生主讲
日语④（严绍璗、吕永泽课，其他人俄语结业）陈信德 先生主讲

1962年2—6月（三年级下学期）
中国文化史②　　　　　　　　郭沫若　吴　晗
　　　　　　　　　　　　　　侯仁之　席泽宗 先生主讲
　　　　　　　　　　　　　　启　功　聂崇歧
古代汉语④　　　　　　　　　吉常宏 先生主讲
敦煌学六十年　　　　　　　　阴法鲁　向　达　王重民 先生主讲
文字音韵训诂学②　　　　　　魏建功 先生主讲
专书讲读·史记研究③　　　　宋云彬 先生主讲
政治经济学②　　　　　　　　萧灼基 先生主讲
日语⑤（严绍璗、吕永泽课）　陈信德 先生主讲
体育

1962年9月—1963年1月（四年级上学期）
专书讲读·诗经研究④　　　　阴法鲁 先生主讲
中国现代文学史　　　　　　　黄修己 先生主讲
马克思主义哲学①　　　　　　赵光武 先生主讲

1963年2月—6月（四年级下学期）
专书讲读·左传研究⑤　　　　游国恩 先生主讲
中国当代文学史　　　　　　　黄修己 先生主讲
马克思主义哲学②　　　　　　赵光武 先生主讲

1963年9月—1964年1月（五年级上学期）
中国哲学史①　　　　　　　　张岱年 先生主讲
中国哲学史史料学①　　　　　冯友兰 先生主讲
中国经学史①　　　　　　　　顾颉刚 先生主讲

专书讲读·说文解字研究⑥　　周祖谟 先生主讲

1964年2—6月（五年级下学期）
中国哲学史②　　　　　　张岱年 先生主讲
中国哲学史史料学②　　　冯友兰 先生主讲
中国经学史②　　　　　　顾颉刚 先生主讲

  课程表中课程名称后的数字代表这门学科的"学期"。如"专书选读⑥"，则表示专书选读开设的第六个学期。

  北京大学在中国的学界和世界的学界上走过了110年，我想，北大之所以在一个世纪中可以作为中国大学教育的标志物，根本的原因是因为北京大学有着世代相连接、忠诚于民族、忠诚于学术的教师。他们在人品人格上，为人师表；他们在学术上，堪为学术楷模。代代相传的学风，养育了我们民族杰出的人才，这才使北京大学有了今天这样的声望和人气。

  对于这样的解题，有些人不以为然，我想也不必争论。因为他们中有很多人不过是北大的匆匆的过路人，根本没有在这个地方扎下根来，没有在这里生活，没有在这里研究，凭空远远地眺望，随便说说。我们不必为意。半个世纪北大的生活让我愈来愈体验到，当年我的先生们，为我做人，做学问，提供了一个多么丰厚的宝库。这就是我为什么50年中每走进北大的校门，总是心怀肃穆和神圣。

  纪念北大110年的校庆，就是要用自己真诚的心、用自己艰苦的劳动、在老一辈智慧的基础上，与北大一起，继续创造新的生活！

我的生命的驿站
——20年北大筒子楼生活拾碎[①]

引　言

　　1964年8月14日我向北大人事处报到，从此加入了北京大学中国语言文学系教师的行列。学校分配我住在文科单身的集体宿舍19楼204室，与师兄马振方先生同住一寝。到了1967年2月，如火如荼的"文化大革命"虽然在上海"一月风暴"的煽动下弄得整个社会躁动疯狂，但在北大围墙内"狂热"的幕照下，我们这些既不是"革命的对象"也不是"革命的动力"的人变得无所事事起来。当时我正与邓岳芬恋爱，居而无聊，静而思动，就想"不如结婚吧"。那一天，我在二院二楼的厕所里碰到了当时中文系"革委会"负责人之一的邵岳先生，便斗胆地询问了一个愚蠢至极的问题："现在这个时候，还能不能结婚？"邵岳满怀人情地说："要结婚啦？没有什么不可以的吧！放你一个月假吧！"

　　3月初从上海回到北京，第一件事就是"住在哪里？"临走时，我

[①] 本文原载于陈平原主编《筒子楼的故事》，北京大学出版社，2010年。

到系里出具一个证明未婚的"结婚同意书",办公室的老崔(崔庚昌先生)很友好,他边写证明边问我:"你们住哪里呀?"我说:"待回来再说吧!"现在回来了,不知道应该住在哪里。于是,我们这一对新婚夫妇便在车站分手了。邓岳芬去了她当时工作的"北京市抓革命促生产指挥部朝阳区分部",在那里她在一间集体宿舍里有她的床位,我在北大也有同样的居室。

大约过了十天半月左右,老崔对我说:"严绍璗,我跟华秀珠商量了一下,要么你就先住到二院办公室来。二楼北边有两间房,堆着从老先生家里抄家抄来的书,你把它们整一整,先住下。里边没得床,我帮你搬个单人床,你到后面去捡两块木板来,拼凑一下,凑合着住得了。"直到现在,只要一提起当年的"成家",我心里对中文系老崔他们这样的老教务,心里总是热烈得很,他帮我在彻底的一穷二白和一筹莫展中为自己一生中建立起了第一个具有"私密"意义的"生命的据点"。

二院不能称为"陋室",它作为燕京大学的遗产,建造质量一流。窗户大,光线好,视野宽阔,我只放了一张拼凑的床,不算臃肿。院门前今天称为"静园"的草坪,当年散布着爬满了紫藤的树架,架下有些石凳、石桌,清晨与傍晚,一个人在其间走走坐坐,在晨光夕阳中,总会有些思虑和惆怅,有时会传来大饭厅一带隐隐的"打倒反革命修正主义"或"毛主席万岁"的口号声,不知道又在讨伐哪一位的"罪恶",便想到爸爸妈妈受冲击的状态,不知道将会是个什么结局。

大约春末的时候,老崔告诉我,他终于帮我弄到家属宿舍了,就在北大称名于世的三角地的东侧,紧挨着大饭厅南端的16楼。我真是感激莫名。这16楼与我们单身教师的集体宿舍只有咫尺之遥,可是从来也没有进去过。现在系里帮我大忙,终于要有一个"家"了!我由此跨入了北大为我们教职员工配备的家属宿舍——由此而开始了20年间的"筒子楼生活",它构成我生命进程中的驿站。

三角地的黑屋——校内16楼207室

搬入新房16楼,一走入楼道,油烟味扑面而来,走廊两侧每一个门口是一个煤球炉，炉子与炉子之间有的是用破旧的二屉桌，有的是用码放半人高的煤饼连接。一室一家，12平米，火柴盒品位。走廊的光线永远是昏黄灰暗，人与人对面相遇则彼此相视一笑，便侧身而过。我心里也不知道从哪里冒出一丝念头，忽然想到教科书上讲过的日本的"长屋"，我现在也住进了这样的贫民窟了吧！顿时又觉得自己不太对头了，"怎么能这么想呢？真是资产阶级的劣根性呀！"当时朋友开玩笑说，你住进"黑屋"了，一则它的走廊真的白天如黑日，二则当时那里突然住进了一批所谓的黑帮分子，三是我的207室朝北，永远没有阳光，故以此名之。

　　207室最大的优点是从窗户可以看见大饭厅的所有动静。我搬入的时候，"文化大革命"已经进行了10个月，我西侧的邻居205室居住的王先生竟然是北大工会主席（现在北大的工会主席具有校党委副书记、副校长的资格吧），东侧的邻居209室居住的又是北大基建处处长王希祜先生和他的夫人陈翠华老师。不用问便知道他们都是被"革命群众"从原来的住处赶出来而"移民"于此的。我是个萝卜头助教，过去他们在大会上讲话我只是充当听众，现在与他们隔门而居，并炉为炊，欢笑谈话，倒是十分的融洽，丝毫也感觉不到他们竟然是北大"走资本主义道路的当权派"。

　　这间居室面对北大的政治中心大饭厅，北大的两大"革命派别"——"新北大公社"与"井冈山兵团"在那里举行各种各样的"革命活动"。我从窗户向外望，如同亲身参与，不必劳步。目睹了北大的一些领导与我的一些敬爱的先生，在这里被牵来牵去地"斗争"，听到震耳的革命口号，有时确实感到很震慑，也偶有恐惧袭上心头，大概总是"自己的资产阶级劣根性未除吧"。

　　住了一小段时间，在窗外嘈杂的各种呼声中，我有了一个奇特的感觉。二楼的水房和厕所在楼梯上来的右侧（即西北边），外间是用水的，里间是放水的。我多次发觉一位老师（后来认识了他，是地质系的李老师）无论在哪一间操作，他都喜欢唱歌，声音不是很响，但由于两间工作室连接在一起，空间较大，而且湿乎乎的有水气，造成一些回声，与他的本音汇合成的混声却很优美，有时可以盖过楼外的"革命呼声"。

　　我太太因为忙于在"革命的名义"下"抓生产"，很少回家。我吃饭就在大饭厅，方便至极。有一次得知她回来，好不容易在黄庄菜场买到一只鸡，依照我印象中妈妈炖鸡的办法，把鸡洗干净后放在砂锅中焖着。过了一会儿，209室的陈老师敲我的门问道："老严，你锅里煮的什么？怎么有股子异味呀？"我赶紧掀开锅盖，陈老师说："哎哟，这么臭呀！"是呀，这鸡怎么会发臭呢？陈老师用筷子翻了翻，她就"哎哟"地笑起来了，她问我："你这鸡怎么没有开膛呀？"我望着她，没听懂，问道："鸡也要开膛？买来的鸡不是已经杀好了的吗？我洗得很干净的。"陈老师说："那是褪了毛，肚里的东西还在的，你要在这儿用刀划开。"她边说边用筷子指着翻过来的鸡的胸口，继续说："你得把心肝肺肠子什么的都掏出来，洗干净了。现在全装在里面，加热不就臭了吗！你这鸡不能吃了。"这鸡不能吃了！直到现在想起来，觉得真亏得是"筒子楼"里家家煮饭户户闻味，陈老师像大姐一样，闻味而起，阻止了一场"家庭事故"，否则难免会被痛骂的了。陈老师由此知道她的这个邻居肯定是个"傻瓜"，常常教我如何做饭。有一次她见我在砂锅里放切面，抢上来就问："你锅里是什么呀？"我说："这是昨天我们吃剩的鱼呀。"她指指已经放下的切面，说："你看，这汤已经成浑浆了，这面还好吃？"我想"鱼汤面不就是把面放在鱼汤里煮吗？还要怎么样？"她说："这切面上有不少干粉，下到汤里不就成糨糊了吗？你要么先煮面，捞出来浇上汤；要么就是把面煮好后，再热一热汤，这时候把面放进去就可以了。"就这样，在楼外轰轰烈烈的"大革命"中，我在楼内逐渐接受师兄师姐和老首长们的"煮饭再教育"，现在竟然不少人誉我为"美食家"，其起源盖在于北京大学16楼的走廊。

  我学生的时候参加过摄影社，受过些微的照相技术教育。有了16楼这间独立的"鸽子窝"，我就把小舅子的一套洗印设备搬了过来，为朋友义务服务提供黑白照片洗印服务，兴趣极高。有些"秘密照片"曾蒙信任，由我这里洗印而成。像我的同级同学黄书雄（后来担任过系党委书记）当年正与刘锦云恋爱中，他经常把一些"私人密照"送到我这儿，彻夜劳作，大家很是喜欢。洗印操作时，我使用的是最高不超过40瓦的红灯，学校保卫部门终于发现16楼207室经常深夜有红灯显现，大概怀疑"敌特"活动了。中文系党的负责人华秀珠同志找我谈话，询问我"你住的16楼207室深更半夜常常有红灯，有时亮，有时灭，有时要弄到快天亮。你在做些什么呀？"很是有趣。

  这是1967年的夏天，马振芳、洪子诚、黄书雄、蒋绍愚和我几个"真假单身人",每天上午在二院接受"大革命教育"后,下午在穷极无聊中就常常相约到颐和园游泳去。那时的自行车是金贵的交通工具,我们总是骑车的人带一个人,当时根本没有什么交通规则的概念,每次经过101中学向西转弯,那里有一个警察岗位,那些值班的警察同志,总会大声地但友好地警告:"你们都是北大的老师,还这样!"他们已经认识我们了,我们就挥挥手,表示敬意,顺利通过。当时这条通向颐和园的马路,偶尔只有32路公交车或几辆马车,于生命无碍。游泳中子诚的泳技最好,诸位次之,蒋公(绍愚)和我可能位居尾声,但蒋公聪颖,未几即从狗刨晋级到蛙泳,我只能仰泳,无所长进,众人誉我"水上漂"。世上万事一入水中,即被洗清漂净,这里没有"大革命"中的嘈杂,甚为清净幽静。游泳回来,有几位会聚首在我这间小屋中,惯用的晚餐是把挂面放在空暖壶中,到17楼水房装满开水,三五分钟后把水控干,就是很好的面食了,有点咸菜和酱油,可以干吃也可以汤面。偶尔在游泳中有那该死的小鱼,会自己跳到我们身边,随手一把就能拿捏住,回到房里,就用白开水一过(肚里的心肝肺是被拿走了的)。现在金贵的白灼虾应该就是从这样原始的状态中起源的。苦涩的生活中,人们也可以寻找到自己的乐趣。

这一年的8月份,顾国瑞先生找我,很腼腆地对我说,他要结婚了,但实在是没有住的地方。他听说邓岳芬不怎么回来,问能不能"借居结婚"。我与太太一说,她立马就同意了,"他们不是你的熟人吗?我反正个把星期回来一次。我就住单位,你还去二院吧!"就这样,我的207室又变成了顾国瑞夫妇的新房,居住了大约5个星期左右。这是我最得意之处,这么破旧的房间,也能成就我同事的"好事"。别看我住在这里房间呈凋敝之态,经他们化装打扮之后,结婚之日,我前去祝贺,竟然感到这间房间充满着特有的温馨,那些我弄来的破旧的家具,怎么变得特有"人气"!真是能力手法不一,结果竟然大相径庭。

这一年的秋天,北大的"革命形势"急剧升温恶化。我们这批人混迹在"革命浪潮"中都是"君子动口不动手"的。但各有很深背景的"新北大公社"与"井冈山兵团"终于脱下了"斯文"的外套,开始卷入全国的大"武斗"中了。那天中午就听说,南门外的交通已经中断,32路公交停车了,两派的高音喇叭互相指摘对方在马路上撒满了黄豆、绿豆什么的,使人寸步难行,真是稀奇诡谲之极。傍晚时分,我在楼内读一本日文的事典,只听得"轰然"一声巨响,窗外闪过蓝光、红光，电灯全灭，昏然不知所以。楼道里有懂行的老师喊起来了："炸了变压器！""变压器炸开了！"这才知道，控制学生区电路的变压器枢纽就在三角地，即在16楼的西侧，怪不得爆炸声音如此可怕震撼。大家在走道里议论起来，也不知道眼下有没有"救世主"。大约晚上8点来钟，物理系教师周赫田匆匆地进楼找我，他是我中学同学。当时，他住在未名湖北岸的才斋，远离"战区"，风水较好。按"革命阵营"排队，他在"井冈山"，我在"新北大"，两军对垒。他对我说："严绍璗，快走。你16楼西边是我们'兵团总部'，听说双方要决一死战了。你把行李简单收拾收拾，搬到我那里去！东边的路被'井冈山'封了，但我有袖标，可以通过的！"这一夜我就简装逃出了16楼，经水塔到了才斋。北京大学的教师们，在生命攸关的时候，实现了真正的两派"大联合"。这个校园里在最基层的生命中，跃动着的脉搏，仍然是人性和人道高于一切的！

此后我就住到朝阳区我太太那里的抓革命促生产指挥部的宿舍区了，一直到1969年秋天开赴我国最严重的血吸虫区江西鄱阳湖鲤鱼洲北大"五七干校"前，那里就成为我的暂居地和储存库了。

三家聚一堂的过道筑屋——2公寓202室

1971年7月，我随江西鲤鱼洲"五七干校"首批返校队伍回到北京，在上海转车时，军代表出人意料地宣布"北大'五七干校'决定改迁至北京郊区"。这就是说，原先迟群他们在鄱阳湖边渺无人迹的滩涂上向我们下达的"决心一辈子走五七道路、在金色的草棚中创建社会主义新大学"的乌托邦收敛了。但军代表还叮嘱大家："此事暂时秘密，特别不要告诉干校的同志们，以免涣散军心。"这个没有人知道的"五七大本营"都要撤销了，还要军心做什么！这样的保密也有点奇怪。干校里有大批的夫妻档，第一批撤回的300人中几乎没有夫妻成双的，这样安排的用心，看来当事者可能受到了另一股外在力量的冲击而用足了心计的。但人世间要在夫妻间保持这种秘密，军代表真是过高地估计了自己的力量，此是后话。

所谓"一辈子走五七道路、在金色的草棚中创建社会主义新大学"的乌托邦，依据后来在"斗批改"中获得的讯息，原来是占领北京大学的军代表奉高层的旨意，为"彻底改造"北京大学的"资产阶级性质"，决定以江西鲤鱼洲为基地，以"在金色的草棚中创建社会主义新大学"为旗号，以"五七干校"教师为基础建立起"北京大学江西分校"，即把原来北大的主要教师几乎全部扫地出门。所以由当时中央高层负责人亲自选定江西鲤鱼洲——这一个连劳改犯人都不能去的地方，放逐了近2000名北大教职员工（清华同等数量），让他们在荒无人烟之地，自生自灭。而在北京以他们甄别而留在学校的极少量的"工农兵可以信赖的知识分子"为骨干，重新建立"真正的无产阶级大学"。1970年周恩来总理在关于"北大清华招生"的指示中，要求立即把在江西鲤鱼洲的两校教师全部召回。这一指示，挽救了近4000余名北大清华教职员工的肉体生命和学术生命，对我国在70年代后期和80年代大学的恢复、建设和发展具有不可磨灭的功勋。我以为我们在论述1977年大学恢复考试招生时，是不能不认识这一基本事实的。上述引号中的几句话，是当时"首都工人阶级驻北京大学毛泽东思想宣传队"的代表谢师傅在关于确定前往江西鲤鱼洲人员名单时表述的核心概念。

我回到学校，系里告诉我，我去干校后，16楼207室已经由他人居住。领导告诉我，我在16楼的家具财产（假如那些破衣烂衫也算是财产的话）已经由系里留校的人"帮忙"搬到2公寓202室去了。我一听这个变迁，心里隐隐有点感激，自己虽然到江西"五七"去了，系里却把我的住处升格到"公寓"了。但这事当时也觉得有点奇怪，我们夫妇俩人都在江西，没有人手里还有16楼207室房门钥匙，他人又如何能提供"搬家帮忙"呢？我当时没有如同现在《物权法》的任何些微的知识，心里一美也就没有了思想。我在北大12年，学生时代参加过在朗润园建设8-13公寓的劳动，为诸如"张百发突击队""李瑞环突击队"等打过小工，但从未走进过建成的公寓一步。只见外观比南面一些学生区称之为"斋"的楼房要雅观不少，据说里面住的全是北大的大领导和大教授，仰望至极。现在，我怀着忐忑的希望，就匆匆地去找2公寓了。

2公寓位于北大南校门外，在原中关村丁字路口东部的内侧，与3公寓相互面视为两栋四层的灰楼，隐没在杂树林中，东北角与中关园毗邻，很像是一块插入中科院的飞地。奇怪的是它与位于蓝旗营南口（即现在的清华南路的南端起点）

的1公寓却相距了十万八千里。我没有钥匙，在2公寓202室门口主动敲门，一位中年女教师开门，后来我才知道她就是留学苏联的我国著名的数学家张芷芬先生。她问我"你找哪位？"我主动介绍："我是中文系教师，系里说房产处已经把我分配住在这里了。"她端详我片刻，好像想了什么，问我："你有没有通知书什么的？"我说："没有。系里告诉我，我的家具早已经搬进来了。"她立即醒悟过来了，说："啊，知道了，你看，这个过道里放着房产处运来的中文系一位姓严的老师的家具，就是你吗？"我很欣喜，说："是的，是的。我姓严。"张老师很客气，随手推开了大门右侧（即202室南端）的门，问我："你就住在这里？"我有些莫名其妙，说："系里告诉我，住在202室。"她浅浅地一笑："202室已经住了两家，你放东西的地方是一个到外面晒东西的走道呀！这里怎么能住人呢？他们来放东西的时候只是说，中文系这个教师去鲤鱼洲了，什么时候回来还不知道，东西先存在你们这儿。没有说过你要住在这里的呀！"我们两个经过简单的协商，张老师给我介绍了202室的居民分布。原来这是一套三间小屋的居室。其中一间独立的房间，大约10平米，为中科院数学所刘老师住着，他原来也是北大数学系的人，他的太太是北大技术物理系的老师，正在北大"汉中基地"工作，偶然回来探亲，在夫妻团聚时又会增加一位大人。对着大门直进去，是一个套间，大的12平米左右，内连一个8平米左右的小间，为张老师一家4口人居住，余下的就是一间3平米的厨房和同等规模的只有一个抽水马桶的卫生间。张老师的爱人章老师，在清华大学，他们有儿女一双。这里合住的两家三位老师全都是苏联留学回来，是新中国最早的"海归"。学校为我寄存"财产"的这个走道，大约6平米左右，这个看似小屋实际是个过道的通间，南端开了一扇门，幽雅的说法是一扇落地窗，推开这门窗就是杂乱的小草树林，与3公寓共用的诸家晒衣服被子杂物的场所。张老师很同情地说："严老师，你住这地方，要受累的。这个过道白天大家要用，这个房门历来是不关的，怎么好呢？"这时候，我才恍然大悟，原来我们去江西干校的教师，至少像我这等人员，其实，在内部的名册上已经被扫地出门了，所以才有不向房主人打招呼，就能清算了他的"财产"的。当时中文系领导班子的骨干华秀珠、向景洁、原办公室负责人崔庚昌、人事主干蔡明辉等诸位自己也已经被发配到了鲤鱼洲，可能与我命运等同。当年留在北京的中文系教师除了老先生外就是最可靠的10来位"党最信赖的骨干"了，是由我中国人民解放军驻北京大学军事代表认定的"未来北大的基础与核心"，目的就是要重组一个高度意识形态化的北京大学中文系。

我在无可奈何中住进了2公寓202室的通道，原来的两家住户也无奈地接受了"组织"的这个决定。有人教导我说，外出住房要住最好饭店的最便宜的房间，吃饭要吃最好餐馆的最便宜的菜。现在我住进了北大最好听的家属宿舍的最狭小的过道，也算是人生一乐吧！这样的公寓住处，其实就是现在的奸商们惯用的在虚假包装中的劣质产品——它不是筒子楼，其实它具备真正筒子楼的一切性质——一个微缩筒子楼的景观。

由于早已经有了在二院、16楼这样的生活经验，在这个6平米的通道中架起一张单人床拼凑一块木板，我的这个技术比较过硬。此外，有一个二屉桌放置生活必需品，夫妻二人各有箱子一个，叠起来在上面铺上报纸，放上自己的书，还算有模有样，室内有方凳一个，基本上又成就了一个新家形态了。9月初，太太从鲤鱼洲撤回，又买了一个小凳子，便各有座位。洗印照片的活儿是不能干了，就咬咬牙用30来元钱（月工资56元，不交税）买了个"红旗牌"收音机，成为唯一的电子产品，可以增加点热闹。白天我们基本上不蜗居在这个通道中，毕竟北大校内还是很宽阔的，主要是晚上有个归宿而已。

三户住家七口合宿，最要害的是厨房和厕所，这一进一出之地，当时的设计者只规划了6平米，真是害人之极。在这个3平米的厨房内，放置3个煤球炉已经要命了，它远不如16楼大走廊内每家每户在门口烧饭自由，还要搁置3套油盐酱醋和洗刷锅碗的用具，怎么得了！还有那3平米的卫生间内，大盆小盆叠了个不亦乐乎，谁家洗的衣服多点，占领卫生间的时间长点，他人来了内急就得死憋，不像大筒子楼中还有个迂回的余地。现在是养生的时代，知道了憋尿对人体危害极大，甚至会造成膀胱破裂而献出性命，即使不死，也对男性前列腺安全影响极大，"幸亏"当时没有这种知识，否则终日里就会在恐怖之中了。我从小在上海的住家，卫生间和厨房好像都在10平米以上，有朝南的透亮的窗户。[①]现在面对

[①] 上海的这个"家"在"文化大革命"中被抄家多次，一切钱物被革掉倒也不要紧，就是把全套《新青年》杂志、殿版廿四史、慈禧太后真人画像等也被"充公"掉，至今下落不明，于公于私，都很可惜。奇怪的是，在掠夺了一切物资后，却没有充公这栋房子，所以"文革"中虽然家无长物，但住房依旧，厕所和厨房也仍然享受大自然恩赐的光明。

的北京大学的公寓，竟然是如此这般模样，难免有点沮丧，寄放在上海外婆家的孩子将来何时能团聚呢？但自己也不断反思——"什么时候了，还是不忘那种资产阶级的条件！""这里总比鲤鱼洲的草棚要好吧！""一辈子在鲤鱼洲，你也得活呀！"为了互相安慰，我常常与太太回忆1966年6月"文化大革命"在北大疯狂展开时我亲见的一个事实：我在19楼二层我们系单身男教师宿舍的厕所里，见到四位到北大来"参加革命"的"非北大人"，正在我们厕所的墙壁上用黑墨水涂写"你们这帮资产阶级老爷，你们拉屎的地方竟然比我们住的还要好，打倒资产阶级大黑窝北京大学！毛主席万岁！"这条来自心底的呐喊一直刺在我的心里，我真的没有什么关于文明标志的概念，所以很同情他们的要求，也把人体新陈代谢与除旧布新的场所的必要条件看成了资产阶级的奢侈，以不断的自我谴责，驱动建立"争取成为工农兵欢迎的知识分子"的心理机制，坚持着心平气静地在这个"螺蛳壳里做道场"，在这个"鸽子笼里讨生活"。

前述北大基建处老处长王希祜先生和我是16楼的邻居，鲤鱼洲回来后他已经复出。有一次在校园碰面，他问我"你现在住在哪里呀？"，我就请教他："这2公寓这样的设计，怎么能住三户人家呢？"他笑笑说；"这1、2、3公寓和北招待所是同时盖的，依照的是苏联莫斯科大学的宿舍，一家一户的，现在没有办法了，变成这样了。"我这才真正知道了什么叫作"画虎不成反类犬"的深厚含义。

人们为了生存的需要，在忍受到达极限时，就难免走向另一极端。就在我们这两栋公寓内，就为了这分寸之地，有些居户之间就翻了脸，闹得个不亦乐乎。我们202室可说是君子合居，我于张、章、刘三先生而言，实属小辈，时刻告诫自己室内任何事情上绝对不能为先。他们也看出了我们的自警，更像大哥大姐一样待之。张老师多次说，你们年轻，容易肚子饿，就先做饭吧！有时看我中午一人在家，就劝我"今天我蒸的馒头多了，你就这儿吃吧！""我们今天玉米粥多了，你要不就喝这个吧！"在粮票时代，能有这样的来自肺腑的邀请，真的令人感动，直到后来我们在蓝旗营又在同楼会师，经常攀谈。慢慢地他们告诉我们不少留苏的生活经验，包括欧洲人不用酱油等，增加了我不少的知识，后来陈景润出名了，我早就在202室知道了这位陈先生的许多逸事和怪事，深化了我对于"偶然"与"必然"的理解。

1973年年初，我接受了中华书局的合约，为"历史小丛书"写一本《李自成》。有些人奇怪，"你在'文化大革命'中怎么还能写书？"这是把"文化大革命"极为复杂的社会状态（即文化语境）极为简单地与机械地二元对立化了①，而且对北京大学所具有的"自我人文性质"的深厚性也缺乏深切的感受。这当然是另外一个专题了。只说我在中国史的学习中，在农民起义史的识别中，或许因为深受鲁迅的劝告，"多读些野史笔记为好"的缘故，对李自成的政治战略中可能的现代性因素数年来一直充满崇拜②。当时，姚雪垠先生已经写了《李自成》第一卷，但因为情节事件没有到达围攻北京城，未能表达总体精神。所以，我就兴冲冲地开始了自己的表述。偌小的鸽子笼，没有寸尺写字之处，想起在鲤鱼洲也是趴在床沿上写思想汇报，后来"草棚大学"开学后也这样写讲课文稿的。这点精神还得继承，于是就每天把床板翻作写字台，把弄来的各种野史笔记搁在木凳和地下，坐在小凳上进入思考，这是极有乐趣的时刻。太太在生物系，中午回来，厨房里挨着排队或轮空就热上个馒头，做点玉米粥，常说"只能这样了，只能这样了！"好像如此简单的饭食是她的过错似的，我对她说过多遍，1966年上半年，我在延庆山区，主食就是上一年秋季储蓄的真正的树叶，入口苦涩而且会使舌头僵硬，吃时若掺入点玉米粉，就是上品了。现在这样，我们既能果腹又很解味，上上品了！③中华书局的朋友来看我，说："你这样怎么能行啊！要不，干脆你跟系里请2个来月的假，住到局里去，那里校点"二十四史"住不少人的；要不，上下班也行！"我说："这样挺好的，现在满屋子全是李自成，一动弹，灵魂一出壳，我就找不到他了，书就完了。"

---

① 我在鲤鱼洲回北大后不仅做了"私活"《李自成》（中华书局1976年出版），而且1975年起还与孙钦善、陈铁民二先生合作，做了《关汉卿戏剧集》（人民文学出版社1977年出版）。

② 例如当1644年3月大顺军已经包围北京后，李自成在总攻之前，向崇祯皇帝朱由检提出在接受"三项条件"后可以撤围并与明政府合作，此即：一、承认大顺军的正当性；二、明朝政府为大顺军提供粮草；三、大顺军与明军联合抗击满族入侵南下。这是何等杰出的政治构思！

③ 太太一直有丈夫、儿子没有吃好是她的"过失"的觉悟。直到2001年儿子结婚，我读到她为儿子"提辞"中写道："那个时候，你与妈妈一直分开，生活中没有现在的小朋友的各种玩乐，妈妈没有尽到自己的责任，但我仔细想想，这也是时代对不起你，对不起你和像你一样的许多从那样贫乏的环境中成长起来的孩子！"其中有"但我更加感到，这是时代对不起你，"我觉得她作为一个"自然科学"者对世界的认识真的大有进步了。

我当然不能整天蜷伏在走道里与李自成对话，还得参加学校里的"斗批改"。顾国瑞把我拉入了"中文系大批判组"，记得还有周强、冯仲芸诸先生。①大家自己想课题，母题无非是"批判"，谁提出的题目，通过后，谁就是主笔，成文后再大家研讨集思广益。我因为对李自成的兴趣，就想到了他的对照物——明人小说《水浒传》（不是史书）的主角宋江，两厢对照，天上地下。关于我对《水浒传》评价的疑义和异议，来自1962年听文学史课程，并且至今仍然这样认为②。我就想以此为主题，批判《水浒传》的"投降主义"。大批判组同意我的基本想法。于是，我在202室通道中同时又开始了与宋江的对话。房间里满地的文籍片纸。由于白天我的房门必须开着，同居的几位先生有时会关心地问问，其中清华的章先生对人文学科兴趣很高，喜欢在我房里转圈，还研讨"林彪与孔子究竟是什么关系"这样高难度的问题。我自己想到李自成，就写下对李自成的阐述；想到宋江，就写下对宋江的阐述。"李自成"是私活，"宋江"是公干，在这个公寓通道中，白天当作坊，晚上暂栖身，以玉米粥和蒸馒头、窝窝头为主食，熬到了秋末，小书与文章同时告成，我们也习惯了在北大最好听的公寓中过着今天的大学年轻的老师们不能想象的"走道"生活。

　　批判《水浒传》"投降主义"的文章写成后，许多人都不赞成③，然后，到

---

　　① 关于在所谓的"文化大革命"中不少人由各种领导机构组织指定参加各种"大批判组"，是时代的产物。凡是经历了这样漫长历史过程的人，参加者不必回避自己如同做了"杀人劫货"的"黑帮"那样，支吾躲闪；没有参加者（大多数）也不必现在标榜自己如何"是非分明""铮铮铁骨"。以我十年的"文化大革命"经历获得的体验，历史的本相要复得的多。一个真诚的知识分子，只有在历史的潮流中认真认识自我，不断地反省自己的道德良知，不为自己一己私利而趋炎附势，才是正路。本来，参加中文系大批判组的人是不少的，而且是流动的。但我常常听到不少规避自己未能参加"大批判组"的话语，所以，我只例举了两位我很崇敬的先生，他们从不以此为耻，也不以此为荣，只认为"这就是历史"！

　　② 我觉得"农民革命的局限性"概念在中国文学史和历史中用得太滥了。统观农民造反真的是要夺天下的，而且是能够夺天下的，但夺了天下后他们很快就堕落腐败了，变成与原来的主子一样了，这才是"中国农民革命的局限性"。这种造反掌权变异的局限性在新的生产关系出现之前，是不可能克服的。所以我觉得历来对《水浒传》的评价不确切。

　　③ 当时《北京日报》理论组的陶一凡先生（"文化大革命"后曾出任中共北京市委常委、宣传部部长）为此文专门召开了研讨会。大家认为"《水浒传》是农民英雄的群像"，劝我"不要轻易地否定"等等，我也就算了。关于此事的经纬，有兴趣的读者可以阅读《中华读书报》"人物专访"主笔陈洁女士的文章《严绍璗：象牙塔里纯学人》（《中华读书报》2007年2月28日）。此文又收入陈洁著《山河判断笔尖头》生活·读书·新知三联书店，2009年。

了1975年8月16日，我正在大兴"五七干校"教书，学校党委突然叫我带着行李回北大总校。党委书记、中国人民解放军8341部队王副政委见我就说："你的理论水平很高呀！谁让你去大兴的？像你这样很有理论水平的同志应该留在学校继续研究的。"这使我一头雾水、莫名惊诧。"北大清华两校大批判组（梁效）"的负责人向我转达了8月14日毛泽东主席关于"《水浒传》的最高指示"，也使我震惊至极。领导指示我立即为当年9月的《红旗》杂志以"评论员"的名义写一篇评论。这一年的8月28日，中共中央《红旗》杂志9月号提前3天出版，发表了由我主笔的"评论员"文章《重视对〈水浒〉的评论》。这篇评论所表达的观念与逻辑，确实是我自己对《水浒》的认知并尽量体会毛泽东先生的指示所获得的认识，从中可以看出一个学院派知识分子的精神形态被当时的主流意识形态所渗透的面貌，它在当时社会所产生的政治作用使我自己终身受到谴责。但是，谁也不知道，作为中共中央唯一理论刊物的这篇"评论员文章"的"雏形"是发源于北京大学一栋公寓中的一间6平米的"过道"中，最初文稿的写作者是坐在儿童用的小凳子上，趴在翻起被褥的一张单人床的一块拼凑的木板上写成的。

每忆及此，我又为中国知识分子在特定的时空中所具有的生命力，感到自慰和些许的骄傲！

产生了"国际影响"的居室——中关村19楼101室和302室

就在我于2公寓202室的"过道"中开始讨生活时，中文系旧部主力分几批从鲤鱼洲撤回了总校，崔庚昌主管办公室事务，对我说："把你迁出16楼，这事做得不地道！"我笑着说："大扫除吧，一用力就把我们十几户给扫出来了。"他说："系里与学校商量商量，总要解决你们几家特困难户的。"几个月后，老崔问我"去不去中关村21楼，格局与2公寓一样，大一些，10平米的正室。"我们想想，既然格局与202室一样，只扩大4平米却进入了"闷罐子"，意义不大，住惯了"过道"，通气很好。外面还有杂草小树，有一次邓岳芬把用肉票换来的一点肉①，在杂林中挂在小树上，捡拾了一些松枝慢慢地做成"松香熏肉"，现在堪称时尚私家菜，当时住着住着又觉得这边风景也算尚好，人的惰性真是不可救药！于是，便谢绝了老崔他们想把我们从"侧室"扶持到"正室"的努力。

大约在1974年到1975年间，学校在蔚秀园我们当学生时候劳动的养猪场上盖起了号称由序列14公寓开始的几栋公寓，给在极端难熬中的北大教职员工们的新生活带来了些微的希望。老崔对我说："像你这样分不到像样的套间，你还得住一下集体楼（当时对'筒子楼'的体面说法）。现在中关村19楼的101室有人要搬走，13平米左右，我们争到了，你去不去？我想，你再住个两三年够了，等前面的搬到新楼去了，你就可以住进老楼的两间了。"这使我对将来可以得到的现在称为的"二手房"燃起了希望。

1976年5月，我们搬迁到了19楼的101室，重新开始回到"大筒子楼"的集体中。这里有我在系里的师兄像陆俭明、马真、孙钦善诸位，后来卢永璘、王若江等也移民于此。我对面的邻居魏庆鼎先生后来成为我国杰出物理学家，一走进19楼的长走廊，觉得10年前那种诡谲有趣的生活又开始了，真有一种"重返故居"的喜悦。中关村的这个19楼，使用的是中国科学院的房号序列②，它与当时称为"福利楼"的中科院可怜的"消费中心"（一个小餐馆、一个卖高价的面包房等）比邻。我的101室正好与它相隔一条约5—6米宽的小道，窗户相望。住下不久，就感觉每天凌晨常有烘烤面包的香气从窗户的缝隙中透入。这样的香气有时竟然可以催醒正在睡眠中的儿子。他在中关村二小上二年级，常常会朦胧地说："妈妈，他们的面包又烤好了！"做母亲的总会咬咬牙从微薄的工资中挤出一两元钱等他放学回来，能把清晨闻到的香味变成实在的美味，成为一道至今笑谈的风景。

---

① 有朋友先期读到本稿，坚持要求我在这里为"肉票"加上注释，要使年轻的读者明白，严绍璗一家手里的肉票，是国家下发的为买到定量猪肉的凭证，来源绝对是国家，不要想入非非。否则将来引用一句，说"严绍璗自己说过，他与他的老婆，曾经用肉票做过'松香熏肉'，此事若不澄清，鉴于后辈对历史必定的无知，你死后子孙万代背上这个黑锅，是永远也不可能洗清的了。"此话当真，故于此特申明如上。

② 顺便插一句，我在北大50年，至今也不明白，或许也根本就不需要我明白，从20世纪50年代起，北大、清华、中科院三家大物，鼎足中关村，但清华的所有宿舍，都是校内统一序号，至今居住数万人的所有宿舍没有出自己的围墙，但北大怎么与中科院的宿舍犬牙交错，序号重叠混乱，有不知所云之感。

这种大筒子楼住在楼道两端的住户如"01"和"02"的人家会占到一些便宜，因为是走廊的尽头，所以它只有一边与邻居合用，而靠墙的一侧则归独家，尽管这块小领地的面积最多也就是0.5平米而已，但对住户来说，平常堆煤饼，冬天存白菜，最为大家羡慕，这样的"好运"在系里的帮助下竟然降到我的头上，当然是很开心的，一种"知足感"由衷而起。居室13平米确实要比2公寓的通道6平米宽敞了许多，使我们的生活质量有了重大的提升，最大的便利是我在北大当教师12年后，屋内有了能够放下三张二屉桌拼成的桌子了，一个小学生写字、两个大学老师备课写讲稿，3个人可以同时开工，心里因此而安定了许多。

迁入19楼不久即发生了"唐山大地震"，几乎举楼外逃，进进出出，我们把孩子送回了上海，自己与生物系的几位一起，在临湖轩东侧的杂树林中，搭起了塑料棚，如流浪者一般，天人不合一，一直闹到了11月，等到安定下来，"四人帮"已经倒台，民生总体上得到了松绑，但19楼最普通的生活中，一切好像一如既往。人们在走廊里最关心的一件事，就是谈论学校可能要造什么楼了，什么时候可以从这样的楼道烧饭中解放出来。说句小市民的话，"老百姓总是从自己身边最贴切的生活，从修好了门前的路、造出了自己想要的房子等等这些鸡零狗碎来理解最最伟大的思想的"。

这时候，我们古典文献专业接收了前几年合并进来的新闻系在学校20楼的洗印室。从20楼的北边门进去，东西两排各四间。起初因为酸味很重，没有人要，由我们充当了"活体吸酸器"后，8间房间中的"人气"逐渐充足，房产处于是就占据了西边四间做办公与接待之用。和我的工作室相对的就是房产处的接待室，我们门门相对，有时还开着门通气。我眼见生物系一位女性老教师在接待室诉苦："我在北大当教师也有20多年了，现在祖孙三代挤在一起，只有十几平方米，我的同学，在某某大学，他们那里像我这样的……"我亲耳亲眼闻见听话的"房产同志"打断她的话说："你可以去那个大学呀，你们生物系教师很多的，走几个人，松动松动，对大家有好处的。"那位女老师坐在那里木然。这一幕对我心灵的刺激一直到今天。不久，我又看到一位老先生来来房产处。老先生说："学校的房子分配得不合理。有的人，家人不多，房子很大；有的人，家很拥挤……"还是那位工作同志打断说："你说谁家人少房大了？"老先生说："燕南园王力先生就是……"这句话拿王力先生说事，确实具有刺激性。工作同志没有问他"姓甚名谁",就对他说:"你也行啊!那你也当王力呀!你当了王力再来找我们吧!"我看那老先生愤懑地站起,对他说:"好的,我会有说话的地方的!"他的讲话可以认定他资格不浅,大概是理工科的什么名人吧,文科的权威我几乎都认识。说到文科权威,我们到燕东园去拜访周一良先生。说到健康状况,周先生说:"'文化大革命'一开始,房产处的造反派就把我的房子打了隔断,把我放在朝北的房间里,10年了,房间里不进一丝太阳,一到冬天,我的腿呀痛得走不了。我现在找他们了,他们说,当年谁来隔断的,就找谁来处理。岂有此理!今年再不来,我就自己用铁镐把墙砸了,再不行,我就用头撞破它!"

周一良先生,我国人文学术的耆宿大老,文质彬彬君子也!现在竟然愤怒到准备用性命与房产处相搏。所有这些多余的表述,是为了记载我体验的在打倒"四人帮"后亲历的北大行政部门关于提升民生的基本态度。

于是我明白了,在北京大学,只要存在着这样的房屋管理同志,像我这样的萝卜头教师,就休想有从"大集体"中解放出来的机会。这样一想,倒也清醒了许多,就在这里遮风避雨、安居乐业吧。

19楼的住户相处得可亲可爱。有一次,我们隔壁的一个7岁男孩,玩疯了,把一大把泥沙,从我的101室开始,在每家每户门口的煮饭煮菜的锅里洒上一点,还喊着"胡椒面来了!胡椒面来了!"大概五家的锅里给这浑小子下了手。有一位先见到的老师便大叫:"你发昏呀,臭小子!"大家走出来,孩子他妈一见此景,先"啪"地打了孩子一记耳光,倒是受害者诸位把她拉开了,七嘴八舌地说:"孩子也是好玩,别打别打!就是过分了!""玩昏了,男么!你可害得我们没有晚饭了呀!"……孩子妈说:"实在对不起大家了,我去买点给大家做晚饭吧!"大家说:"算了,五户人家,十五六口人,你贴上半个月的粮票都不够的,我们随便对付点什么不就过去了吗!"这种和谐,是19楼生活的基本品格。

1978年起,我参加了建立不久的中国社科院"国外中国学研究室"的活动,受命编撰《日本的中国学家》。这一作业开始的资本是我在1974年访问日本时得到的二百余张名片,国内所存资料极端贫乏,我最先利用的当然是北京图书馆(现在的国家图书馆)。早上6点半左右出发骑车到北海,下午5点关门回来,中午不得吃饭。问题是白天做的全是卡片,晚上需要铺开整理,三个二屉桌的面积很有限，便与儿子商量，他总是先睡觉，于是，我就让他把身体躺平了，我在他盖的毛毯或被子上平铺卡片。可怜的儿子很听话，躺在那儿，一动不动，还问："这样可以吗？可以吗？"太太后来说，"一听到别人说你是什么什么研究家，我就想流泪，儿子为你付出了多少代价！到现在40岁了，我看他睡觉的姿势还是笔挺的！"这么说来，这些个现在称为"工程"的作业，还真有点"血泪"的痕迹了。有时候小家伙一动弹，两三排卡片"呼"地滑到了地下。孩子有点紧张，会轻轻地说："爸爸，爸爸，我不是有意的！"妈妈立即就说"不要紧，不要紧，你翻个身吧！"我就把卡片捡起来再重新排过。一年半左右，这个101室中，在桌子和儿子身上平铺成的卡片终于变成了我国学术史上第一部国际中国学的工具书。此书收录在世日本中国学家1100余人，64万字（中国社会科学出版社1980年出版）。

1980年秋，系办老崔又帮我把住处升格一等。原来这个101室是没有阳光的，我相信久居半辈子，就一定会骨质疏松。在老崔的协调下，我从101室搬到了三楼的302室，这是全楼最好的位置，有朝南和朝东的窗户，在朝阳的照射下，依然可以从"福利楼"闻味，显得温暖和煦。我用《日本中国学家》得到的3000元稿费中的700元购买了一台小巧的6升"雪花牌"电冰箱，虽然房中放置冰箱后更加局促，但也成为19楼最早使用冰箱的居户。在此之前，邓岳芬从生物系获得了一张"9英寸黑白电视机认购证"。当把电视机放置在桌子上时，就犹如神灵般地供着，我曾对小学五年级的儿子"约法多章"，规定他至少在10年内不能碰它，哪知这个儿子后来自己也成了"电子工学博士"！每当有好节目时，常常从周边邻居家搬来凳子，大家挤在一起，全神贯注于这小小9英寸屏幕上各色人影的晃动，显现了"筒子楼"也正在朝向现代化进步的讯息。

1982年的春节初二，日本中国文学研究家中岛璧教授访问了我的这个居室。原本在春节来临时，中岛璧教授提出春节期间希望访问我。北大外事处王葵同志事先对我说："你的家实在太小了，能否劝阻她呢？要不然，年三十你出面请她在友谊宾馆或什么地方吃顿年夜饭，意会她这就算过年了。估计她就不会再访问你了，这些费用就都由外事处出了。"我很感谢王葵同志的好意和主意。年三十晚上我们在友谊宾馆度过。我也认为这样就妥帖了。年初二上午，我在楼道里洗衣服，10点来钟，听到楼下一个外国女声在问："您知道北大中文系严先生住在哪里？"我一听就知道"坏事了"，中岛璧自己摸过来了。我赶紧把衣服盆匆匆端到洗手间，还来不及把门口的肥皂水抹干净，中岛教授已经来到302室门口，我一边寒暄一边延请入屋。她对中国很友好，是20世纪70年代日本研究郭沫若、丁玲的著名学者之一，我在1974年访问日本时就认识她们夫妇了。中岛璧这次"19楼之行"一定感触很深刻，后来她几次谈到这次访问。1985年7月她在有我参加的日本国立京都大学人文科学研究所的一个报告会上又特意讲到了这次访问。她说，在去严先生家之前，他一再告诉我，由于历史的原因，他在北大的居室是很狭窄的。我是做了很大的思想准备去的，当我走进他的住房的时候，我知道自己的想象力是远远不够的，像严先生这样的学者，在中国这么辽阔的土地上，却居住在这样的地方，我这才知道"四人帮"是如何迫害中国的知识分子的！同样的表述也见于她的《丁玲研究》的"后记"中。

我由衷地感谢中岛璧先生对中国的理解，感谢她把中国大学教师当时那样的生活困境坚定地阐述为"四人帮的迫害"！

在我的业务圈子中，一些日本先生因此明白了"中国虽然很大，但知识人居住得却很小"，明白了"'四人帮'对中国知识分子的加害是无处不在的"。有人告诉我，全国政协的一个工作小组，还曾经专门调研过这个问题。19楼302室因此而具有了"国际性的认知价值"。

其实，我的19楼住处来访过不少的先生和朋友，其中有像戈宝权先生这样的大学者。戈先生在读到我的《日本中国学家》后，从他们社科院情报所打听到我的住址，自己就来访问。开始他自报家门，我极为紧张，戈先生是我国著名的翻译家，俄苏文学研究的巨擘，他自己登门看望我，我一时惶恐，不知所以。他很诙谐地说："我读你这书，开始以为是一位久居日本的老先生，内容这么丰富，名字又这么古雅。后来情报所说我很保守，人家是刚到40岁，还是小伙子呀！我心里一直想与你攀谈攀谈。"我们就在小屋里攀谈起来。当时我正参加乐黛云先生主编的《国外鲁迅研究论集》的日文稿的汉译，并且由于乐先生去美国访学，我又正在做点后期的杂务，因此就翻译请教戈先生。戈老说："翻译固然要讲究'信达雅'，但这个标准其实应该辩证地运用。比如我们讲要'雅'，但首先作为翻译的对象自己要'雅'，它不'雅'但内容很重要，我只能让他以原来的面目变成中文登场。我如果把它变'雅'了，这就'不信'和'不达'了。"我一直觉得这是戈老以自己切身的经验对译介学具有原则意义的提示。后来，在几个场合，逢到他与我一起，他都要主动对人家说"这就是《日本中国学家》那本书的作者。"1982年在昆明参加"全国高校外国文学教材编辑会议"，有一次在大浴室洗澡，我后进去，戈老竟然在众人赤身露体的状态中，对他的熟人说："来、来！我给你们介绍他是严……"戈宝权先生对我的关怀与兴趣的热情，丝毫没有发觉我居住在"筒子楼"而有些微的减退。我于是明白了，一个人对他人的态度，其实就是自己本人人品与修养的表露。怎样评价"筒子楼"和它的居民，或许还真是一面"照妖镜"呢！

1985年年底，我从日本国立京都大学人文科学研究所日本学部受聘客座教授归来，老崔对我说，你在蔚秀园排上队了，我选定了24公寓115室。两间一套，居住面积27平米，一卫一厨，从此，一家人可以关起门来生活了。

这一刻，距我住进19楼"筒子楼"恰好整整10年，距我住进16楼"筒子楼"将近20年了。当年走进"大黑屋"走廊的初始，人世间还没有我的儿子，当我告别19楼的时候，这个全程在"筒子楼"中发育成长的生命已经是北大附中高中二年级的学生了，他终于有了在人世间表达自己独立意志的物化的生存空间了。依此为标志，我告别了我20年生命的驿站！

北大筒子楼——让我品味了人生的真谛，获得了难以言状的磨炼和愉悦，享用了世间的真情和苦难，成为生命的永恒！

2009年秋日中撰写于北大蓝旗营跬步斋

为人民读好书、写好书——严绍璗先生访谈

我是1959年从上海考区考入北京大学中国语言文学系古典文献专业。当年我们入学考试的时候,古典文献是北大中文系新设立的一个专业,我们一部分考生是临时转到这个方向上来的。我高中时在上海考区读书,我们的语文课本相对前几年来说已经逐步正规化了。我记得我们高一的语文书就有《诗经》的文本。然后我一直到高二念完简易的中国文学史,逐渐培养了对于中国文化的敬重,特别是对中国文学的喜爱。对我们国家有这么深厚强大的文化传统,我深感自豪。中学的时候我就想着在这方面多读一点书,多获得一些古典文化知识。

这时我们听说北大中文系设立了一个新的专业,叫古典文献。当时我们在上海的老师也不知道古典文献是什么,就说总归是中国古代的东西,你喜欢就去考吧!但是听说全国就这么一个专业,最多也就招几十人。我去问我的父母,他们很开通,说考大学是你自己的愿望,你愿意考就去考,考不上自己反省反省,再考就是了。我就是这样咬着牙考的,结果真的拿到北大的录取通知书了,当时感到欣喜万分。那一年中文系古典文献专业在上海招收四名学生,说这四个学生古代文学考得特别好,都在90分以上。其实就是我运气好,我就这样进了北大古典文

献专业。当年北大的古典文献专业是全国唯一的,其实北大设立这个专业的时候,对这个专业究竟应该是什么方向,乃至设立什么课程,都还有些茫然。在这个过程中间,有几位先生我是永远不能忘记的。

第一,不能忘记当年北大中文系的系主任杨晦先生,杨晦先生是做近现代文学和文学理论的,但他对自己国家民族的文化有着特别的钟爱和关注;第二,不能忘记魏建功先生,魏建功先生后来成为古典文献专业的专业主任,他特别钟情于中国古代文化的建设;第三,不能忘记游国恩先生,游国恩先生是中国古代文学研究的大佬,他的研究在那个时代是绝对的权威,他特别赞成在中文系设立一个古典文献专业。然后中文系一批做语言、文学研究的老先生都赞成。这是不容易的,这在当时是很困难的,因为当时刚经过了"大跃进"和对古代文化的批判,要重新在一个大学里——而且是在北京大学——组建对古代文化和古代文学的研究,需要很大的政治胆量和学术胆量。而北大以杨晦教授为首的这样一些在学术界名望很高的先生,都欣然赞成毛主席关于关注中国古代文化的讲话,感觉到这是文艺发展的一个新的春天。

然后他们决定在全国招二十多个学生进行试点。我们这些人就是作为试点被录取的学生。我们从全国各地到北京来学习古典文献,但这个专业当年还正在组建之中,还在讨论古典文献专业到底是放在古代文学好呢,还是放在古代汉语好。一部分老师认为,因为要读懂古典文献必须有语言教学,所以应该以古代汉语为中心。但另一部分老师认为,古代文献大多是以文学文本的形式表现出来,所以学生必须有大量的文本阅读,应该放在文学专业。大家有很多争论,一切都在摸索之中。该由哪些教师来组建文献研究的队伍,当时也是犹豫不决。

北大以前从来没有"古典文献学"这一专业,所以北大古典文献专业是一个极大的开创性尝试。还有一个问题就是:这个专业是设在什么系里?反复斟酌后,还是决定先放在中文系,但要随时准备让历史系和哲学系的一些老先生加入师资队伍。我当年在北大,参与当时留下来的一些文献的阅读和整理,觉得真是有意思。我们在批判古代文化遗产后,重新开设古典文献专业,需要预估会有多少学生前来攻读这个专业,还有我们需要开设什么样的课程?当时有的老先生提出,要使他们变成真正能够从事于古典文献研究的小专家。那位老先生还说:"我认为这些学生需要至少读七年到八年书;不读中国浩如烟海的古代文献,只读几本古代汉语相关的书就想笼盖中国古典文献，那你不是说疯话吗？"当时各种意见都有。

后来学校决定让魏建功先生担任负责人。魏先生是个了不起的人物，直到最近几年，我才弄清楚魏先生基本的学术道路。他是五四运动的积极参加者，同杨晦先生一样是五四运动的先锋。魏先生其实很早以前就是中共党员，可是他长期奉命隐瞒自己的身份，一直在教师队伍中。当时有人认为魏先生过于保守，也有人说魏先生是五四激进青年。魏先生决定由他自己出头：不管别人如何看我，我愿意负担古典文献的工作。

那个时候之所以能够在北大可以建立一个古典文献专业，是因为经历了此前疾风暴雨般的思想文化斗争之后，毛主席再三强调，要重视中国文化的传承和发展。如果不是毛主席这么说，我认为古典文献专业可能还会推迟建立。毛主席说在北大要建立一个古典文献专业，当时好多人到处打听，质疑这真是毛主席说的吗？据说中文系、哲学系、历史系的老先生们翻来覆去地开会，至少开了二三十个会，才确定下来，没有异议了。

那怎么来推进中国古典文化的研究？怎么把孩子们招进来？他们设想了很多的办法，说要么是历史系念一年，中文系念一年，也有说要在哲学系上一年的。但有的老先生认为，学生怎么可能样样通呢？必须要限制在一个系里边。魏先生当时就主动担当，决心在中文系建立古典文献专业。

我还记得魏先生第一次和我们见面的情形。他个子不高，当时年纪也比较大了，但是学问了不得。魏先生向我们表达了欢迎之意后，就向我们介绍古典文献是什么。我们从魏先生那里第一次听到北大设立古典文献专业是我们伟大领袖毛主席的主张，当时很多人都哭了！我六十来岁的时候，有幸获得中央领导同志江主席接见，他拿着我写的一本书说："一本好书，可以抵千军万马啊。好好地继续努力吧！"我当时就想起毛主席，想起毛主席指示在北大设立文献专业，要叫我们重新认识古籍、整理古籍，把有价值的部分交给人民、建设新中国，觉得古典文献研究的责任是如此重大。

中文系真是一个知识的大海！在中文系，你不学不知道，中文系的教师，知识量的积累是相当深厚的。新生见面的时候，专业主任魏建功先生给我们介绍情况，然后安排我们上古代汉语，先去语言专业听课；文论先不要上，因为理论比较难，但是文本要读，那就念古文吧，我们就上古文。一切都在匆忙建设之中,但北大很重视,我们的古代汉语就是王力先生教的,古代文学是游国恩先生教的。这些第一流的先生,在别的学校通常只能找到一个两个,但在当时都"扎堆"在我们的课堂上了,一下子使我们这些学生的眼睛都亮了起来。我觉得北大的教学风格非常好,集中全部力量让一年级的学生就树立起对学科的一种信心、一种信念。我们班上要求调专业的只有两个同学,其他学科就经常有要求调专业的。这种信念可以说和大家对于国家民族美好前景的信念是联系在一起的。我觉得当时北大组织的教师队伍非常好,这些老先生对自己的学科非常忠实,带着我们一帮年轻人钻研古典文献,我们都很感动。然后慢慢地我们大家都摸到了古典文献研究的门径,登堂入室了。我们古典文献专业在新中国后来的古代文化建设中起过很大作用。中华书局一批优秀的编辑,都是北大古典文献专业出身的,全国还有一些相关的编辑部也是这样。我自己是这里的学生,又从学生变成教师。到现在全国已经有很多学校开设古典文献专业了,这对于继承中国文化遗产确实起了很大的作用。其中北大中文系起了关键性作用,我觉得北大中文系在这一点上厥功甚伟。

但是,不管自己个人的兴趣如何发展,根基都在北大古典文献专业。我今天取得的成果,都跟古典文献、原典实证有关系。别人以为古典文献专业就是读古书、背古书。毋庸置疑,这是基础,在这个基础之上,风物长宜放眼量,要着眼于中国文化,还有中国文化和外来文化的关联。我们的古典文化其实融合了各种各样的外来文化因素。

我大学一年级的时候,因为系里排错了课表,把我的英语课排到高年级去了。我去上课,发现英语老师不讲课,他说这学期就排一个戏,The Story of Tom(《汤姆的故事》)。然后大家就分角色,我们老师是上海人,他认为上海人的英语发音可能比较好,就说:"严绍璗,上海来的,做Tom吧!"然后我就演了主角Tom。但我逐渐发生疑惑:一年级的英语怎么那么难呢?但我也不敢说。经过一学期训练下来,我的戏演得倒也不错。学校认为我们这些演戏的学生全部英语结业,然后系里才发现把严绍璗跟另外一个同学的外语课排错了,结果他们演戏还演好了。这个故事传到系里面,系里的老师很高兴,觉得中文系的学生外语水平高。然后碰到魏先生,他说英语学好了很好,下学期开始学日语吧!日本人在解放前搞了我们那么多东西,总得有人要学学日语。过了两天,魏先生陪我们去见杨晦先生,杨先生说你们很聪明,他和魏先生意见差不多。然后我们就去学日语了。学日语的工作量很大，但没办法，只得学啊！这样我们就学了两门外语。我觉得中文系的学生掌握一些外语是很符合时代需要的。我们发现日本人研究中国文化的人很多，也慢慢知道有一门学问叫国际中国学，我们就开始对这个感兴趣，就开始自己在课上把刚刚学来的知识给学生介绍一下。因为有一批古典文献专业的学生对这个很感兴趣，这样就无意间带动了北大几个跨学科研究领域中的一些人开始学两门外语。

这样我就进入国际中国学的研究中。国际中国学的研究得到了很多老先生的支持。我记得邓广铭先生拿了一沓史学的材料，有日文的，也有法文的，说让我帮他把这个材料翻译一下。我看到有法文的，赶忙推辞；他说你先放着，把能译的先译出来，然后咱们再商量。邓先生是何等人物啊！我就很努力地翻译、研究，因为我父亲懂法文，他也帮过我一些工作。所以我知道做国际汉学最好要懂法文、英文、日文，慢慢地就互相串联起来了。

我总结回顾自己的学术历程，感觉要搞好学术研究，首先要对学术有兴趣，第二，要有一种不断探索新问题的能力，能力不够就找老师帮忙。自己不懂的不能胡说、乱说，以免误人子弟。我觉得做研究一个要眼界宽，一个要论证严谨。

对，所以我觉得要懂一种外语、以及多读书开阔眼界是很重要的。我们现在很多人没有原典实证的精神了，有一种急功近利的思想在我们的年轻一辈中间传播。但是急功近利也不能完全责怪年轻人，这跟某些老师上课也有关系。所以我一直强调要实事求是，不懂不要紧，不要"以其昏昏，使人昭昭"。

而且从事中国文化研究的人，是要读一点"马恩列斯毛"的书。当年我们几个年轻教师共同编撰了一本《马克思恩格斯列宁斯大林毛泽东论文化遗产》，当年我们几个在北大中文系和历史系的人很熟，痛感理论界有一批特别喜欢吹牛的后生，拎到什么东西，他就引一段，写文章旁征博引，看起来他好像知识面很广，但其实经常是断章取义、莫名其妙。我们当时深感自己需要吃透马列原典。那本书是我们几个人共同编的，当时由蒋绍愚领头，然后我们这边有陈宏天、陈铁民等，都是古典文献专业出身的，集中钻研"马恩列斯毛"关于文化问题的论述，编成了《马克思恩格斯列宁斯大林毛泽东论文化遗产》一书。这本书今天看起来也有问题，要编马恩列斯毛的语录谈何容易？里面可能也有编错的，所以我们现在不敢说自己编过这个书了。我们的中心思想就是你要读书，你要引什么文章之前，你还是要稍微翻一翻人家文章的全文是什么样子的，在什么情况下讲的。蒋绍愚他们就激烈主张，文化研究的人一定要读经典原著。我们很赞成，大家就志同道合编了这个书，其中蒋绍愚整理、核对的功劳最大。这次编书对我个人来说还是很有益处的。我觉得北大中文系从本质上不是浮夸的地方，不是空口说白话的地方，大家还是很尊重原著、原典，强调原典实证的重要性。

我谢谢你向我提出这么艰难的课题。我认为北大中文系的精神就是五四精神，因为普遍认为五四运动和北大中文系是不可分离的，像杨晦先生、魏建功先生等一批老先生都是五四运动的亲历者。现在看到五四精神的追求者，我们都是非常高兴的。但今天要举起这个五四精神的旗帜，也比较困难。因为你首先要说清楚"五四"精神到底是什么，今天是怎么表现出来的？我们说你要写好书；可什么叫"好书"？我们年年评书，评书的标准其实很难确定。江主席当时拿着我的书说"谢谢你为人民写了好书"，我感动之余忽然有个念头，我想主席要求我们写的好书到底是什么标准？但是因为中央没有一个标准，所以大家就在学习过程中互相讨论、互相批评。这个认知的过程又和中国文化的总体潮流相一致，但是你要把它讲清楚是很难的。但是我觉得一门学科如果没有一个精神是不成的，一定要有一个精神气质，而且要有一些敢当敢为的中青年人出头；老先生们可以作为奠基、作为支持，但要老先生们构思新的精神形态，可能有点困难了。北大中文系如果没有旗帜是不行的，老一辈大都离开了或者将要离开，你说今天还能找谁呢？只能找敢作敢为的中青年人了。

我最后说一句：我们必须继承和发扬五四精神。五四的精神在我们每个人身上的表现可能各不相同；但是在一个层面上一定是一致的：人文学者一定要忠诚于我们自己的民族、忠诚于我们自己的人民。譬如像我们人文学者，江主席要我们"为人民写好书"，这种好书一定是与我们时代的步伐相一致的，而且能够对我们这个时代起到精神上启蒙、推动的作用。从总体上说，你写出的书要有益于中华民族在未来道路上的进步，有助于我们民族社会精神思想的发展，有助于人民福祉的建设。

受访人：严绍璗
采访人：蒋洪生
采访时间：2020年10月5日

"严绍璗文集" 总目录

国际中国学研究

养天地之正气 法古今之完人
会通学科熔"义理辞章"于一炉
我和国际中国学研究
20世纪70年代日本学者论中国古代文学的特点问题
日本学者近年来对中国古史的研究
日本对《尚书》的研究情况
日本学者关于《诗经》的研究
日本学者关于中国文学史分期方面的一些见解
日本鲁迅研究名家名作述评(一)
日本鲁迅研究名家名作述评(二)
《赵氏孤儿》与18世纪欧洲戏剧文学
关于汉学的问答
甲骨文字与敦煌文献东传纪事
日本中国学中从经学研究向中国哲学研究演进的轨迹

中国当代新文化建设的精神指向与"儒学革命"
中国古代文学研究的国际文化意识
中国学术界对Sinology研究应有的反思
日本中国学中"道学的史学"的没落与"东洋史学"兴起的考察
日本中国学中中国文学近代性研究的形成
中国国际中国学（汉学）研究三十年
我看汉学与"汉学主义"

比较文学研究

我走上比较文学研究的文化历程
"文化语境"与"变异体"以及文学的发生学
双边文化与多边文化研究的原典实证的观念与方法论
在"比较文学"研究中创建具有自己民族特色的中国学派的构想
民族文学研究中的比较文学研究空间
确立关于表述"东亚文学"历史的更加真实的观念
中外文学交流史：中国比较文学研究中的基础性学术
文学与比较文学同在共存
比较文学研究中的"文本细读"的体验
文化的本体论性质与马克思的文化论序说
日本短歌歌型形成序说
日本《竹取物语》的发生成研究
日本平安文坛上的中国文化
论五山汉文学
日本古代"小说"的产生与中国文学的关联
对"比较文学与世界文学专业"名称的质疑
关于比较文学博士养成的浅见

日本文化研究

日本的发现

中日禅僧的交往与日本宋学的渊源

徐福东渡的史实与传说

中国传统文化在日本的命运

儒学在日本近代文化运动中的意义（战前篇）

日本现代化肇始期的文化冲突

日本当代"国家主义"思潮的思想基础

日本中国学中一个特殊课题——满学

战后60年日本人的中国观

中国儒学在日本近代变异的考察

日本当代海洋文明观质疑

我对日本学研究的思考

汉字在东亚文明共同体中的价值

中日古代文化关系的政治框架与本质特征的研讨

东亚文明与琉球文明研究的若干问题

日本军国主义者对中国文化资材的劫夺

日本近代前期天皇的儒学修养

日本"中国研究"的学术机构

严绍璗教授荣获日本第23届"山片蟠桃奖"文化研究国际奖

日本藏汉籍善本研究

汉籍的外传与文明的对话

在皇宫书陵部访"国宝"

在国会图书馆访"国宝"

在日本国家公文书馆访"国宝"

在东京国立博物馆访"国宝"

在东洋文库访"国宝"
在足利学校遗迹图书馆访"国宝"
在金泽文库访"国宝"
在静嘉堂文库访"国宝"
在杏雨书屋访"国宝"
在天理图书馆访"国宝"
在尊经阁文库访"国宝"
在御茶之水图书馆访"国宝"
在真福寺访"国宝"
在石山寺访"国宝"
在东福寺访"国宝"
在日光轮王寺天海藏访"国宝"

读书序录

他序文

序孙立川、王顺洪编《日本研究中国现当代文学论著索引1919—1989》
序王勇著《中日关系史考》
序尚会鹏著《中国人与日本人：社会集团、行为方式和文化心理的比较研究》
跋六角恒广著，王顺洪译《日本中国语教学书志》
序周阅著《川端康成是怎样读书写作的》
《多边文化研究》第一卷"卷头语"
序《中日文化交流史论集——户川芳郎先生古稀纪念》
序张哲俊著《中日古典悲剧的形式——三个母题与嬗变的研究》
序李岩著《中韩文学关系史论》
序刘元满著《汉字在日本的文化意义研究》
序张玉安、陈岗龙主编《东方民间文学比较研究》
《多边文化研究》第二卷"卷头语"
序钱婉约著《内藤湖南研究》

序刘萍著《津田左右吉研究》
序王琢著《想象力论：大江健三郎的小说方法》
序张哲俊著《东亚比较文学导论》
序张哲俊著《吉川幸次郎研究》
序张哲俊著《中国古代文学中的日本形象研究》
序《东方研究2004——中日文学比较研究专辑》
序王青著《日本近世儒学家荻生徂徕研究》
序王益鸣著《空海学术体系的范畴研究》
序王青著《日本近世思想概论》
《多边文化研究》第三卷"卷头语"
序李强著《厨川白村文艺思想研究》
序王顺洪著《日本人汉语学习研究》
序周阅著《川端康成文学的文化学研究》
序隽雪艳著《文化的重写：日本古典中的白居易形象》
序牟学苑著《拉夫卡迪奥·赫恩文学的发生学研究》
序郭勇著《中岛敦文学的比较研究》
序潘钧著《日本汉字的确立及其历史演变》
序涂晓华著《上海沦陷时期〈女声〉杂志研究》
序张冰著《俄罗斯汉学家李福清研究》
序聂友军著《日本学研究的"异域之眼"》
序王广生著《宫崎市定史学方法论》
序张西艳著《〈山海经〉在日本的传播和研究》

自序文

《中日古代文学交流史稿》前言
《中国文学在日本》前言
《日本中国学史》代序
《中日文化交流史大系·文学卷》序论
"21世纪比较文学系列教材"出版总序

"北京大学20世纪国际中国学研究文库"总序
"北京大学比较文学学术文库"出版总序
《比较文学视野中的日本文化——严绍璗海外讲演录》自序
《日本藏汉籍珍本追踪纪实——严绍璗海外访书志》自序
《日藏汉籍善本书录》自序
《日本中国学史稿》前言
《魏建功文选》前言

人物纪、访谈录

好人阴法鲁先生
北京大学比较文学研究所创始所长乐黛云先生纪事
贾植芳先生的比较文学观
中西进教授的学问
我的老师们
我的生命的驿站
为人民读好书、写好书——严绍璗先生访谈

图书在版编目（CIP）数据

读书序录 / 严绍璗著 . —北京：北京大学出版社，2021.10
ISBN 978-7-301-32215-4

Ⅰ.①读… Ⅱ.①严… Ⅲ.①严绍璗–文集 Ⅳ.①C53

中国版本图书馆 CIP 数据核字(2021)第 104441 号

书　　　名	读书序录
	DUSHU XULU
著作责任者	严绍璗　著
责任编辑	严　悦
标准书号	ISBN 978-7-301-32215-4
出版发行	北京大学出版社
地　　　址	北京市海淀区成府路 205 号　100871
网　　　址	http://www.pup.cn　新浪微博：@ 北京大学出版社
电子信箱	pkupress_yan@qq.com
电　　　话	邮购部 010-62752015　发行部 010-62750672
	编辑部 010-62754382
印　刷　者	北京虎彩文化传播有限公司
经　销　者	新华书店
	720 毫米 ×1020 毫米　16 开本　21 印张　插页 1　350 千字
	2021 年 10 月第 1 版　2021 年 10 月第 1 次印刷
定　　　价	108.00 元

未经许可，不得以任何方式复制或抄袭本书之部分或全部内容。
版权所有，侵权必究
举报电话：010-62752024　电子信箱：fd@pup.pku.edu.cn
图书如有印装质量问题，请与出版部联系，电话：010-62756370